AF390335

Le combat d'aujourd'hui et l'État de demain

Jean-Jacques STORMAY

Le combat d'aujourd'hui et l'État de demain

Diffusion du Fascisme Catholique

Suivi de

Quel avenir pour la « Fidélité » ?

Éditions Chrysalide

©août 2024 Éditions Chrysalide
ISBN : 978-2-487104-06-8

Introduction

Comme l'indique son titre, cet ouvrage relativement court n'est qu'un ensemble quelque peu disparate de réflexions destinées à compléter — ainsi tout à la fois à actualiser et à préciser — des observations et plus généralement des thèses pour partie exposées dans des travaux antérieurs mais abordées ici selon des points de vue nouveaux, et enrichies de considérations originales.

Il s'agit tantôt d'une série de réponses à des objections de lecteurs, tantôt de « billets d'humeur » suscités par l'actualité politique et religieuse du microcosme des Réprouvés. Plus particulièrement, en ce qui concerne le deuxième article, il s'agit du micro-microcosme d'une tribu minoritaire de catholiques traditionalistes dans le microcosme ultra-conflictuel des marginalisés sociaux de la Droite dite de conviction. Autant dire que ces lignes n'intéresseront pas grand monde.

Le monde moderne et contemporain, nominaliste, libéral, individualiste, est habité par une logique qui fait pousser les consciences à se vouloir chacune, pour elle-même, son propre monde, sa patrie, son Église, sa philosophie, sa famille, son humanité, son auditoire. C'est pourquoi une telle humanité, d'autant plus dotée de moyens techniques sophistiqués de tisser des relations intersubjectives que les subjectivités sont plus fermées sur elles-mêmes et n'ont plus rien à échanger, prend de plus en plus la forme d'un amas de monades sans portes ni fenêtres mais sans harmonie préétablie. Aussi ne s'adressent-elles à autrui que pour s'adresser à elles-mêmes ; elles ne développent qu'un dialogue de sourds, au point qu'on en viendra peut-être un jour à produire des livres dont le lectorat se limitera à leur auteur. A défaut d'une telle conséquence évidemment invivable, ceux qui échangent se limitent aux lieux communs qui font encore consensus, et/ou aux considérations les plus superficielles sur les sujets qu'ils abordent, afin de ne fâcher personne et de caresser dans le sens du poil la subjectivité sacro-sainte de leurs interlocuteurs. Quand des petits Moi jaloux de leur ineffabilité souveraine, qui les destine logiquement au solipsisme, s'efforcent néanmoins à entrer en communication les uns avec les autres, ces dialogues ne peuvent être que pauvres en idées, afin de conjurer leur entrechoquement qui enjoindrait à chacun de ces Moi de se remettre en cause.

Ce qu'il y a de terrifiant, c'est que cette situation en vient de plus en plus à caractériser le climat par là de plus en plus malsain du camp retranché des réactionnaires supposés lutter contre l'esprit individualiste. En ce milieu, la pathologie subjectiviste prend une autre forme qu'ailleurs du fait qu'on y croit encore en la valeur des idées. Se sont sédimentés quelques courants se donnant les structures d'institutions dotées chacune de ses références, de ses idées-forces, de ses complicités et de ses haines propres ; de tels cercles tantôt s'anathématisent, tantôt feignent de s'ignorer afin de se ménager réciproquement, mais tous se lèvent comme un seul homme et font alliance quand une idée nouvelle apparaît qui répugne à se laisser absorber par l'un d'eux tout en étant produite par un ressortissant indépendant néanmoins membre de la famille des Réprouvés du monde moderne.

Il conviendrait tout de même d'essayer de se demander pourquoi il en est ainsi. C'est ce qui est abordé dans le premier article, qui concerne plus volontiers ceux qui, quelque peu intéressés par le contenu du fascisme catholique, s'étonnent que le moment de l'action mette tellement de temps à se déclencher.

État totalitaire et bien commun.

§ 1. Parmi les lecteurs qui nous font l'honneur de s'intéresser à nos laborieux travaux, certains se sont récemment manifestés à nous pour nous signifier leur désir de voir s'exposer en programme de rassemblement, et en vue d'une action future, les idées que nous avons développées ailleurs dans une perspective spéculative. C'est à ces lecteurs que s'adresse particulièrement le travail qui suit. On ne fait pas de bonne politique sans référence à une philosophie politique, et on ne fait pas de philosophie politique sans se fonder sur une métaphysique. Aussi, quelque lisible et non rébarbatif que nous voulions être ici, nous serons contraint de faire mémoire — le plus brièvement possible — de quelques éléments de réflexion spéculatifs.

§ **2.1.** La doctrine catholique traditionnelle, homogène depuis deux mille ans, est le seul et vrai catholicisme, pur de toute contamination moderniste, ainsi préservé des miasmes de Vatican II. Elle inspire et oriente depuis toujours nos réflexions philosophiques et politiques, lesquelles se veulent fidèles à ce en quoi elles reconnaissent leur principe normatif et leur ultime raison d'être. Cette raison d'être est la vérité catholique exprimée dans le magistère de l'Église que nous tenons, par refus catholique de toute tentation théocratique, pour norme extrinsèque — et seulement extrinsèque — du discours philosophique profane. En même façon, nous tenons l'autorité de l'Église pour la norme morale extrinsèque, et seulement extrinsèque, de l'autorité politique.

La philosophie politique que nous faisons nôtre est celle d'une conception nationaliste du peuple et de la nation, fondée sur le primat absolu du bien commun, qui revendique explicitement le projet d'instauration d'un État organique et *totalitaire*[1]. Selon cette conception, l'homme n'est pas humain pour être une personne, il est une personne pour être humain : la nature humaine se subordonne la personnalité. La personne

---

[1] « C'est ainsi que le très catholique général Franco expose en 1937, dans son « Discours de la Reconstruction nationale » sa vision du régime qu'il est en train d'instaurer :

*Un État **totalitaire** harmonisera en Espagne le fonctionnement de toutes les capacités et énergies, au sein duquel, et dans l'Unité nationale, le travail — jugé être parmi tous les devoir celui auquel il est le moins licite de se soustraire — sera l'unique exposant de la volonté populaire. Et grâce à lui, le ressentir authentique du peuple espagnol pourra se manifester à travers ces organes naturels qui, au même titre que la famille, la commune, l'association et la corporation, feront se cristalliser en réalités notre idéal suprême ».* (M. l'abbé du Thail, « National-socialisme et catholicisme, l'impossible réconciliation ? », pp. 126-127, Editions Saint-Barthélemy, 2024).

humaine — qui est toujours d'un certain peuple, d'une certaine race, d'une certaine nation — *est tout entière et non totalement ordonnée au bien commun de l'État dont elle est membre, tout entière et totalement ordonnée à Dieu, ainsi au Christ répandu et communiqué dans et comme l'Église catholique, une, sainte, apostolique et romaine.* Pour qui sait adéquatement distinguer les ordres naturel et surnaturel, tout en sachant penser rationnellement les relations qu'ils entretiennent en droit, la conjugaison de ce qui relève du « totus et non totaliter », et de ce qui relève du « totus et totaliter », suffit à définir harmonieusement la hiérarchie des fins dernières de l'homme, à toute distance des erreurs naturaliste et surnaturaliste. Et que l'homme soit tout entier ordonné à la Cité — ne le fût-il que non totalement — justifie le recours à l'adjectif « totalitaire ».

Le pape Pie XI, en septembre 1938, s'adressant, à Castelgandolfo, aux pèlerins de la Confédération française des travailleurs chrétiens, excluait que l'État pût jamais être totalitaire et voyait dans un régime totalitaire bien connu une « grande usurpation », parce que, expliquait-il, « s'il existe un régime totalitaire — totalitaire de fait et de droit —, c'est le régime de l'Église, parce que l'homme appartient totalement à l'Église (…) [qui a] « le droit et le devoir de réclamer son pouvoir sur les individus ; tout l'homme tout entier appartient à l'Église, parce que, tout entier, il appartient à Dieu ». L'homme n'appartiendrait pas, selon cette vue, totalement à l'État parce qu'il n'appartiendrait totalement qu'à l'Église. Mais si l'on exclut d'être tout entier en plusieurs (si par là on exclut que l'homme soit tout entier à l'État et tout entier à l'Église), c'est que l'investissement de soi-même en l'un exclut non seulement d'appartenir tout entier à d'autres, mais encore exclut d'appartenir en quelque façon à un autre ; cet exclusivisme prohibe toute appartenance à quelque autre que ce soit parce que, m'étant donné à l'un, je ne saurais appartenir même de manière partielle à un autre. Il faut alors interdire, purement et simplement, qu'on appartienne à l'État de quelque façon et à quelque degré que ce soit ; l'individu n'appartiendrait pas à l'État, et il en résulte que c'est l'État qui lui appartiendrait ; telle est la conséquence obligée de telles prémisses. Et cette exigence revient à exclure que le bien de l'État ait raison de bien commun, parce que le bien commun est un bien auquel se rapporte celui qui l'aime, et non un bien qu'il rapporterait à soi ; c'est un bien auquel on appartient et que l'homme ne possède qu'en tant qu'il est possédé par lui. La thèse de Pie XI équivaut au fond à déclarer qu'il n'est qu'un seul bien commun, à savoir celui de l'Église, et que, s'il est un bien civil auquel il faille reconnaître une quelconque forme de communauté, c'est qu'il s'agit d'un intérêt général et non d'un bien commun ; et cette vision du Politique n'évite d'être libérale que dans la mesure où elle est au fond théocratique. Le Politique est relégué au niveau des biens instrumentaux qui n'ont de communauté que matérielle : il est instrument commun à tous, il n'a pas raison de cause finale ; seule l'Église aurait formellement raison de bien commun et, en tant qu'instrument, l'État ne serait que l'appendice de l'Église, sans autonomie et sans raison d'être propre.

§ **2. 2**. Ce qui vient d'être dit peut être étayé par les citations suivantes :

« Toute l'activité politique de l'État est ordonnée à la réalisation durable du bien commun, c'est-à-dire des conditions extérieures nécessaires à l'ensemble des citoyens pour le développement de leurs qualités, de leurs fonctions, de leur vie matérielle, individuelle et religieuse » (Pie XII, *Message de Noël* 1942).

« Le bien commun d'ordre temporel <c'est-à-dire — par opposition au Bien commun éternel et céleste, qui est aussi Souverain Bien — le bien commun qui définit le Politique> consiste dans la paix et la sécurité dont les familles et les citoyens jouissent dans l'exercice de leurs droits et en même temps dans le plus grand bien-être spirituel et matériel possible en cette vie, grâce à l'union et à la coordination des efforts de tous » (Pie XI, encyclique *Divini illius Magistri*, 1929).

Monsieur l'abbé du Thail, qui rapproche judicieusement l'une de l'autre ces deux citations, (*National-socialisme et catholicisme*, *l'impossible réconciliation ?*, Editions Saint-Bathélemy, 2024, p. 124) doit être salué pour son courageux travail visant à établir, dans une démarche d'historien, que les fascismes historiques, même le fascisme allemand — contre les milliards d'injures et les tonnes de mensonges qui salissent leur mémoire —, ne contenaient rien doctrinalement qui pût s'opposer de manière dirimante à la morale catholique. Cela dit, cet auteur embrasse sans recul les enseignements de Pie XI et de Pie XII concernant le bien commun, ce qui ne peut pas ne pas plonger le lecteur dans une grande perplexité.

Le bien commun est par eux défini tel un moyen au service de l'homme individuel, et nous ne voyons pas que ce qui a raison de moyen puisse jamais contracter le statut de fin. Que l'on tienne à préciser, comme le fait Pie XI, que l'ordination de la Cité à l'homme ne signifie pas que le bien commun de la Cité serait pour le bien particulier de l'homme, cela ne peut renvoyer, dans le contexte d'une telle définition du bien commun, qu'à la chose suivante : l'homme, considéré comme citoyen, est en demeure de sacrifier son bien privé pour le salut du bien commun, mais pour un bien commun entendu tel l'ensemble des conditions d'accession de chacun à son bien privé vertueux. Soit : le bien privé vertueux d'un seul vaut moins que le bien privé vertueux de tous, et la partie est invitée à se sacrifier pour le salut de la somme des autres parties. Mais cette conception du bien commun oblitère complètement le caractère diffusif de soi du bien, définitionnel de sa communauté ; elle masque le fait de sa supériorité intrinsèque en tant même que commun par rapport au bien privé ; le bien commun est en vérité ce bien tout entier dévolu à chaque partie du tout parce que toutes les parties lui sont ordonnées comme à leur fin en tant qu'elles l'aiment comme lui étant rapportées, à la manière dont l'âme est présente tout entière à chaque partie du corps dont elle est l'acte, et se révèle à ce titre raison et cause finale du corps lui-même.

Ce problème du véritable statut du bien commun, qui fait de l'État, pris comme forme de la Cité, à la fois l'opérateur et la réalisation actuelle du bien commun, conditionne celui du rapport entre Politique et Religion, entre État et Église. Et ce dernier rapport est un cas particulier du rapport plus général entre nature et surnature. On ne résout les problèmes liés à l'intelligibilité du premier rapport qu'en résolvant ceux qui s'attachent à l'intelligibilité du second. Faussement résolu par ce grand — grand par son érudition et par la perversité de sa doctrine — inspirateur de Vatican II que fut le Père de Lubac, mais justement aperçu par lui, le problème du point de suture entre nature et grâce ne trouva pas sa solution dans les milieux non modernistes qui s'obstinèrent à nier l'existence d'un tel problème en réduisant la question cruciale du désir naturel de Dieu à celles, inadéquates (ce n'est pas le lieu de l'établir, nous l'avons fait ailleurs), du désir-velléité ou de la puissance dite obédientielle. Et nous avons quant à nous quelques raisons de penser, ainsi que nous l'avons développé dans divers travaux antérieurs, que la clé de résolution de ce problème n'existe pas en acte dans le corpus strictement thomiste (d'où le recours obligé à une certaine technicité conceptuelle dont n'use pas l'Aquinate, et qui effarouche les gardiens autoproclamés du Temple de la sagesse scolastique).

Il n'est donc pas étonnant, pour qui s'en tient aujourd'hui à la lettre de ce corpus, que le problème du rapport entre bien commun terrestre et Bien commun céleste ne trouve sa réponse que moyennant une conception réductrice et tronquée du bien commun en général. Mais alors comment peut-on, sans incohérence, s'efforcer à prouver la compatibilité du fascisme et du catholicisme, si l'on revendique la valeur d'enseignements porteurs d'une conception du bien commun incompatible avec celle à laquelle se réfère le fascisme ? N'est-ce par rendre un bien mauvais service au fascisme que de se proposer une telle tâche avec de tels arguments ?

§ **2.3.** Cela dit, que l'État n'ait pas raison de cause finale, est-ce vraiment, de surcroît, ce qu'enseigne saint Thomas d'Aquin lui-même ? « Totus homo ordinatur ut ad finem ad totam communitatem cujus est pars » (*Somme théologique* IIª IIᵃᵉ qu. 65 a. 1) ; l'homme tout entier est ordonné comme à sa fin à toute la communauté dont il est la partie. De plus, parce que l'Église contemporaine ne jouit pas de la force de s'imposer théocratiquement, dans le moment où elle enseigne plus que jamais cette idée selon laquelle l'État serait pour la personne, et pour la personne elle-même réservée à un salut qui ne peut être qu'individuel, alors s'opère, sous le poids de l'enseignement ecclésial, un individualisme pratique au mieux saupoudré de vertu chrétienne, qui se résout politiquement en plébiscite de la démocratie et en diffusion de l'esprit démocratique. Et cet esprit, par essence individualiste, finit par se retourner contre l'autorité des soutanes qui l'ont fait naître. C'est pourquoi le respect dû aux soutanes passe par accident par le refus de leurs prétentions politiques en lesquelles le bon sens discerne sans peine un effet de la maladie qu'est le surnaturalisme, à savoir cette mentalité qui ne conçoit et ne vit la réception de la grâce que sur le mode d'une exténuation plus ou moins accusée des forces naturelles. Cette observation vaut tant pour le clergé dit traditionaliste que pour ce qui reste de catholique dans le clergé moderniste, lequel pèche plutôt par naturalisme.

En vérité, le mouvement qui porte l'homme vers le bien commun et enjoint à l'homme de s'accomplir en le servant, *est* le mouvement même qui porte l'homme vers Dieu, en ce sens qu'il en procède proleptiquement ; il ne s'agit pas des parties d'un tout, mais des moments d'un unique mouvement. L'homme est ainsi tout entier investi dans le service du bien commun, mais selon un degré d'actuation de sa puissance de s'investir qui n'est pas son degré ultime. Il se porte tout entier et non totalement vers le bien commun politique, tout entier et totalement vers Dieu, et, se voulant appartenir tout entier au bien commun hypostasié dans l'État, il peut revendiquer son attachement à un État totalitaire sans aucunement faire offense à la majesté de l'Église et à son autorité souveraine dans les domaines qui sont les siens. Il n'est pas excessif d'affirmer que l'enseignement (nullement infaillible) de Pie XI sur ce point, corollaire obligé de son attachement au mouvement politiquement incapacitant de l'Action catholique, est une destruction surnaturaliste de la dignité du Politique. Et ce mépris furieux de l'ordre naturel compromet la diffusion du surnaturel, contre l'intention des propugnateurs attitrés de la surnature. C'est pourquoi, quelque héroïquement hostile qu'un Pie XI ait pu être à l'égard du modernisme, il n'est pas excessif d'affirmer qu'il a objectivement contribué, par ses abus d'autorité, à la genèse de Vatican II, ainsi aux conditions de la victoire du modernisme.

On peut toujours exciper de l'enseignement du *de Regno* (de saint Thomas) pour adopter un point de vue « national-catholique » bien-pensant cédant à la coquetterie de se dire fasciste et « totalitaire » (autant, au passage, un José Antonio Primo de Rivera pouvait légitimement se dire totalitaire, autant un Franco, auquel il arriva pourtant de se dire tel, n'était pas fondé à le faire) : l'Aquinate, dans le *de Regno* hargneusement brandi par les soutiens de la politique des papes depuis Léon XIII, y pense plutôt en théologien attaché d'abord à la fin ultime de l'homme ; cette dernière est surnaturelle (il s'agit du Salut, qui suppose le respect d'exigences morales, et qui ne retient ici, des vocations de la vie politique, que l'aptitude à rendre l'homme individuel vertueux) ; et cette insistance, dans le texte du *de Regno*, fait que son auteur — peut-être encore surdéterminé par un augustinisme que le théologien Thomas, encore jeune, ne se permettait pas encore de nuancer, voire de rectifier — néglige là, méthodologiquement, son propre enseignement sur le sujet du bien commun, doctrine encore en gestation mais qui s'épanouira dans la *Somme théologique* ; autant dire que ce dernier enseignement n'a pas aujourd'hui vocation à être tenu pour invalidé par la lecture du *de Regno*.

Par ailleurs, notre aveu de perplexité ci-dessus évoqué ne relève nullement du procès d'intention : notre abbé en herbe, séminariste historien du fascisme, fait sien l'enseignement du rexiste thomiste José Streel qui, quant à lui, n'hésite pas à écrire que « le Bien Commun <de la Cité> est ordonné au bien des personnes » (o. c. p. 129) ; ce qui est tout simplement une profession de foi personnaliste. On est loin de l'enseignement de saint Thomas : « Imperfectum ordinatur ad perfectum. Omnis autem pars ordinatur ad totum sicut imperfectum ad perfectum. Et ideo omnis pars est **naturaliter** propter totum (...) Quaelibet autem **persona singularis** comparatur ad totam communitatem sicut pars ad totum" (*Somme. théol. II^a II^{ae}* q. 64 a. 2 : l'imparfait est ordonné au parfait ; mais toute partie est ordonnée au tout comme l'imparfait au parfait ; c'est pourquoi toute partie est naturellement pour le tout (...) ; toute **personne singulière** entretient à l'égard de la communauté tout entière le même rapport que celui de la partie à l'égard du tout).

Et que le problème du point de suture entre nature et surnature ne trouve probablement pas dans la lettre du thomisme les clés de sa résolution, cela peut être illustré par le fait suivant :

Les thomistes contemporains favorables à Vatican II, ainsi (au moins) objectivement modernistes, qui se disent « thomasiens » en tant que fidèles à la ligne d'Etienne Gilson, sont à même de convoquer efficacement leur savoir incontestablement grand pour établir, de manière à vrai dire convaincante si l'on s'en tient au strict point de vue de l'historien de la philosophie, que la position du Père de Lubac sur cette question est fidèle à l'enseignement de l'Aquinate :

« Placés eux-mêmes en présence de ceux qui veulent que la vision béatifique soit un cas de puissance naturelle et ceux qui veulent qu'elle soit un cas de puissance obédientielle, nous devons constater que saint Thomas lui-même les renvoie dos à dos, ou plutôt qu'ils n'ont raison ni les uns ni les autres, car aucune des deux formules ne va exactement au fait qu'elles voudraient exprimer. L'âme est en puissance naturelle à la béatitude, puisque celle-ci comble une potentialité de sa nature : on a vu qu'il en est ainsi même dans le cas du Christ ; mais c'est un cas de puissance naturelle passive à laquelle aucune puissance active ne correspond ; il faut donc qu'elle soit réduite à l'acte par une cause surnaturelle et, à vrai dire, divine comme s'il s'agissait d'un cas de puissance obédientielle. Pourtant ce n'en est pas un, car la puissance obédientielle n'est pas la nature en puissance à sa propre perfection, alors que la vision béatifique est éminemment un cas d'actualisation d'une puissance dans le sens de la nature ; secundum naturam » (Etienne Gilson, *Archives d'Histoire littéraire au Moyen Âge*, XXXI 1964 p. 87). Et, sur ce point, le diagnostic d'Etienne Gilson est exact. En effet :

« Omnis intellectus *naturaliter* desiderat divinae essentiae visionem » (*C. G.* III 57, 4), tout intellect désire *naturellement* la vision de l'essence divine ; il en est ainsi parce que la nature rationnelle « habet immediatum ordinem ad universale essendi principium. Perfectio *ergo* rationalis creaturae non solum consistit in eo quod ei competit secundum suam naturam, sed etiam in eo quod ei attribuitur ex quadam supernaturali participatione divinae bonitatis » (*Som. Théol.* II^a II^ae qu. 2. 3 : la nature rationnelle a une ordination *immédiate* au principe universel de l'être, ainsi à Dieu même. *Donc* la perfection de la créature rationnelle non seulement consiste en cela qui lui convient selon sa nature, mais encore en ce qui lui est attribué en vertu d'une certaine participation surnaturelle de la divine bonté). Soit :

L'homme est naturellement apte à saisir la raison universelle de bien et d'être, *donc* sa perfection consiste en la possession de quelque chose qui lui est attribué par grâce, parce que, selon l'Aquinate, saisir toutes choses sous la raison universelle du bien et de l'être revient à discerner en elles autant de participations au Bien et à l'Être, et que la connaissance d'un participant comme participant induit automatiquement le désir de connaître le Participé, de même que la connaissance de l'effet comme effet suscite nécessairement l'appétit de connaître la cause.

Il semble bien que, selon cet enseignement de saint Thomas, l'homme soit effectivement « programmé », en vertu de ses dispositions naturelles, pour l'ordre surnaturel. Si donc, comme le rappelle Gilson, la vision béatifique (surnaturelle) est un cas d'actualisation d'une puissance allant dans le sens de la nature, quand la nature d'une chose est sa fin — « fin » désignant tant le sens que le but —, c'est que la perfection de l'ordre naturel entendue tel l'« ultimus finis » de cet ordre, par là telle la fin ultime de cette réalité naturelle, appelle la grâce. Et c'est là en dernier ressort la position du Père de Lubac.

Or la position du Père de Lubac est irrecevable pour un catholique (elle est en fait condamnée par Pie XII dans « Humani generis »), parce qu'elle compromet la gratuité de la grâce.

Par conséquent le thomiste catholique non contaminé par le modernisme est invité, après avoir pris acte de l'échec d'une réduction du désir naturel de Dieu à une puissance obédientielle (non vraiment naturelle), à oser suggérer que sa fidélité à la pensée de l'Aquinate, supposée le préserver du danger moderniste, passe par l'assomption du risque de s'écarter ponctuellement de la lettre de l'enseignement de ce dernier, en faisant le double constat suivant : d'une part son Maître n'a peut-être pas pensé à toutes les questions que l'intelligence de la foi pourrait susciter au cours des âges ; d'autre part il n'est pas exclu que des éléments de vérité puisés hors du thomisme soient habilités à compléter heureusement ce dernier. Qui dit « Docteur *commun* » ne dit pas docteur exclusif de tous les autres.

Il est des jeunes gens — mais aussi des moins jeunes — que le port de la soutane afflige de démangeaisons — pénibles pour leur entourage — de bavards sermonneurs prompts aux procès d'intention et au dénigrement, dont l'incontinence verbale rend difficile l'exercice du respect que devrait leur mériter le port de leur habit. Il n'est vraiment pas aisé de trouver, parmi les fascistes français, un serviteur du bien commun qui sache obéir sans ergoter, ainsi sans nourrir la prétention de s'introniser Duce ou Führer. Il est, semble-t-il, strictement impossible, quand il porte une soutane, de trouver un fasciste français qui consente à n'être pas reconnu tel le théoricien incontesté du fascisme. L'unité des volontés n'est pas pour demain, et cela ne rend pas optimiste. Les ecclésiastiques sont les dispensateurs privilégiés de la grâce sans laquelle le salut est impossible, et à ce titre même ils méritent, de la part des laïcs, reconnaissance et déférence. Mais ils ne sont pas la raison d'être de ce qu'ils dispensent. Tout se passe comme si le refus affirmé par les laïcs d'être infantilisés par les clercs était reçu par ces derniers comme une révolte contre l'Église et une offense infligée à leur dignité ; tout se passe comme si les effets de la grâce obtenus par leurs ouailles ainsi surélevées en même temps que *soignées* — par là restituées à elles-mêmes en leur maturité responsable, et donc émancipées, dans l'exercice de leurs tâches propres, de l'état de sujétion en lequel les clercs les maintenaient —, étaient perçus par les clercs telle une insurrection menée contre leur rôle de pasteurs. D'où la genèse en eux d'un ressentiment amer qui, de manière inavouée, leur fait haïr l'ordre naturel en tant que naturel, avec pour conséquence réactive, chez les laïcs, la poussée d'un anticléricalisme au vrai compréhensible mais néanmoins regrettable.

Contre un catholicisme à relents judéomorphes.

§ 3. La conception de notre État catholique, explicitement révolutionnaire et non « conservateur », est débarrassée de toute nostalgie de type monarchiste légitimiste ou maistrien. Toutes ces directions idéologiques relèvent de l'augustinisme politique dont le défaut est de limiter la raison politique à une fonction castigatrice, supposée n'être devenue nécessaire que sous l'effet du péché d'origine. De ce fait, elles réduisent le Politique à une dimension en son fond accidentelle de la vie humaine, alors que nous voyons en elle un mode d'actuation essentiel de la réalité humaine. Notre conception de l'État catholique rationnel est radicalement opposée tant à la conception laïciste qu'à la conception théocratique du pouvoir politique. Elle entend s'élaborer à toute distance des influences relevant, de près ou de loin, du cléricalisme. Aussi notre conception de l'État national exclut-elle toute concession aux prétentions sournoisement théocratiques de la démocratie chrétienne et de la funeste « Action catholique » : en tant que démocratique, la démocratie chrétienne affaiblit le pouvoir politique ; en tant qu'elle se veut chrétienne, elle entend profiter de cet affaiblissement du Politique au bénéfice d'une surdétermination de l'autorité morale des ecclésiastiques ; cette surdétermination-ci définit son caractère indirectement théocratique, et cet abaissement-là caractérise une entreprise surnaturaliste. De plus, et non sans relation avec le contenu de la remarque précédente, notre conception de la vie catholique et notre vision catholique de l'Histoire excluent-elles toute référence aux mensonges pieux peuplant l'imaginaire bien-pensant d'une conception judéomorphe de la nation française : les thèmes du « Testament de Saint Rémi », de la « Donation de Constantin », de la « France fille aînée de l'Église », de la « France tribu de Juda de Nouveau Testament », ceux des « origines davidiques des rois de France » et des prophéties privées qui encombrent depuis trop longtemps l'inconscient collectif d'un certain troupeau catholique revendiquant de manière caricaturale la pureté de l'identité française, sont bannis de notre État qui les tient pour autant de poussées fébricitantes de démangeaisons surnaturalistes doublées de complaisances subjectivistes à ce titre même absolument incompatibles avec la défense d'une société d'ordre et d'une philosophie du bien commun. Ce sont même ces pulsions sentimentales obstinées qui, pour une part non négligeable, contribuent, depuis deux siècles, à lester le camp nationaliste français de pesanteurs incapacitantes.

L'idée funeste d'élection politico-religieuse est une resucée illégitime de l'élection juive. Cette dernière est aujourd'hui absolument caduque et n'a nulle vocation à être renouvelée, pas plus par les non-juifs que par les Juifs. Il y eut un peuple élu en vue de préfigurer l'Église et de préparer l'avènement du Sauveur, et l'élection ethnique et nationale s'est sublimée en élection individuelle par le baptême dans et pour l'Église, laquelle est internationale et non politique. Cette idée ou pseudo-idée de peuple actuellement élu faisant suite à celle du peuple juif dispense ceux qu'elle saisit — et singulièrement les Français — de tout retour sur eux-mêmes, de toute réflexion critique sur leurs carences et leurs échecs : « nous sommes les élus de Dieu, c'est là notre légitimité, elle nous suffit ; qui n'est pas avec nous est contre Dieu ». Ainsi sont-ils incapables de lucidité et d'efficacité, refusant d'avoir l'humilité de se demander si leurs échecs — et d'abord la perte de leur souveraineté monarchique passée —

ne viendraient pas d'eux-mêmes. Se voulant juifs à la place des Juifs du fait de leur dilection pour leur travers psychologique et moral commun — lequel dispose les premiers à nourrir une secrète dilection pour ceux qu'ils entendent supplanter —, ils en viennent à contracter leur tour d'esprit geignard, leur incommensurable orgueil et leur frénésie d'hallucinés se dispensant de faire valoir leurs prétentions par des mérites réels, au point de recourir aux méthodes les plus inavouables pour faire croire le contraire, tel le mensonge qu'ils voudront « pieux » parce qu'inspiré par ce qu'ils croient être « la bonne cause » : le Testament apocryphe de saint Rémi et la fausse Donation de Constantin par exemple. Ils s'activent de surcroît à hurler avec les loups quand il est question, par nationalisme judéomorphe chauvin, de salir de la manière la plus basse leurs rivaux allemands et fascistes, et à cautionner les milliards de mensonges et d'insultes dont ces derniers sont recouverts depuis bientôt quatre-vingts ans. N'en déplaise au divin Platon, le mensonge même « pieux » n'est jamais légitime, même perpétré « ad majorem Dei gloriam », parce que ce qui est intrinsèquement mauvais ne saurait devenir bon même au nom d'une cause honorable. Aussi, ce qui est mauvais ayant pour propriété de rendre mauvais ceux qu'il affecte, une telle entreprise menée « ad majorem Dei gloriam » cèle toujours, de manière de plus en plus visible, une entreprise misérable menée « ad majorem hominis gloriam », dans un empoisonnement de l'homme supposé antisubjectiviste — il se fait gloire d'être réactionnaire — par son hommerie subjectiviste.

Cela dit, que l'Église ait raison, pour un catholique, de cause finale du Politique (la fin ultime est le salut qui, pour un catholique, exige l'appartenance à l'Église) ne fait pas de celle-là la cause efficiente de celui-ci. Un homme tient de son Dieu son autorité de père sur sa famille, il la tient par sa nature humaine et non par l'Église, même si les bienfaits de l'exercice de cette autorité ne s'accomplissent, ultimement, que dans la recherche des biens surnaturels dispensés dans et par l'Église. Or l'homme est un animal politique par nature autant qu'il est par nature un animal domestique. Donc le constitutif formel de l'autorité politique est l'ordination au bien commun du pouvoir exercé, et non l'agrément de l'Église. Il demeure qu'un État qui se veut catholique ne peut que plébisciter la doctrine du Christ-Roi ; il exclut donc par principe la séparation de l'Église et de l'État. La catholicité, non la laïcité, est l'état normal de la société ; d'abord la laïcité supposée neutre n'est pas neutre, parce qu'elle consiste à conférer une valeur identique à la vérité et à l'erreur, à la foi catholique et aux fausses religions et/ou à l'athéisme ; de plus, si la foi est au-delà de l'ordre naturel, il reste qu'il est contre nature de refuser la foi (saint Thomas d'Aquin, *Somme théologique*, II^a II^{ae} qu. 10 a. 1) : il est contre l'ordre naturel du Politique de le déconnecter de l'ordre surnaturel, et c'est violenter la dignité du Politique que de le rendre indépendant de sa finalité ultime, qui est religieuse et dans le service de la finalité de laquelle il s'achève, c'est-à-dire, tout en un, s'accomplit et s'excède, ainsi renonce à soi. Qu'il soit contre nature de refuser la foi relevant pourtant, en tant que surnaturelle, de dons absolument gratuits, ainsi non exigibles, cela signifie qu'il existe un point de suture entre nature et surnature, un point de suture ayant pour vertu d'assumer la fonction de « terminus ad quem » de l'ordre naturel et de « terminus a quo » de l'ordre surnaturel, de sorte que, en se soustrayant à l'injonction surnaturelle, la nature se soustrait d'une certain façon à elle-même. Le statut ontologique d'un tel point de suture ne peut être défini que par la philosophie. Son existence rend possible la convenance de la nature à l'égard de la grâce, mais aussi l'invitation à une intelligence de la foi, et encore l'élaboration des préambules de la foi : la raison a des raisons de croire, elle a des raisons d'être catholique, quand bien même on ne saurait faire dériver la foi de la raison. On ne peut faire l'économie de la question (qui ne sera pas traitée ici) de ce point de suture dans la mesure où, entre la grâce créée (don de l'Esprit-Saint fait à l'âme, qui la dispose à Le recevoir) et la grâce incréée (l'Esprit-Saint Lui-même), il doit y avoir un terme médiateur, parce que c'est la présence de l'Incréée dans le créé, et l'assimilation du créé à l'Incréé (vivre de la vie même de Dieu sans cesser d'être créature), ainsi leur identification « secundum quid », qu'il s'agit d'expliquer.

La grâce créée ne saurait être ce moyen terme puisque, créée, elle appartient à l'un des deux éléments qui, en l'état, sont par définition incommensurables.

Nation et empire. Les méfaits du cléricalisme.

§ **4**. Notre nationalisme n'est pas chauvin et s'inscrit dans le projet de genèse d'un empire européen correspondant au Saint-Empire romain germanique, mais à un Saint Empire qui saura prendre acte du fait national et de sa légitimité. Notre État est absolument opposé à toute référence aux principes de 1789, aux idées démocratiques, égalitaires, inspirées par l'universalisme abstrait des droits de l'homme et par le mythe abrutissant du « progrès ». Être nationaliste n'est pas embrasser l'apophtegme véreux des Anglo-saxons « Right or wrong, my country ». Être nationaliste consiste à aimer sa patrie conformément à son être réel, à sa vocation authentique ; or ce qui définit un être est ce qui le circonscrit et le limite ; donc ce qui convient au mieux à une nation se définit par rapport à la conscience de ses limites ; l'hubris subjectiviste en sa forme collective défait les nations au lieu de les élever. Pour cette raison, le nationalisme français tel qu'envisagé ici ne se réjouit pas des manœuvres sournoises d'un Louis XIV gallican et excommunié (en 1687, tel l'un des neuf rois de la dite « fille aînée de l'Église » qui furent excommuniés, avec Napoléon, ce fils et soldat de la Révolution). Le tenant du nationalisme français bien compris eût plaidé en faveur d'un soutien au Bienheureux Innocent XI soucieux, appuyé par Marco d'Aviano (que saint Pie X aurait souhaité canoniser), de faire advenir l'unification de la Chrétienté sous l'égide débonnaire d'un Léopold Ier. Ce qui définit la France dans son essence naturelle est, par sa population, son histoire et sa géographie, cette vocation à synthétiser tous les aspects du génie indo-européen, à se faire la conscience de soi de ce génie déployé diversement par les autres nations d'Europe, et cette primauté culturelle indéniable ne lui confère aucunement une quelconque vocation à se faire le suzerain politique de l'Europe, l'« élu » temporel de la chrétienté.

Et les coquecigrues judéomorphes relevant du « merveilleux chrétien » sont autant d'erreurs empoisonnant la mémoire du peuple français, la rendant amère et vaine, l'affaiblissant d'autant dans ses prétentions dérisoires, la fourvoyant dans des chimères en l'empêchant de se reconquérir. Aveuglée par de tels phantasmes, obnubilée par de fausses symétries (« la peste et le choléra »), elle en est venue il y a quatre-vingts ans à choisir le monde anglo-saxon contre l'Allemagne, et de ce fait à prendre pour alliés ceux qui entendaient la détruire, contre ceux qui entendaient détruire les songeries prétentieuses par lesquelles elle se caricature, et qui seuls pouvaient la sauver.

En revanche, notre fidélité au catholicisme, inconditionnelle, n'enveloppe aucunement la soumission non critique aux enseignements pontificaux ne relevant pas directement du dogme. Nous ne confondons pas fidélité à l'Église et à son magistère infaillible, et servilité à l'égard des manœuvres politiques et diplomatiques du Vatican. Nous ne tenons pas pour infaillible, de soi, tout contenu magistériel, même quand il concerne la foi et les mœurs. Nous ne confondons pas respect du prêtre et soumission aux prétentions caporalistes et pète-sec d'un certain clergé instrumentalisant sa soutane pour faire valoir, au nom de son incontestable dignité surnaturelle, une volonté de puissance tout humaine que ses talents naturels limités ne l'habilitent pas à exercer, et qui lui font trop souvent — et depuis trop longtemps — commettre, par d'insupportables abus d'autorité, les pires erreurs, au détriment des individus, des familles et des peuples. L'ecclésiastique formé par l'esprit du Ralliement et de l'Action catholique nourrit inconsciemment une haine refoulée pour tous les pouvoirs naturels, politiques et même domestiques ; on sait la propension du prêtre à s'insinuer dans les familles respectueuses de la soutane jusqu'à la pusillanimité ; on connaît sa stratégie consistant à influencer l'épouse pour abaisser l'autorité du père et maître, ses manœuvres manipulatrices de chattemite, qui vous rendraient anticlérical le plus pieux des pères de famille ; et ces comportements doivent être bannis d'une société saine ayant rétabli l'ordre à tous les niveaux de ses propres organes. Notre État s'inspire d'une philosophie politique qui nous eût invités à plébisciter, aux temps historiques de leur épanouissement, les mouvements fasciste italien et national-socialiste allemand, et à souhaiter leur victoire lors du dernier conflit mondial, quelque réservés que nous puissions être à l'égard de certaines outrances — selon nous accidentelles — de ces régimes. Nous n'oublions pas la condamnation pour le moins inopportune et iniquement sévère de l'Action française en 1926, l'affaire des héroïques Cristeros et des scandaleux Arreglos, et évidemment le catastrophique Ralliement à la République, solidaire de cette Action catholique castratrice et suicidaire. Une telle Action catholique réduit les laïcs à des sous-curés interdits de politique et désormais cantonnés dans l'office instrumental de supplétifs, dans l'apostolat, du clergé. Ce dernier en retour, outrancièrement dominateur à l'égard de ses ouailles hongrées, s'autorise toutes les reptations politiques pour être autorisé à répandre la bonne parole surnaturelle. C'est là l'effet politique du surnaturalisme, maladie du surnaturel, qui ne conçoit l'intromission de la grâce que sur le mode d'une frustration de l'ordre naturel.

Strictement surnaturelle et gratuite, déformante et requise pour le Salut, la grâce est « sanans » et « elevans ». Elle fait s'excéder l'ordre naturel dans et par l'acte de restituer à elle-même la nature blessée. Or ce qui est soigné tend à être parfait, et ce qui est perfectionné est, ontologiquement et opérativement, d'autant plus autonome qu'il est rendu meilleur. Dès lors, selon un paradoxe qui n'a rien de contradictoire, l'ordre naturel, en son pouvoir recouvré d'autonomie, est invité à se contre-diviser à celui de la grâce à proportion de son aptitude à s'ouvrir aux injonctions de cette même grâce. On doit rendre à César ce qui est à César et à Dieu ce qui est à Dieu, plébiscitant politiquement le magistère moral indirect et extrinsèque de l'Église. Depuis le Ralliement, la politique des hommes d'Église est celle de crépidules visqueuses, de mollusques doués du pouvoir de changer de sexe, d'autant plus sourcilleux dans leur autoritarisme exercé sur leurs ouailles résiduelles, que plus soumis aux exigences des pouvoirs ennemis de l'ordre naturel et de la foi, confondant faiblesse et charité, résignation aux décrets de la Providence et lâcheté, prudence et défaitisme. Notre État ne laissera pas un clergé envahissant détruire l'ordre des familles et saper l'autorité des pères, s'ingérer dans les rouages de l'État et des médiats, et enrayer les initiatives des grands politiques, au nom fallacieux du primat de la surnature. Nous ne tenons pour infaillible, dans la bulle « Unam sanctam » de Boniface VIII, que ce qui est contenu dans sa conclusion, et nous rejetons hautement, dans l'enseignement du corps de ce texte, la doctrine funeste, surnaturaliste, dite des Deux Glaives, — condensé de théocratie mortifère destructrice de l'ordre naturel. Et nous sommes, sous ce rapport, fidèles aux interprétations les plus autorisées de la hiérarchie catholique elle-même.

§ 5. Nous n'oublions pas les injonctions de Pie VI qui, dans « Pastoralis sollicitudo », invitait les catholiques à obéir au Directoire ploutocratique et jacobin, en renonçant à la lutte héroïque des Vendéens et des Chouans. Nous n'oublions pas la mauvaise foi assumée, la duplicité profonde du cardinal Maglione (secrétaire d'État de Pie XII) chargé en 1941 par le Vatican — ainsi, sans aucun doute, par Pie XII lui-même — d'aller porter la « bonne » parole aux États-Unis afin de lever la réticence des catholiques états-uniens — non oublieux de la condamnation (« Divini Redemptoris » de 1937) du communisme intrinsèquement pervers — à lutter avec les Soviétiques contre l'Allemagne national-socialiste. Le mitré excipait, pour mener à bien son entreprise, du fait que les Américains lutteraient avec les Russes et non avec des Soviétiques, comme si la différence, en ces circonstances, était autre que verbale ; on doit donc comprendre que le Vatican tenait pour plus proche de la doctrine du Christ l'alliance des judéo-bolcheviques staliniens et des judéo-anglo-saxons francs-maçons que le national-socialisme qui jamais ne remit en cause la non-séparation, en Allemagne, de l'Église et de l'État, qui interdit l'avortement, ferma les loges maçonniques (même la « Thulegesellschaft »), dénonça les méfaits de l'esprit jacobin et de la démocratie par essence toujours ploutocratique, lutta efficacement contre la synagogue de Satan et faillit bien libérer le monde de l'emprise communiste. Interdire aux catholiques de faire de la politique sans demander leur avis aux clercs, c'était oublier l'enseignement de saint François-Xavier rappelant, avec l'autorité que donne l'expérience, qu'un prince chrétien est plus efficace qu'une cohorte de missionnaires en terre hostile. Les forces de l'Axe ont plus fait pour le catholicisme que toutes les manœuvres démocrates-chrétiennes réunies, parce qu'elles ont pour l'essentiel restauré l'ordre naturel, condition d'épanouissement du surnaturel. Le national-socialisme fut « la réponse chrétienne à 89 », comme le rappela Franz von Papen. Les fascismes (le national-socialisme pouvant être tenu pour un fascisme allemand) étaient anticommunistes, anti-francs-maçons et antijuifs — par là ennemis implacables du mondialisme satanique —, antidémocrates, antimatérialistes, antilibéraux ; leurs ennemis étaient ceux de l'Église. Ils demandaient seulement à l'Église de ne pas s'occuper de trop près des affaires politiques, et ainsi que fût rendu à César ce qui appartenait à César. Mais les hommes d'Église leur ont préféré les « Alliés » anglo-saxons, parce que ces derniers n'entretenaient pas avec le Vatican les relations tendues qui subsistaient entre lui et les forces de l'Axe. Depuis, on a eu la montée inexorable du mondialisme satanique cautionné religieusement par Vatican II. Mais les ecclésiastiques (même hostiles à Vatican II) ne font nullement amende honorable et continuent de prêcher dans la ligne d'une Action catholique théocratique. Le fascisme fut la dernière manifestation de vitalité de l'Europe chrétienne capable de restituer à l'Europe la place qui lui revient naturellement dans le monde, à savoir la première. On ne réforme pas l'État par une morale qui viendrait d'en bas, du peuple catéchisé, pour remonter vers les dirigeants ; on réforme la morale du peuple, la « Sittlichkeit », d'abord par l'autorité de l'État et par les lois qu'il promulgue ; il en est ainsi parce que, le bien commun étant raison du bien particulier, la Politique, science architectonique, est ratio essendi de la Morale ; telle est la doctrine d'Aristote, assumée par celui dont l'Église fit le « docteur commun ».

Appel à la jeunesse. Stratégie de l'attente.

§ 6. Les nations d'Europe, peuples de notre grande patrie, sont déchristianisées, décadentes, hédonistes, passives, dévirilisées, lâches, appauvries spirituellement et matériellement, prêtes pour succomber aux assauts du reste du monde. Leurs membres sont déracinés, désinformés, fatalistes dans leur refus de lutter pour ne pas mourir, effroyablement subjectivistes, individualistes et suicidaires : c'est seulement quand on sait encore mourir pour des idées que l'on conserve quelque chance de préserver sa vie, et nos contemporains ne savent plus mourir pour des idées. A vue d'homme, il n'est pas excessif de déclarer que la France est morte. Son cadavre bouge encore et donne l'illusion de vivre, mais ce n'est qu'une apparence trompeuse. Tel est le diagnostic vrai inspiré par une lucidité désabusée. Le « pusillus grex » des catholiques fidèles, objectivement soutenu, tellement quellement, par divers groupements néo-païens ou agnostiques politiquement soucieux de sauver ce qui peut encore l'être de leur héritage national, est si faible et si divisé, si empêtré dans des querelles internes qui viennent de loin, si confit dans le ressentiment et les rancunes les plus rances, qu'il fait figure de repoussoir pour la jeunesse actuelle par ailleurs bien peu soucieuse de se ressaisir moralement. Nonobstant cette situation ne pouvant inspirer que le pessimisme et tenir pour vaine toute tentative d'action politique, il y a des divines surprises aussi précieuses que rares : des adolescents, mais aussi de jeunes hommes et de jeunes femmes déjà mûrs, que rien ne prédisposait à se tourner vers les bannis du monde contemporain, se tournent vers tel ou tel organisme rachitique de ce pusillus grex, y amènent leur espérance, leurs exigences morales, leur enthousiasme même, leur intelligence, leur pugnacité, leur soif d'apprendre et de servir, de se dévouer, de construire, de reprendre le flambeau, et leur désir de combattre et de vaincre. Ils s'aperçoivent vite que la

Droite de conviction est une pétaudière stérile, dont l'unité est toute négative : on n'en fait partie que parce que l'on ne peut être ailleurs, mais c'est la haine, conjuguée aux prétentions les plus chimériques, qui prévaut entre ses membres et groupuscules. Le nouvel arrivant constate vite que le premier souci de ceux qui l'accueillent est de le mettre en garde férocement contre ses frères ennemis, au lieu de s'efforcer à réaliser une unité consensuelle établie sur un minimum viable de principes d'action eux-mêmes focalisés par un petit nombre de valeurs éternelles partagées. La bonne volonté de ces jeunes gens tard venus est vite émoussée par le spectacle de la stérilité de la maison qui les accueille. Aussi en viennent-ils à se demander s'ils n'auraient pas vocation, à côté de cette maison branlante qui ne veut pas d'eux, qui s'ingénie à les refouler en feignant de les discipliner, à se rassembler eux-mêmes en tant que tard venus, non marqués par les tares, les tics, les attachements passionnels, les habitus stérilisants des écoles de ce qu'il est convenu de nommer « extrême droite », « nationalisme », « droite de conviction », ou « réaction au mondialisme », lequel mondialisme, comme égout collecteur de toutes les erreurs politiques, fait figure de fin de l'histoire mais, par là, d'annonce de la mort de l'homme.

§ 7. Une telle initiative visant à rassembler le sang neuf des antimondialistes européens pourtant capables de pousser la lucidité jusqu'à décider de s'ouvrir à la foi catholique, risquerait néanmoins, sous un certain rapport, d'ajouter une « boutique » à l'ensemble des « boutiques » idéologiques rivales déjà constituées ; dans cette perspective, elle ajouterait à la confusion, gâcherait les talents convoqués, exténuerait les enthousiasmes et ferait de ces jeunes gens autant de petits vieux prématurés rejoignant la cohorte séculaire des aigris et perdants de l'Histoire dont ils entendaient à bon droit, grâce à leurs talents, se distinguer. Elle risquerait aussi d'avoir pour effet fâcheux de compromettre le travail discret de ceux qui, réalistes et à distance — autant qu'il est possible — des formations déjà constituées avec pignon sur rue, s'efforcent à préparer dans l'ombre quelques esprits et quelques bras en vue d'une prise de pouvoir par la force, quand les temps s'y prêteront. C'est que, en l'occurrence, tout esprit lucide en ces domaines sait trois choses et en tire les conséquences.

D'une part, il est vain de tenter de s'imposer par le jeu démocratique parce que les dés sont pipés : le système dispose de tous les moyens opérationnels pour tuer dans l'œuf une initiative susceptible de le remettre en cause : pas de liberté pour les ennemis de la liberté, la démocratie ne donne la parole qu'aux démocrates. Il en est de même pour la liberté de conscience et d'expression, valeur de Gauche et démocratique : elle semble rendre possible toute manifestation d'hostilité et de critique — pour autant qu'elle soit pacifique — à l'égard du régime, mais en vérité elle exclut tout ce qui ne plébiscite pas ce même régime. C'est que, en effet, la liberté de conscience et d'expression est objectivement solidaire d'une conception relativiste de la vérité, laquelle ne peut se maintenir sans se supprimer sous le poids de sa contradiction (« si tout est relatif, le fait même d'affirmer que tout est relatif est lui-même relatif ») que si elle instaure un dogmatisme de la tolérance : l'homme de vraie Droite récuse la pertinence de la philosophie des droits de l'homme, du droit à la liberté de conscience et d'expression ; la licence qu'il se donne d'en user ponctuellement pour la retourner contre elle-même n'est nullement une contradiction du côté de l'homme de Droite, elle est l'acte à raison duquel c'est la pensée de Gauche elle-même qui accuse réception de sa propre contradiction létale ; mais précisément la pensée de Gauche entend ne pas assumer cette incohérence et ne tolère l'existence que de ceux qui la plébiscitent en renvoyant toute opposition dans les ténèbres extérieures. La dérive lamentable du Front national en France illustre ce triste constat : il lui aura fallu accepter et se faire le défenseur de tous les poisons qui tuent notre nation — idéologie des droits de l'homme, démocratie, avortement, unions de paires homosexuelles, antiracisme, sionisme, libéralisme économique, acceptation de l'invasion immigrationniste, etc. — pour se donner les moyens d'accéder au pouvoir, en obtenant l'appui financier et le soutien médiatique sans lesquels la mascarade démocratique est impossible. Les groupes dits identitaires et de droite parlementaire qui fleurissent çà et là en Europe sont justiciables du même constat : ils sont tous sionistes et financés directement ou non par les puissances sionistes, et ils avalisent pour l'essentiel toutes les « avancées » sociétales concoctées dans les loges. C'est pourquoi il n'est d'autre moyen aujourd'hui, sans y perdre son âme, d'accéder au pouvoir que la force. Et il est bien évident que nous ne jouissons aujourd'hui d'aucune force pour aspirer à prendre le pouvoir par l'action directe.

D'autre part, on doit se souvenir de la présence, intériorisée dans l'inconscient collectif de l'homme occidental contemporain, d'un postulat si passionnément plébiscité qu'il en est devenu, à vue d'homme, comme proprement indéracinable. Il s'agit de ce que les utilitaristes, disciples de Stuart Mill, nomment « the harm principle », principe de non-nuisance, selon lequel la subjectivité individuelle serait tellement souveraine que le pouvoir de contrainte opéré par l'État ou par toute autre autorité doit se limiter à ce que l'individu ne nuise pas à autrui : en dehors de cet impératif, tout doit être permis. L'homme commun contemporain, en cela fidèle à ses ignobles élites, ne conçoit pas que la liberté puisse avoir d'autre fin et d'autres lois que celles qu'elle se donne, parce que telle serait la nature de la liberté que d'être absolue ou de n'être pas ; aussi, aveuglé par la fausse évidence d'un tel postulat, a-t-il le sentiment de satisfaire aux réquisits de la justice en reconnaissant à autrui les mêmes droits que lui, et c'est ce sentiment de justice qui en retour produit en lui un sentiment de légitimité dans son insurrection revendicatrice élevée contre toute forme d'autorité immédiatement identifiée à un acte tyrannique. On reconnaît en ce tour d'esprit devenu seconde nature un écho de cette mentalité jacobine égalitaire (seule l'égalité est possible entre petits dieux), bien personnifiée par la trogne vultueuse et brutale du sans-culotte vinassier qui subsiste en chaque consommateur attaché aux congés payés, aux « droits acquis », à la pratique délirante de l'idée qu'il se fait de la liberté. L'homme moderne ne consent à vivre en société que parce qu'il y trouve son intérêt privé, et le contrat (social) tacite qu'il est supposé avoir passé avec elle doit lui être avantageux, comme il en est de toute transaction commerciale. La plèbe acceptera n'importe quoi dès lors que ce principe sera préservé, et ceux qui la manipulent, ceux qui veulent sa déchéance le savent, qui renchérissent dans ce faux droit en insistant sur la « dignité de la personne humaine », sur les vertus du « penser par soi-même » etc. Le plus attristant est que cette plèbe sait qu'elle est manipulée, mais elle l'accepte, parce qu'elle a compris que cette honteuse servitude est le prix à payer pour qu'il lui soit loisible de « vivre sans entraves », selon la manière la plus triviale qui soit — bestiale — de sa prétention à se déifier. En d'autres termes, le peuple a globalement ce qu'il veut : la différence entre pays réel et pays légal est illusoire, la plèbe consent tacitement à sa décadence, à ses maladies mortifères, à ses maîtres corrupteurs ; aussi est-il parfaitement vain d'essayer de la convertir à l'héroïsme aussi longtemps qu'elle peut s'enivrer, en crevant à petit feu, de jouissances basses ; un coup d'État suppose un appui populaire qui, en temps de prospérité, est inexistant.

Et nous n'avons pas les moyens de sevrer les glandes consuméristes de nos contemporains, de libérer le peuple de sa drogue asservissante, de cette infestation du moi par lui-même qui ne peut de fait être libéré qu'avec son consentement, dût-on ne pouvoir disposer l'homme à consentir au bien que par la commotion du recours à la force. Encore faut-il disposer de cette force pour le lui imposer, mais c'est par son appui au moins partiel que l'on accède à la maîtrise de la force permettant de gagner son appui, de sorte que nous sommes au rouet si nous nous en tenons aux seules ressources de nos initiatives.

Enfin, ce qui est contre nature finit toujours par succomber, au moins à long terme, sous la pression de ses contradictions ; l'individualisme libéral chapeauté par l'oligarchie mondialiste n'aura qu'un temps ; un jour viendra — qui peut-être n'est pas très éloigné — où les détenteurs de la force publique verront la société leur échapper, dans un climat de confusion sociale extrême, d'anarchie et de guerre civile, de crimes et de fureurs diverses, d'invasions criminelles et de disette. C'est à ce moment seulement que, d'une part, l'État déliquescent n'aura plus les moyens d'écraser les insurrections violentes menées par les vrais nationalistes ; que d'autre part le peuple dessillé par la faim et la souffrance deviendra peut-être ouvert, en une partie minoritaire mais non insignifiante de lui-même, à l'argumentaire des révolutionnaires de droite, et leur donnera son appui, ce qui permettra de sortir du cercle vicieux que nous venons d'évoquer. Aussi longtemps que ce stade de délitement des autorités publiques n'est pas atteint, aucune action politique visant à la prise directe du pouvoir n'est possible, n'est même souhaitable, qui ne peut que compromettre le seul travail sérieux des acteurs sachant attendre, à savoir se préparer à agir sans brûler les étapes.

§ 8. Souvenons-nous qu'il n'est même plus possible aujourd'hui de condamner verbalement en public les comportements infâmes des invertis, le divorce, l'avortement, l'immigration, la religion de la « Shoah », les iniquités du capitalisme et les crimes du communisme ; de dévoiler le contenu des préceptes talmudiques relatifs aux prétentions juives à dominer le monde par tous les moyens (l'islamisation de la France est tenue pour chose excellente par les rabbins qui voient dans l'islam le balai d'Israël) ; d'expliquer les manœuvres des acteurs subversifs du mondialisme bancaire, de révéler l'existence objective des races humaines, de condamner dans leur principe les idées démocratiques et la philosophie des droits de l'homme ; de se prononcer en faveur de la conception traditionnelle patriarcale de la famille, etc. Une vigilance inquisitoriale de plus en plus répandue par les faiseurs de l'opinion, vite relayée par le peuple si gâté qu'il en est devenu lui-même désormais subjectivement complice de ses bourreaux objectifs, plane au-dessus du reliquat d'hommes libres qui subsistent dans nos sociétés européennes, qui ont résisté à la mauvaise conscience.

On doit donner sa vie pour le service de la vérité et du bien commun, cela est entendu. Faut-il pour autant se sacrifier en vain ? Le peuple n'est pas capable aujourd'hui d'entendre notre discours, et attaquer le système de front ne nous fait obtenir que la marginalisation sociale, la ruine pécuniaire et professionnelle, et la prison. Or se faire imprudemment remarquer, par des actions inconsidérées relevant du psychodrame et du romantisme, cela revient en dernier ressort à se sacrifier pour rien, sinon pour le plaisir de rejeter ses reliquats de gourme, et pour se dispenser de faire l'effort courageux de contracter, dans l'attente éveillée, la vertu de patience.

§ 9. Sous un autre rapport, l'initiative consistant à donner une vitrine médiatique aux néophytes du nationalisme insurrectionnel et radical peut avoir son utilité. D'une part, s'il existe quelques âmes singulièrement courageuses et réalistes capables de pressentir par elles-mêmes, en dépit du vacarme médiatique abrutissant et du conditionnement social étouffant, la pertinence de notre discours honni, voire de l'améliorer, il est du devoir de tout nationaliste de ne pas laisser en jachère ces exceptionnelles bonnes volontés dotées d'une lucidité et d'un amour désintéressé de la vérité qui dépassent souvent de beaucoup ceux des « Anciens » qui tiennent le haut du pavé dans ces milieux ghettoïsés. C'est là un acte d'amitié et de charité, de solidarité politique aussi. On doit, fût-ce avec une faible chance de succès, essayer d'éveiller quelques individualités récupérables dans la masse innombrable des hallucinés. D'autre part, ce peut être encore un acte de reconnaissance, dans la mesure où des gens d'une telle qualité peuvent apporter leur concours à la préparation lente de ce qu'exigera le moment d'agir. La Droite française et européenne est fatiguée, vieille, désabusée ; ses membres ont la seule mort pour perspective individuelle, ils savent qu'ils ne verront pas la victoire fort hypothétique — à vue d'homme impossible — de leur camp, ils ne peuvent se payer le luxe de ne compter que sur eux-mêmes pour préparer le Grand Matin, qui ne sera pas réveil mais résurrection. Encore faut-il, pour éveiller les talents et les repérer, consentir à se laisser connaître, ce qui suppose une vitrine médiatique, par là une ou des organisations politiques dotées d'une existence publique. Notons encore que ce sang neuf est innocent, intellectuellement et psychologiquement, des préjugés, langueurs, et nostalgies stériles de leurs aînés, de sorte que ces intelligences exigeantes, fortement gratifiées d'esprit critique, sont particulièrement habilitées à faire progresser les esprits non seulement dans l'ordre pratico-pratique de l'action politique, mais aussi dans celui de la pédagogie relative à la diffusion de la doctrine, avec un vocabulaire, des slogans, une sensibilité, des références artistiques et littéraires, des techniques de communication qui sont familiers à leurs contemporains. La France n'est pas sans le peuple français, et ce peuple est en train de se laisser mourir ; la France existe en puissance et non en acte mais, précisément, parce que nul ne connaît ni le jour ni l'heure de la Parousie, nous devons, quelque disposés que nous soyons à penser que tout est consommé et que la victoire ne nous échoira plus jamais, faire comme si cette victoire était encore possible, et cela même jusqu'à la fin des temps : « facienti quod in se est, Deus non denegat gratiam ». Il y a toujours, en vérité, quelque chose à faire.

Compte tenu de ce qui précède, nous nous croyons mis en demeure — au risque de décevoir nos lecteurs activistes et d'inquiéter nos discrets compagnons de combat attentistes, en concédant trop à ceux-là et pas assez à ceux-ci — de proposer la chose suivante :

Il convient que les plus doués dans l'art de la dialectique et de la rhétorique parmi les nouveaux venus portent le combat politique sur les réseaux sociaux sans jamais évoquer quoi que ce soit de précis en ce qui concerne l'action et les projets pratiques relatifs à l'accession réelle au pouvoir politique. Ces contacts doivent suffire à éveiller les consciences de ceux qui le méritent, qui peuvent ensuite être introduits dans d'autres cercles plus discrets que le militant de base ne connaît pas et, au moins dans une période probatoire, dont il n'a pas, au vrai, à connaître. Le but de cette ouverture médiatique conjuguant audace et prudence, mettant en jeu l'arrogance joyeuse et l'insolence, l'enthousiasme et le pessimisme réaliste, opposée tant aux Rouges qu'à la Réaction, est de se rendre disponible pour nos rares contemporains véritablement soucieux de vérité. La démarche relevant de la provocation, à vocation cathartique — croix gammées, saluts fascistes, déclarations brutales de type raciste et antisémite, apologie d'Hitler et de Mussolini — est aujourd'hui, et dans nos pays, la plupart du temps contre-productive, parce qu'elle n'éveille pas la légitime indignation que le spectacle des mensonges des maîtres de ce monde pervers devrait susciter en tout esprit sain. Si elle était capable de produire cet éveil, il serait opportun de prendre de tels risques. Mais elle ne fait qu'éveiller la suspicion des gens prudents (les provocations et manipulations policières existent), ou bien elle effarouche les indécis, ou bien encore elle ne fait venir au jour, chez ceux qu'elle atteint, que les sentiments suicidaires des amateurs prématurés du « baroud d'honneur », c'est-à-dire de ceux qui ne croient pas, en vérité, à la possibilité de la victoire de notre camp. Une stratégie plus intellectuelle nous paraît à la fois plus honnête, plus prudente et plus efficace : éveiller les aspirations spirituelles et religieuses des individualités providentiellement privilégiées sensibles à un authentique souci de transcendance innocent de toute pulsion d'aigreur ou de vanité, et leur montrer que la logique de l'application politique d'un tel engagement passe effectivement par le fascisme catholique ; ceux auxquels nous nous adresserons sont intellectuellement exigeants ; les slogans et les attitudes ne les séduiront pas. Cela dit, parce que l'homme, être d'esprit, est aussi fait de chair de sang, de passions et d'imagination génératrice d'imaginaire, cette stratégie intellectuelle peut s'accompagner d'une ouverture pratique à certaines organisations déjà existantes, et proches par leur doctrine du fascisme catholique. De telles organisations jouissent de l'expérience requise pour rassembler les bonnes volontés et la jeunesse courageuse afin d'en faire, par des formations pédagogiques appropriées — camps de plein air, pratiques sportives, développement du sens de l'effort et exercices physiques de dépassement de soi, apprentissage de l'esprit communautaire et de l'obéissance — des militants dévoués, des hommes endurcis, disciplinés et efficaces, qui ont compris que l'homme ne se trouve qu'en s'oubliant, et que le bonheur ne peut se trouver que dans le désir de servir.

Quelques éléments de doctrine.

§ **10.** Si tant est que notre point de vue sur la chose politique paraisse, à nos lecteurs soucieux d'agir, digne d'être communiqué et/ou de servir d'arme à la controverse, voilà ce qui nous semble mériter d'être argumenté et développé :

§ **10. 1.** La vocation du Politique est de faire s'actualiser, de manière hiérarchisée, toutes les potentialités de la nature humaine particularisée dans et par un peuple organisé en État, c'est-à-dire, à l'intérieur d'une communauté nationale de destin. La nation, unité formelle d'une langue, d'un donné biologique, d'une vision du monde en dernier ressort d'essence religieuse, d'une histoire et d'une terre, est une manière paradigmatique d'être homme forgée par l'Histoire, ainsi dans le temps, mais en laquelle tout homme, quelle que soit son appartenance d'origine, peut reconnaître une perfection intemporelle : il existe un génie de la négritude et de l'arabéité, de la germanité ou de l'hispanité, qui sont autant de manières d'être homme, d'actualiser excellemment l'humanité dans l'homme, c'est-à-dire cette nature humaine tout entière immanente à tout homme, quoique non totalement, de sorte que l'Européen pleinement européen sait reconnaître en l'autre l'actualisation d'une virtualité de la nature qui l'habite, et se réjouir de l'existence de l'autre et célébrer son excellence. Si la nature humaine est tout entière et non totalement investie en chaque homme, singularisée en lui, elle fait valoir, en lui, ses exigences universelles de déploiement selon deux modalités : par la procréation physique (tout vivant parvenu à maturité engendre), et par la genèse d'une totalité communautaire, ainsi politique : la cité comprise avec les individus qu'elle rassemble actualise mieux l'essence humaine qu'un seul homme, de sorte que l'homme s'accomplit en s'excédant ; il s'excède chronologiquement dans la position d'une lignée familiale ; il s'excède synchroniquement dans la position d'une communauté qu'il fait être en s'intégrant en elle. Cette communauté — position ad extra, ou extériorisation de l'intériorité essentielle de chaque homme — s'expose naturellement dans la forme d'un « homme en grand » reproduisant dans ses fonctions (« oratores, bellatores, laboratores ») les déterminations intrinsèque à l'âme humaine (la pensée spéculative ; le cœur qui dit générosité et courage, ainsi la volonté ; les passions), et c'est pourquoi l'homme est « chez lui » dans la Cité, en cette extériorisation subsistante et déployée de son intériorité essentielle. Et cet « homme en grand », cette nature humaine déployée et actualisée, s'achève dans l'analogue de la formalité de personne : le Guide est la conscience de soi du tout. Il est la subjectivation de la volonté populaire, de l'esprit ou de l'âme d'un peuple. Une telle « volonté générale » n'a pas en elle-même ou à raison d'elle seule le principe de sa légitimité ; elle le trouve dans les exigences objectives, définies par la morale, de la nature humaine et de Dieu son Auteur. Mais en retour l'exercice du pouvoir ne promeut le bien commun, cause finale du Politique, que si la communauté est organique. Et elle est organique si et seulement si le tout se fait procéder des parties qu'il engendre, dans une réciprocation de causalité garantissant au bien commun le double statut de bien du tout pris comme tout et de meilleur bien du bien particulier. Une telle exigence d'action réciproque entre le tout et la partie, mais sous l'égide du tout — c'est l'identité, ou l'Un, qui se fait identité ou unité d'elle-même et de la différence, ainsi du multiple, l'unité de l'unité et de la pluralité étant précisément la totalité —, se transcrit politiquement dans la forme suivante : le pouvoir vient d'en haut (refus absolu du dogme de la souveraineté populaire, expression de l'individualisme et de la souveraineté des médiocres), mais il se fait un devoir de se faire reconnaître — de gré ou de force — par le peuple et par l'esprit qu'il incarne, et dont le dépositaire du pouvoir, toujours singulier, se veut la conscience de soi, ainsi la personnification. Ce qui revient à dire, à toute distance des naïvetés criminelles de l'esprit démocratique, que le Guide est au service de la volonté objective du peuple, laquelle n'est pas la résultante de la somme des égoïsmes privés ; le Guide, pour le dire autrement, est au service de ce que la nature (par définition commune à tous les hommes, dirigeants et dirigés) de la volonté de ce peuple, commune à toutes les volontés, enjoint à ce dernier de vouloir s'il est vertueux, et qu'il est incapable d'actualiser par lui-même. De même que l'âme est immanente à toutes les parties d'un corps et ne trouve que dans sa tête les conditions de l'accession à la conscience d'elle-même et à la pensée organisatrice, de même l'État fasciste catholique, forme de la nation, est immanent, sur le mode de la volonté objective du peuple (volonté du tout pris comme tout en même temps que volonté idéale de chacun), à tous les membres de la Cité, et ne trouve que dans le Guide l'autorité organisatrice qu'il fait diffuser par ses subordonnés à partir de lui-même et dans toute la communauté, selon le principe du « Führerprinzip ». L'État fasciste catholique est organique et non démocratique ; il exclut la démocratie parce qu'il est organique.

Charité et combativité.

§ 10.2. Il y a une manière fasciste d'être catholique, qui désigne l'anti-surnaturalisme ; et une manière catholique d'être fasciste, qui plébiscite un totalitarisme politique non ablatif d'une transcendance spirituelle excédant l'ordre politique lui-même. Nous proposons une présentation des principes inspirant ce régime dans notre ouvrage « Doctrine du Fascisme Catholique, en abrégé » (*Editions Chrysalide*, 2023). Fascisme catholique, nationalisme révolutionnaire, organicisme, État totalitaire, disent la même chose. Le catholicisme est la religion de l'amour. Mais l'amour est force d'union et de concrétion, puissance unitive qui, de deux termes, tend à les faire s'identifier l'un à l'autre puis à les faire se sublimer dans la position d'un troisième qui les assume en les excédant, à tout le moins et le plus souvent d'un troisième en et par lequel ils se pérennisent. L'amour subsiste dans la relation de l'amant et de l'aimé, et il aspire à l'unité des deux, laquelle supprime la relation en abolissant la différence qui les distingue, cependant que l'amour est aimable et s'aime, ainsi récuse sa vocation à disparaître, en laquelle pourtant il se consomme, c'est-à-dire s'achève. Comme unité obligée de l'attraction et de la répulsion (tendre vers l'autre pour s'identifier à lui, et se repousser de lui afin de réactiver sa propre identité à soi), l'amour est contradictoire et lève sa contradiction dans l'acte de se faire engendrement d'un troisième en lequel les amants s'unissent et s'identifient sans renoncer à leurs différences. De ce constat rationnel, trois conséquences peuvent être tirées.

§ **10. 3.** D'abord, l'amour a la configuration obligée, la forme d'une intemporelle victoire opérée sur la possibilité de la haine et de la violence, telle une violence se faisant violence. L'amour assume la violence et la dépasse, de sorte que l'énergie que convoque la violence procède elle-même de l'amour. Qui aime la vraie paix — repos de l'ordre —, n'a pas peur de la guerre et sait qu'elle est souvent un moment obligé de la conservation et même de l'obtention de la paix. Aussi bien, qui aime la guerre doit aimer la paix puisque c'est de celle-ci qu'il tire l'énergie qu'il célèbre et par laquelle il s'enivre dans l'exercice de la guerre. Toute paix est conflit assumé et dépassé, elle nourrit en son sein cette instance polémique dont elle se fait vivre. Qui aime la guerre aime la douceur et l'amour, les vertus du pardon auxquelles répond, surnaturellement, la vertu théologale de charité qui, loin de violenter la justice, en est comme la plénitude : la vengeance est naturelle et même mérite le rang de vertu morale, juste milieu entre la rigueur cruelle et l'indulgence coupable ; elle perfectionne en nous l'inclination naturelle à repousser ce qui est nuisible, en particulier les injures dont on est naturellement porté à se venger pour en effacer les effets ; la charité n'est pas l'ignorance ou le refus de la vengeance, elle en est la sublimation, et l'on ne sublime que ce que l'on assume ; elle consiste en quelque sorte à donner à l'endetté (ainsi à l'offenseur) la somme par laquelle il rachète sa faute et en paie le prix, ainsi satisfait à la justice de vindicte, légitime vengeance de l'offensé ; on satisfait ainsi, par la charité, aux réquisits de la justice de vindicte, en suscitant dans l'offenseur un mouvement d'amour pour l'offensé et pour l'ordre que celui-là a compromis ; on fait de lui le participant volontaire de la réparation de sa faute, et cela est plus excellent que de se contenter de rétablir l'ordre par la seule vindicte puisque, non content de satisfaire à l'honneur de la victime, on sauve l'offenseur de sa maladie morale ; il reste que si la charité est sublimation de la vengeance, elle l'assume, et, en retour, si la vengeance est aimable, c'est seulement comme expression de l'amour ; la haine, qui est contre nature (parce que l'homme est naturellement ami de l'homme du fait de leur commune nature), est une déviation de la vengeance, qui, loin de rétablir l'ordre, ajoute un désordre à un autre. On est loin, pour qui comprend cela, des mièvreries pacifistes et émollientes de ces représentations dévoyées de la charité dispensées par un clergé melliflue. Et, à toute distance des exaltations subjectivistes et volontaristes d'une « volonté de puissance » qui se prendrait pour fin, il n'est de véritable guerre, de conflit héroïque faisant se célébrer les vertus de courage et de fierté, que par référence à l'ordre naturel, puisque la guerre vit de la paix qui est le plébiscite et le repos de l'ordre. Le Dieu des catholiques, Agneau qui enlève les péchés du monde, est aussi Celui qui est venu mettre le feu à la Terre, apporter non la paix mais le glaive. Le Paradis du Christ appartient aux violents. Et le catholique ne s'agenouille que devant Dieu, Dieu de miséricorde *et* Dieu des Armées.

§ **10. 4.** Deuxièmement, la loi d'amour, qui induit le devoir d'abnégation, n'est nullement une attitude d'esclave ou de femelle, elle est au contraire le seul moyen rationnel d'exercer le devoir d'affirmation de soi générateur de fierté. L'amour d'amitié est en effet l'amour de bienveillance (aimer l'autre en tant qu'on lui veut du bien), et il repose sur l'amour de soi ; l'amour de soi bien compris consiste, pour un homme, à se réjouir de et à plébisciter la manière dont la nature humaine condescend à s'individuer en lui ; tout être aime sa nature en lui étant rapporté, parce que tous ses désirs procèdent de sa nature et ramènent à elle (désirer est manquer, manquer est se révéler inadéquat à soi-même, ainsi à sa nature, et c'est en son fond désirer sa nature), de sorte que, vivant d'un amour qui ramène l'homme à ce dont un tel amour procède, c'est, en cet homme, sa nature qui se veut en lui. Si l'homme s'aime en ce sens, il aime corrélativement la manière dont cette même nature consent à s'individuer en autrui, et c'est ainsi d'un même élan qu'il s'aime et aime son prochain. Mais s'aimer, entendu comme cette sagesse consistant à s'accepter, c'est s'affirmer, se posséder, se réjouir d'exister et d'être ce que l'on est, s'en faire une fierté et le faire rayonner. Qui hait son prochain ne s'aime pas ; qui est incapable d'amour pour autrui se hait lui-même, en homme de ressentiment, en révolté contre soi-même et contre Dieu, en insurgé contre sa condition, ce qui est le propre de l'esclave et de l'homme de Gauche qui se condamne sans le savoir : sa haine de ce qu'il est — ainsi de sa nature —, qu'il projette sur autrui, est encore un fruit gâté de cette même nature qu'il doit bien ratifier pour l'exercer, fût-ce en la faisant s'insurger contre elle-même, et c'est pour se soustraire à cette contradiction qui le condamne que, à défaut de se haïr consciemment, il hait le genre humain, ne l'aimant que tel qu'il voudrait qu'il fût et non tel qu'il est. Si l'amitié procède de la nature humaine s'aimant en chaque homme et faisant s'aimer les hommes les uns les autres, quand le Politique est ce par quoi la nature humaine parvient à l'expression prolongée et exhaustive de soi, c'est que l'amitié est fondement du Politique. L'humilité qui consiste à s'accepter en ses limites congénitales et naturelles n'est que l'envers de la fierté qui consiste dans l'estime ou amour bien compris de soi. Ces deux aspects sont corrélatifs et indissociables.

§ 10. 5. Il faut bien comprendre que la conception de la vie politique induite par la doctrine du fascisme catholique est une invitation à l'héroïsme si l'on peut dire ordinaire, à l'abnégation, au don de soi : le héros n'est pas la condition de l'homme d'exception, elle est celle de l'homme normal ; par là, cette vie politique adopte une conception du bonheur qui est anti-hédoniste, anticonsumériste, anti-individualiste, et qui fait de l'héroïsme — tenu couramment pour un comportement lié à des situations rares — un état intériorisé, telle une seconde nature, de la vie du citoyen ; un tel citoyen n'aime pas la vie facile, le confort, ou plutôt il se fait un devoir et un honneur permanents de ne constater leur appétibilité et de ne les goûter que pour s'en arracher afin de se réserver pour des biens meilleurs. Le vrai bonheur est pour lui ce qui donne sens à l'existence, ce qui la rend intelligible et finalisée, dotée d'une raison d'être qui la justifie en conjurant l'absurde. Mais cette manière de vivre son désir de vivre et de jouir est un changement radical par rapport à la conception que l'on se fait usuellement du bonheur, qui dit en général l'absence d'effort et de lutte, d'inquiétude et de mise en question de soi-même, et qui se résout dans le collapsus mortifère des énergies belliqueuses. Il s'agit, pour le fasciste catholique, non plus d'aimer les biens que l'on rapporte à soi, mais de chérir et de rechercher ceux auxquels on se rapporte, n'aimant les premiers que pour accéder aux seconds. Un tel désir ne fait pas du moi qui l'éprouve la fin de son exercice ; le moi, bien au contraire, reconnaît en ce désir l'énergie par laquelle il se rapporte à ce qu'il tient pour meilleur et plus essentiel que soi-même, et il apprend à tenir ce à quoi il se veut rapporté pour le meilleur de son bien propre ; or tel est le bien commun célébré dans la vie politique. C'est cette disposition d'esprit, c'est cette manière de désirer qui, seules, font aimer l'obéissance et l'inégalité, et l'effort et l'oubli du moi haïssable : il faut que tous, quel que soit le rang social de chacun, quels que soient ses talents, soient et se sachent également nécessaires à l'œuvre commune, à cette œuvre dont ils sont les pierres vivantes, dès lors que le tout s'anticipe tout entier, quoique non totalement, en chacun d'eux et en chacune des fonctions qu'ils exercent. Telle est l'insubstituable vertu attachée à la conception de la société organisée en faisceaux, qui seule promeut le véritable bien commun, cause finale et/ou raison d'être de la vie politique elle-même. Quand le réparateur d'ascenseurs, quand le manutentionnaire, quand l'employé de bureau, quand l'éboueur savent que ce qu'ils font ne se contente pas de leur fournir leur pitance et de satisfaire les besoins hédonistes de ceux qui les paient et les dominent socialement, mais contribue au bien commun qui assume en les dépassant tous les biens de la vie sociale, alors leur travail, quelque peu gratifiant qu'il soit par la pauvreté des talents qu'il convoque, se révèle, à leurs yeux et aux yeux de tous, gratifié d'une dignité attachée au service de ce qui requiert les plus hautes tâches, et il est en quelque sorte déjà moralement récompensé par l'honneur de servir la plus haute vocation qu'il lui soit donné de servir, dans l'ordre naturel, en cette vie mondaine. Et de même que l'amitié exercée dans la vie privée procède de l'amour de soi au sens où il l'a été entendu ici, de même l'amitié politique vécue dans la nécessaire et excellente inégalité procède de cet amour de soi qui tient au fait que tout moi se sait aimable en tant qu'il sert à sa place le bien commun, et que tous le servent également avec le même amour, et que ce service les honore et les rend aimables à eux-mêmes.

La décadence vient de loin.

§ 10. 6. Le peuple d'une nation européenne de ce début de millénaire — singulièrement le peuple français — est pourri dans sa moelle, complice du processus de décadence que la judéo-maçonnerie s'efforce à lui faire adopter ; les peuples n'ont jamais que les gouvernements qu'ils méritent parce que les dirigés sont toujours plus puissants que les dirigeants qu'ils ne subissent, même à contrecœur, que parce qu'ils les plébiscitent tacitement. Cependant, autant l'idée d'une distinction réelle entre pays légal et pays réel nous paraît infondée, autant il est nécessaire de faire observer que cette complaisance du peuple à l'égard de sa propre décadence morale, religieuse, culturelle et même physique, procède au moins en partie d'une erreur ou d'une carence des anciens détenteurs de l'autorité. Les responsables des gouvernements passés, alors inspirés par l'idée d'une société d'ordre, n'ont pas su communiquer au peuple, faute d'organicité, cet amour exaltant du bien commun qui soulève les cœurs, balaie les propensions mesquines au repli sur soi, exalte la fierté de servir et unit spirituellement les membres d'une même nation. Et le discours des ecclésiastiques obnubilés par la crainte d'une absolutisation populaire de l'État, mais aussi par celle d'avoir à renoncer à leurs prétentions théocratiques, n'est pas pour rien dans cette affaire. Pendant des décennies, au moins depuis le Ralliement, les hommes d'Église n'ont cessé d'exalter pieusement, nourrissant une intention sournoise de prise en main de la société, la grandeur de la famille au détriment de celle de l'État, et cela parce qu'ils projetaient (et projettent toujours) de mettre sur les familles, s'ingérant en elles en les infantilisant, une main de fer enveloppée d'un gant de velours, dans le but éloigné de changer la société par les familles. Mais ce n'est pas par le soin porté à ses parties qu'une réalité organique se régénère, c'est par les initiatives du tout, à savoir, en l'occurrence, de l'État. Encore une fois, ce n'est pas la morale qui a raison de science pratique architectonique, c'est la Politique.

Si vraiment il était acquis définitivement que le peuple est avili sans retour par bientôt trois siècles de jacobinisme ; si la réduction du peuple à la plèbe complètement déracinée, individualiste et consumériste, était si consommée que cette plèbe aurait perdu jusqu'à son identité de peuple en puissance, ainsi sa puissance à redevenir un peuple, alors il n'y aurait qu'à attendre la fin du monde, parce que toute espérance politique serait définitivement morte. Mais tel ne doit pas être notre diagnostic ultime, quelque tentant qu'il soit au regard du degré de bassesse que nos peuples européens ont aujourd'hui atteint. D'abord, Dieu peut tout, par les initiatives des hommes en lesquelles la Providence se médiatise ; ensuite, Dieu veut, lors de Son retour à la fin des temps, nous trouver debout et en combattant ; enfin, ces mêmes peuples n'ont pas encore véritablement souffert des effets de leurs vices, et nous croyons aux vertus rédemptrices de la souffrance qui rend lucide en même temps qu'elle réveille l'instinct de survie.

C'est dans le surnaturalisme bien-pensant des clercs que, en bonne partie, doit être cherchée la responsabilité des pulsions socialistes antichrétiennes qui ont jadis ravagé la population ouvrière ; la négligence à l'égard des exigences de la justice sociale, les yeux de Chimène du haut clergé pour les capitalistes pratiquants qui remplissaient le coffre des évêchés, ainsi pour la bourgeoisie destructrice de l'ordre social équitable, ce sont là autant d'expressions du mépris pour l'ordre naturel en général cautionné fallacieusement par les vertus surnaturelles d'humilité et de résignation. On en peut dire autant du dégoût des nationalistes anticapitalistes, antijacobins, excédés par cette trahison de leur cause que fut le Ralliement opéré par Léon XIII et pratiqué par ses successeurs ; ces nationalistes en vinrent, de manière pour le moins regrettable, à rejeter le christianisme lui-même et à se faire néo-païens. Le poisson pourrit toujours par la tête. Il y eut une trahison des clercs à l'égard des exigences politiques — organicistes — de l'ordre naturel ; et il y eut une trahison, opérée par les élites patronales et bourgeoises, cautionnée par les clercs, à l'égard du peuple dont le désir potentiel de servir le bien commun se révéla frustré par l'exacerbation, dirigée par des élites qui n'avaient plus rien d'aristocratique, des intérêts économiques.

§ **10. 7.** Evidemment, on est loin, dans cette perspective, de l'invitation à la « résignation » sécrétée par cette morale publique bourgeoise et faisandée dont sont adeptes les ecclésiastiques amis du patronat capitaliste aujourd'hui concentré, de gré ou de force, dans les cénacles du mondialisme bancaire. Que la vie terrestre soit pour le chrétien un temps d'épreuve, un temps probatoire exercé en vue du Ciel, une vallée de larmes qu'il convient de traverser dans l'humilité et l'espérance — toutes choses qu'il n'est pas question de contester — ne signifie nullement qu'il faudrait faire fi des besoins d'affirmation de soi, de justice et d'accomplissement temporel de l'ordre naturel. La vie terrestre n'est pas le terme de l'existence humaine, et sous ce rapport aspirer au paradis sur terre est le péché moral et politique par excellence. Mais si la vie humaine n'est pas totalement investie dans son mode terrestre de subsistance, elle y est néanmoins investie tout entière. Et que le salut éternel soit individuel ne fait pas du souci du salut une affaire strictement privée qui aurait vocation à réduire le bien politique, ou bien commun immanent, au statut d'instrument du souverain bien transcendant. Ce qui appelle une brève justification.

§ 10. 8. D'abord, une chose est tout entière et non totalement dans une autre quand cette autre a raison de moment du processus à raison duquel la première atteint le terme en lequel elle se repose tout entière et totalement, étant devenue pleinement elle-même en lui. Ainsi peut-on dire du projet d'un artiste qu'il s'anticipe dans les moments de sa concrétisation ou réalisation ad extra. La fin s'anticipe dans une cause efficiente qui la réalise ; elle fait, de sa cause efficiente, et des opérations exercées par cette dernière, les moments du processus de son avènement. L'œuvre de l'artisan ou de l'artiste est un concept cristallisé, et ce concept se fait advenir dans la réalité par dépassement ou négation de ce en quoi il s'anticipe ou se nie.

Le négatif non peccamineux.

§ 10. 9. Par ailleurs, une réalité naturelle, tel l'homme, est, par la grâce, invitée à s'excéder, à outrepasser opérativement ses limites constitutives sans qu'un tel homme cesse d'être homme, ainsi sans le faire changer de nature, et bien plutôt en l'enracinant dans son humanité, par là dans ses limites ontologiques : la grâce fait vivre celui qu'elle habite de la vie même de Dieu, mais elle le déiforme sans le déifier. Pour qu'il en soit ainsi, il faut que cet aller au-delà de soi-même passe par un acte de s'enfoncer en soi-même, en ce point focal intérieur à partir duquel il est donné à la créature déiformée d'agir sur un mode surnaturel sans cesser d'être naturelle. Ainsi est-on invité à se représenter la créature investie d'une telle nature dans la forme d'une identité à soi réflexive, selon la configuration du résultat victorieux d'une négation souveraine de ce qui, en elle, a raison d'antinature, de nature en puissance, de puissance à être cette créature spécifiée par sa forme qui l'actualise en tant que puissance à être. Selon cette conception, la créature — en l'occurrence l'homme — est ainsi forgée qu'elle assume en ses flancs l'anticipation d'elle-même, anticipation de soi qu'elle assume et confirme dans l'acte où elle la nie. Elle l'affirme ou confirme et la nie à la manière dont on peut dire qu'un vase vide, qui est plein en puissance — et qui ne saurait être en même temps et sous le même rapport vide et plein, en puissance et en acte —, est néanmoins tel que sa puissance à être plein subsiste dans la position de sa plénitude en acte : s'il perdait la puissance ou pouvoir d'être plein par l'acte d'être rempli, il se viderait aussitôt. Dès lors, il n'est loisible à l'ordre naturel d'épouser l'invitation à s'excéder surnaturellement qu'à proportion de son souci d'aller jusqu'au bout de lui-même dans son ordre propre, ainsi jusqu'au terme — autant qu'il est possible en lui — de l'actuation naturelle de lui-même ; il en est ainsi puisque c'est cette actuation seule qui confirme, dans l'être naturel, sa puissance à être lui-même, mais qui, comme puissance, est aussi puissance à être plus que lui-même : l'être en puissance fait s'identifier les contraires qui s'excluent dans l'être en acte, la puissance à être telle chose est aussi la puissance à être la transgression de cette chose, la possibilité d'un au-delà d'elle-même. C'est parce que la créature déformable a la configuration intestine d'une négation de négation que son exhaussement à un degré d'être qui l'excède peut n'être pas vécu tel un acte contre nature : si la nature d'une chose est sa fin, la fin de cette chose est sa nature, et se faire surélever au-dessus de sa nature reviendrait à changer de fin —par là à changer de nature, au point qu'une surélévation surnaturelle serait contre nature —, s'il n'était dans la nature de cette nature d'aller au-delà d'elle-même sans cesser d'être elle-même ; mais, comme négation de négation, elle enveloppe en sa structure son au-delà d'elle-même, mais sur le mode de l'être en puissance ; elle est positivement identique à soi tout en étant négativement identique à plus que soi. Il en résulte, nécessairement, que l'homme est en demeure d'être tout entier investi dans ce processus d'actuation de lui-même — et ce processus n'est complet que s'il est politique —, s'il entend faire ouvrir en son sein une disponibilité pour l'ordre surnaturel. Un tel principe de disponibilité a raison de point de suture entre nature et surnature, et ce point de suture a raison de moment du processus d'accession à l'ordre surnaturel, mais tout autant de terme de l'ordre naturel lui-même.

§ **10. 10.** Contre toute tentation surnaturaliste, qui voudrait ouvrir à la vie surnaturelle en défaisant la nature, en faisant renoncer la nature à elle-même, faire renoncer l'homme au monde de l'immanence et aux forces vives de la Terre, il faut dire qu'il existe une coextensivité obligée, et non une hostilité de principe, entre le souci d'actuation exhaustive de son être naturel déployé, et le consentement à se laisser transfigurer, tirer hors et au-delà de soi-même, par l'appel surnaturel, lequel, gratuit, n'en a pas moins raison d'injonction autoritaire à laquelle la créature doit souscrire : il est contre nature de refuser la grâce, bien que la grâce, absolument gratuite, soit au-delà de la nature et incommensurable à elle. En droit sinon en fait, l'éveil, en l'homme, du souci personnel de transcendance divine, conjoint à celui d'une vocation non mondaine de l'homme, ne se peut exercer que moyennant le souci de faire advenir en cet homme le meilleur de son être naturel. Ce qui n'est possible que par le service inconditionnel — l'homme s'y donne tout entier — du bien commun politique.

§ **11.** Il fut question plus haut d'humilité et de fierté, qui vont ensemble autant que sont solidaires l'amour et la pugnacité, tout comme le bonheur et le goût du dépassement de soi. L'orgueilleux, qui se veut grand dans le sombre choix du refus de s'ordonner à plus que soi, s'aime d'un amour désordonné de lui-même. Mais ce n'est pas là s'aimer ; l'orgueil est à l'amour de soi ce que la témérité est au courage. L'orgueilleux se trompe à dessein sur lui-même et croit s'aimer en aimant une chimère. Il en résulte que l'orgueilleux, ne s'aimant que d'une caricature de l'amour, ne s'aime pas en vérité, par là n'aime personne. Tout autant, attaché à une chimère, il est incapable de coïncider avec ce qu'il prétend être, et il est contraint d'avoir recours au mensonge — à soi d'abord, ensuite à autrui dont il a besoin pour entretenir son mensonge à soi — pour persister dans une voie qui lui révèle toujours plus, à mesure qu'il s'avance en elle, qu'elle ne mène nulle part, sinon dans le refus toujours plus consommé de soi-même, ce qui conduit à l'aliénation, au double sens de perte de soi, de renoncement à soi-même, et de folie, mais aussi de damnation. Un tel renoncement est encore une caricature de la véritable abnégation, dénaturation qui se radicalise logiquement, tôt ou tard, en refus physique de soi, ainsi en suicide. Mais cette non-coïncidence avec soi obligée affaiblit l'orgueilleux en lui faisant rater sa vraie vocation, tout en étant elle-même une faiblesse puisqu'elle procède d'une fuite (de soi). Et la conjugaison de l'orgueil et de la faiblesse l'empêche de s'affirmer et de se glorifier, comme il le souhaiterait, dans la mauvaise jouissance d'écraser autrui ; une telle frustration l'invite à avoir recours aux manières très femelles d'abaisser son prochain, à savoir la détraction, le dénigrement, la médisance, la calomnie et le goût de l'intrigue. L'orgueil, et la faiblesse qu'il sécrète, se consomment ainsi nécessairement en envie, en tristesse du bien d'autrui — envers strict de la charité —, en cette forme la plus détestable et la plus honteuse que peut prendre l'orgueil parvenu à maturité. Parce que l'envie est insupportable à celui qu'elle afflige, il est mis en demeure de la faire accompagner par la duplicité, qui est un renchérissement dans le mensonge à autrui et à soi. L'orgueilleux s'aime infiniment et se déifie, et il ne supporte pas l'existence de Dieu qui l'empêche de se déifier ; aussi se fait-il athée et, ce faisant, il accuse le chrétien de vivre pour un arrière-monde illusoire au nom duquel le disciple du Christ s'autorise à cracher sur ce monde et à vivre sur le mode d'une revendication de justice et de sainteté son ressentiment de faible à l'égard d'un monde dangereux adapté aux forts et aux grands vivants, ainsi à ceux que leur refus de l'humilité — signe supposé de faiblesse — destine à assumer leur orgueil comme une marque de puissance. Parce qu'il est bien obligé de confesser qu'il n'est pas l'origine du monde et le maître de son acte d'être, l'athée étend à la Nature entière son identité d'homme déifié, afin de se donner une consistance et un contenu, ce qui revient à adopter cette manière emphatique et solennelle d'être athée, qui n'est autre que le panthéisme au nom duquel il peut accuser le chrétien de désacraliser le monde, de le désenchanter, de déchirer l'homme entre une immanence et une transcendance irréconciliables, d'être écartelé, selon la formule littéraire de Lucien Rebatet, entre « Deux Étendards ».contradiction. Ce qui sera exposé tout de suite.

Paganisme et judaïsme.

§ 12. 1. Mais si l'absolu divin n'est autre que la Nature ou l'univers, cet absolu est supposé ne prendre conscience de lui-même qu'en l'homme qui, de ce fait, est sommé de se déclarer lui-même divin. Or une coexistence de petits absolus — une conscience de soi étant toujours individuelle — est impossible, sinon dans la haine, l'esprit revendicateur objectivement gravide de pulsions démocratiques, ainsi de décadence, puisque le seul rapport qui puisse subsister entre de petits dieux est celui — à défaut d'une victoire de l'un sur tous les autres — de l'égalité. Le culte immanentiste, ainsi panthéistique, de la nation prise comme absolu indépassable en lequel le macrocosme déifié est censé se concentrer, se résout logiquement en individualisme démocratique et en hédonisme sordide, aussitôt retombées — tel un soufflé mal cuit — les exaltations juvéniles du romantisme. La sombre grandeur de l'orgueil brillant d'une illusoire beauté finit toujours par faire l'aveu d'une misérable petitesse de caractère et de la mesquinerie la plus haïssable.

De plus, à moins de vivre sciemment, en se mentant donc, à la surface de soi-même, à moins de se perdre hors de soi sans jamais entrer en soi-même, l'homme est tel que le refus de transcendance n'est pas viable, parce que l'affirmation humaine de Dieu est toujours, de manière consciente ou non, affirmation de soi de Dieu dans l'âme, laquelle affirmation est refoulée par l'athée déclaré, pressentie et oubliée aussitôt qu'aperçue : le désir de la recherche d'un pourquoi premier est consubstantiel à l'intelligence qui, saisissant un effet, ne peut pas ne pas en rechercher la cause ; plus rigoureusement, l'intelligence congénitalement avide de sens constate que le monde ne rend pas raison de soi et que ce qui ne rend pas raison de soi laisse, dans l'univers des possibles, une place pour ce qui, rendant raison de soi, rendrait raison de tout le reste ; ce faisant, l'intelligence constate d'emblée que le concept de cause première n'est pas contradictoire puisqu'il relève du possible ; s'il n'est pas contradictoire, il est un vrai concept, effectivement pensable et donc réellement possible, mais ce dont il est le concept doit être tenu pour réel aussitôt que reconnu comme possible dès là que, s'il n'était pas réel, il faudrait qu'un autre le fît passer de la puissance à l'acte, de sa possibilité à sa réalité ; mais ce serait là confesser qu'il n'est pas premier. L'idée d'une cause première qui ne serait pas réelle est contradictoire, de sorte que penser Dieu comme n'existant pas équivaut en dernier ressort à penser contradictoirement, par là à ne pas penser. Mais puisque, aussi bien, la pulsion de transcendance, définitionnelle de l'instinct de l'intellect, se rappelle toujours à l'homme quoi qu'il fasse dès lors qu'elle lui est consubstantielle, son refus de transcendance effective se mue en lui en « transcendance dans l'immanence », ce qui produit nécessairement, parce que logiquement, cette vision du monde aussi ancienne que le péché originel, qui se nomme la gnose :

§ **12. 2.** L'homme ne peut réprimer complètement l'instinct de transcendance, instinct de la raison et de la volonté, exercice du principe de raison d'être et appétit infini d'infini, parce que, refusant le Dieu créateur et séparé, il contourne la contradiction qu'enveloppe son refus en affirmant un Dieu immanent et dépendant de ce qu'il crée, ce qui peut prendre la forme élémentaire du mythe du progrès et de la société radieuse (communisme) à venir, selon le schéma d'un Dieu qui se fait, un Dieu en devenir qui accouche de lui-même en même temps qu'il accouche du monde et le fait évoluer. Mais cela même est une modalité édulcorée de l'ancestrale gnose satanique. La gnose assure que Dieu est imparfait et que sa création mauvaise ou ratée est son objectivation, et qu'en elle quelques élus — hyperboréens ou juifs, selon les référents cosmogoniques mythiques induits par les préférences affectives de chacun — sont chargés de sauver le monde en le refaisant, et corrélativement de sauver ce Dieu maladroit parce qu'inconscient et auquel ils sont consubstantiels en tant que conscience de soi de Dieu. Il y a transcendance avec l'idée de Dieu, mais immanence avec celle de consubstantialité. Et nous pensons que la vérité chrétienne est ce dont le contenu doctrinal a la configuration d'une victoire sur la tentation gnostique, que cette dernière soit ou ne soit pas historiquement actualisée. Il y a du mal, Dieu permet le mal et en est « physiquement » cause (tout ce qui est, en tant qu'il est, participe de Celui dont l'essence est d'être) mais Dieu n'en est pas cause moralement. Dieu, disent les théologiens avec raison, peut tirer du mal un bien plus grand. Mais si, du mal, on peut tirer du bien, c'est que quelque chose de bon subsiste dans le mal, non en tant qu'il est du mal, c'est-à-dire une privation du bien, mais en tant qu'il y a quelque chose, dans la privation en tant que privation, qui est bon ; et c'est là le négatif non peccamineux, l'idée que tout bien a la forme d'une victoire sur la possibilité du mal. Pour le catholique, il y eut une Révélation primitive (Adam savait que le Verbe s'incarnerait) dont le souvenir fut bientôt, après la Chute, corrompu par la faiblesse du cœur et de la raison des hommes, et les mensonges de Satan ; d'où la genèse d'une révélation inversée, d'une proto-gnose qui ressemble à la vraie Révélation en la trahissant, et qui est la matrice des gnoses polymorphes répandues dans tous les folklores de tous les peuples de la terre, dans leurs mythologies, leurs religions à mystères et leurs cultes païens, resurgies pour elles-mêmes et systématisées aux premiers siècles du christianisme, et récupérées par le Talmud et la Kabbale qui les adaptèrent à leurs besoins (en particulier sous l'influence d'Isaac Louria et de Sabbataï Tsevi), pendant qu'un certain néo-paganisme (telle l'aile d'ultragauche, ésotériste, et en vérité extrêmement minoritaire du national-socialisme par exemple) moderne entendait la réveiller contre une Église catholique qui s'était rendue détestable par ses abus théocratiques d'autorité et ses reptations démocratiques. Il en résulte que le tour d'esprit, les catégories du néo-paganisme et du judaïsme antichrétien sont identiques dans leur fond, ne changeant que par la désignation de leurs champions, élus et surhommes, éons ou sephirot, en compétition entre eux mais complices dans leurs oppositions, et dont la maçonnerie moderne est le corps « ecclésial », véritable contre-Église structurant les sociétés contemporaines. Il en résulte aussi que l'habitude de fonder des lieux de culte chrétiens sur les anciens lieux de cultes païens, loin d'être un détournement illégitime de finalité, n'est pas moins que l'entreprise de réappropriation et de purification d'un bien commun spirituel dévoyé. Ce n'est pas le christianisme qui a trahi le paganisme, c'est le paganisme qui a trahi le christianisme.

§ **12. 3.** On ne saurait accuser le chrétien de charrier une pensée orientale incompatible avec le génie indo-européen ; l'homme occidental, gréco-latin et celto-germanique, n'est nullement contraint de se trahir pour s'approprier à ce que l'antichrétien blanc tient pour le réquisit sémitique d'une religion venue de l'Orient. Le judaïsme est au christianisme ce qu'est la chrysalide à l'égard du papillon ; quand ce dernier survient, il ne reste rien d'elle. Le christianisme est surnaturel, religieux et non politique, vérité religieuse du politique, surnature magnifiant et transfigurant la nature sans lui enjoindre de renoncer à son excellence mais au contraire en exaltant cette dernière. Il fallait bien que le christianisme, dont les dogmes trouvent dans les catégories grecques de la pensée philosophique l'instrument adéquat de leur explicitation, s'anticipât dans quelque chose de non occidental pour que ce quelque chose eût raison de chrysalide ; si le christianisme s'était préfiguré dans une religion grecque, c'est la pensée grecque qui eût dû renoncer à elle-même pour faire advenir le christianisme qui n'eût pas, de ce fait, été véritablement chrétien.

Répression des idées fausses.

§ **12. 4.** Il en est des sectes maçonniques, des réseaux crypto-marxistes résiduels et des influences juives, et plus généralement de tout ce qui est socialement délétère, comme il en est des microbes par rapport à un corps sain. Les virus et bactéries n'affectent l'organisme qu'à partir du moment où celui-ci est déjà affaibli. Il est dans la nature d'un corps sain de lutter ; la lutte pour la préservation de la vie est l'exercice même de la vie, ou encore conjurer la mort est l'essence de la vie ; est vivant ce qui est autonome ; est autonome ce qui agit sur soi-même, ce qui coopère à la production de soi-même et ainsi s'anticipe dans ce dont il se fait procéder, par là il est ce qui se fait changer et ainsi ce qui se conteste et s'accomplit en se contestant, et qui, pour se faire advenir par négation de soi-même, requiert de contracter la configuration d'une négation de négation, qui ainsi se maintient identique à soi-même et se régénère dans l'acte de se contester, fait se réfléchir sa négativité constitutive à laquelle le vivant doit bien consentir afin de la faire se renier ou de la rendre victorieuse d'elle-même. Est vivant ce qui fait, du processus de sa position dans l'être, une détermination intrinsèque à cet être même qui, pour cette raison, ne vit que parce qu'il a la forme d'une résurrection ; Celui qui *est* la Vie est aussi la Résurrection de Lui-même ; et tout ce qui vit est une similitude participée de la Vie subsistante. Dès lors, si le vivre est victoire sur la mort, ce qui tend de l'extérieur à le faire mourir n'y parvient que si le vivant a déjà renoncé à vivre. Les sociétés ayant succombé à la peste maçonnique étaient déjà malades, et la puissance des sectes — ou de ces officines diverses évoquées par le conspirationnisme — est plus l'effet que la cause des maladies sociales. Nous leur reconnaissons le statut de causes instrumentales et non de causes principales des décadences. Leur conférer la dignité de causes principales procède du misérable calcul suivant : s'innocenter de ses propres responsabilités dans les processus de décadence. Et telle est dans l'ensemble l'étiologie monarchiste ou réactionnaire de la Révolution française. Cela dit, que le microbe ne soit pas la cause principale d'une maladie ne dispense pas le corps sain de s'efforcer à se débarrasser de ce qui entretient son mal ; on ne saurait tolérer des menaces permanentes qui affaiblissent vainement le corps sain des hommes et des sociétés, et qui leur font gaspiller en pure perte une énergie précieuse. Les sectes maçonniques et autres officines destructrices de l'ordre ont vocation à être éradiquées purement et simplement, selon des modalités diverses imposées par les circonstances et la nature particulière de chacune. La force des méchants n'est que la faiblesse des bons ; lutter contre les sectes est nécessaire, mais n'est excellent et fécond qu'à condition de ne pas voir en elles la cause première des périls à combattre. Dans le même esprit, de même que les hérésies qui sont en soi mauvaises finissent par servir la cause du bon combat en obligeant les dépositaires de la vérité à expliciter le contenu des dogmes, de même la naissance des erreurs peut servir par réaction à faire progresser la recherche de la vérité, dans tous les domaines du savoir ; c'est pourquoi une censure n'est efficace et fructueuse que si elle s'accompagne d'explications et de corrections publiques exaltant la vérité et dissipant dans la population cette suspicion compréhensible que suscite toute censure, et avec elle le désir incoercible de la transgresser. Ce n'est pas à dire pour autant que le principe de la censure ne serait pas légitime ; on doit préserver les organismes faibles des microbes, il est opportun d'éviter les agitations vaines et les curiosités stériles, et l'on doit de même protéger les intelligences influençables de la puissance corrosive des erreurs en leur apparente séduction, dans quelque domaine que ce soit. En ce qui concerne la censure et l'usage qui doit être fait des médiats, le fasciste catholique considère que, comme toute activité sociale, l'information doit être finalisée par le bien commun, lequel coïncide en ce domaine, tout simplement, avec la diffusion de la vérité, sans visée manipulatrice ; il est donc opportun que l'État, garant du bien commun, ait la haute main sur ce qui fut nommé le « quatrième pouvoir ». Mais afin d'éviter la naissance du défaut de confiance à l'égard d'une autorité qui avoue sa faiblesse en choisissant d'empêcher l'expression de la contestation au détriment de la tâche de réfuter les erreurs ; dans le but, aussi, de permettre aux esprits avertis d'avoir accès aux erreurs contenant des vérités captives, la démarche la plus prudente est probablement la suivante : en tous domaines, tout doit — fors les blasphèmes — pouvoir être publié, mais dans une publication officielle régie par le domaine public, à laquelle doivent pouvoir avoir aisément accès ceux-là seuls que leur métier ou leur fonction sociale destine à affronter sans dommage les mensonges et les sophismes, et pour laquelle aucun effort particulier de diffusion ne doit être prodigué ; les organismes privés d'éditions diverses doivent être soumis à une censure ordinaire, non parce que l'État craindrait la critique, mais parce qu'il sait que le peuple, trop souvent, ne choisit pas d'embrasser ses idées en fonction des exigences de la raison, et reste tributaire de ses passions dans l'exercice du désir de croire, au point qu'il demeure sourd aux arguments les plus solidement fondés. Dans ces conditions, la promotion de l'information (journalistique, scientifique, historique) et la diffusion des idées en général ne sont exercées que pour les productions que l'État a jugées dignes d'être utiles au public, en réprimant la fausse monnaie des pensées erronées, mais sans donner le sentiment que quelque vérité indésirable serait celée par les dépositaires opportunistes d'un pouvoir arbitraire.

Des mesures analogues doivent être prises en ce qui concerne la diffusion des techniques de communication dangereuses, qui sont solidaires de la numérisation complète des données personnelles en effaçant la césure naturelle et nécessaire entre ce qui relève du privé et ce qui appartient au public. Tout ce qui relève du privé est finalisé par le public puisque le bien commun relève éminemment du public mais, la société n'étant pas substance mais tout d'ordre, et le bien de la société n'étant pas non plus cause finale ultime de l'homme, alors l'État, opérateur privilégié du bien commun, ne saurait s'introniser cause efficiente stricto sensu des vies privées ; il les oriente et se les subordonne, mais il ne les crée ni ne se substitue à elles ; aussi respecte-t-il l'intimité des vies privées comme il respecte l'autonomie — avec les autorités attachées à leur fonctionnement — des sphères communautaires intermédiaires (en particulier la famille) que pourtant il finalise. En retour il ne tolère pas que des initiatives privées génératrices d'excroissances intumescentes morbides en viennent à déséquilibrer l'ordre naturel de la société.

Compte tenu de ces données générales, l'État fasciste catholique se reconnaît un droit de regard sur la diffusion de certaines techniques (téléphone, télévision, matériel informatique, audiovisuel en général, campagnes publicitaires) dont beaucoup aujourd'hui répandues lui paraissent à la limite de l'intrinsèquement pervers ; certaines d'entre elles ne doivent n'être adoptées que de manière éminemment limitée, voire, ont vocation à tomber en désuétude, précisément parce qu'elles favorisent mécaniquement, quel que soit le contenu qu'elles transmettent, le repliement sur soi, l'individualisme et la drogue du virtuel — instrument du subjectivisme — au détriment de la confrontation avec le réel, seule épanouissante. Les méthodes auxquelles l'État a recours pour ce faire peuvent être diversifiées, de la répression fiscale à l'interdiction pure et simple. Les fruits du ré-enracinement, la dissipation des sophismes et mensonges du monde moderne, la reconstitution de corps intermédiaires et d'une effective sociabilité entretenue par une conscience nationale affirmée, enfin la reviviscence d'une authentique vie spirituelle contribueront aussi beaucoup, avec la renaissance de l'amour de l'effort et du travail bien fait, à l'obsolescence des gadgets abrutissants sécrétés par l'hédonisme de masse et le cynisme mercantile des marchands. Parce que le Politique ne dépasse l'ordre moral qu'en l'assumant, l'État fasciste catholique se prévaut évidemment, en plus de son devoir de faire servir les organes de l'instruction publique au service de la vérité en tous domaines, d'une mission pédagogique qui lui est propre, relative à la diffusion de l'amour du bien commun et à l'entretien vigoureux de la conscience nationale. Une loi sociologique générale veut que le peuple imite ceux qu'on lui propose comme ses élites. C'est à l'État fasciste catholique qu'il appartient de présenter au peuple, pour l'élever, une élite qui soit une authentique aristocratie, et qui soit tirée de ses flancs. Le critère d'appartenance à cette aristocratie, qui est aussi le principe de sa genèse et de son renouvellement, se nomme le Parti. Le Parti est bien nommé, parce qu'il est effectivement cette partie du tout en laquelle le tout cristallise le meilleur de lui-même, c'est-à-dire son essence paradigmatique. Et le personnel parlementaire, sélectionné par l'initiative des corporations, a une vocation représentative et consultative dont le Guide et le Parti doivent tenir le plus grand compte, mais non une fonction délibérative.

Les rapports entre l'État et l'Église.

§12. 5. L'État fasciste catholique est totalitaire au sens où l'homme qui le plébiscite se veut tout entier quoique non totalement ordonné à lui. Il n'y a pas une partie de l'homme ordonnée à l'État et une autre qui serait réservée à Dieu ; de manière plus ou moins sournoise, cette partie de lui-même supposée ordonnée à Dieu est l'aménagement de sa « privacy » qu'il remplit selon ses dilections singulières cautionnées vertueusement par une référence ostensible à la vie religieuse, mais qui est sécrétée de manière inavouable par l'individualisme. Ce qu'il y a, bien au contraire, c'est l'homme considéré comme un tout, ce tout de l'homme qui, dans son désir essentiel, est tout entier pour l'État, mais avec la précision suivante : il s'agit du désir proprement humain envisagé selon un degré d'actuation de lui-même qui n'atteint son maximum que dans l'ordination de l'homme à Dieu[2]. Il est dans l'ordre que le bien commun se fasse

---

[2] En mouvant les causes naturelles, Dieu ne détruit pas la spontanéité de leurs actions ; en mouvant (telle leur cause première) les causes volontaires, Dieu ne détruit pas la liberté de leurs actes, mais il la crée (*Somme théol.*, I^a, qu. 83 a. 3 ad 1). Jolivet commente ainsi (*Traité de Métaphysique*, tome III, Vitte 1966 p. 478) cette explication : « la volonté humaine et la motion divine sont donc deux *causes totales*, dont l'une est subordonnée à l'autre, si bien que *l'acte libre est tout entier de Dieu comme cause première et tout entier de l'homme comme cause seconde* ». Selon un registre conceptuel que nous empruntons au reste à saint Thomas (par exemple celui du *Commentaire des Sentences*, lib.IV, dist. 49, quaest. 2, a. 3 ad 3 : les saints verront toute l'essence divine dans la Patrie, mais non totalement), on peut dire que Dieu est cause totale et totalement de l'acte libre humain, et que l'homme en est cause totale, mais non totalement.
Selon le même vocabulaire, et pour des raisons analogues (même raisonnement appliqué à la finalité), on peut ainsi ajouter ceci : l'homme est tout entier (et non en partie), quoique non totalement, finalisé par le bien commun de la Cité, et il est tout entier et totalement finalisé par le Bien commun absolu transcendant.

dépendre des initiatives de chacun, et s'anticipe, en tant que politique, dans le bien commun des familles auxquelles, en droit, il n'a pas à se substituer ; l'État ne crée pas les familles, et l'autorité domestique n'est pas plus accordée au chef de famille par l'État que l'autorité politique ne serait concédée au chef d'État par l'Église. Il y a cependant une différence entre les deux rapports. Les familles sont à l'État comme les organes d'un même corps qui vit de sa vie naturelle, alors que les États nationaux ne sont les organes de l'Église (le Christ est Roi des nations) que sous le rapport de la vie surnaturelle qu'elle leur dispense. Or la surnature dépend essentiellement de la nature comme de son sujet d'inhérence, alors que la nature ne dépend, quant à son intégrité à recouvrer, de la surnature que par accident, par suite de sa blessure originelle ; toute vie surnaturelle présuppose une vie naturelle, alors que la vie naturelle aurait pu s'exercer sans surnature qui, plus excellente que la nature, est pourtant moins essentielle à l'homme que sa vie naturelle. Par conséquent l'Église n'est habilitée à se substituer de manière vicariante aux initiatives de ses organes défectueux qu'en ce qui concerne la vie surnaturelle, et sans jamais transgresser les hiérarchies naturelles. Mais les États peuvent et doivent de manière vicariante se substituer ponctuellement à leurs organes (les familles) défectueux : c'est à l'État que, au moins pour un temps, revient la responsabilité directe de l'éducation de la jeunesse, tout simplement parce que les familles contemporaines d'Occident, à de rares exceptions près, ne sont plus capables de s'en charger. Il s'agit aujourd'hui non de guider un peuple déjà constitué, mais de refaire un peuple à partir de ses débris résiduels. Les hommes mûrs et presque vieillards de notre temps, supposés incarner la sagesse et la dispenser à la jeunesse, sont les enfants gâtés des trente Glorieuses, abrutis par l'optimisme vulgaire consécutif à cette fausse paix de 1945, paralysés par le matraquage idéologique des droits de l'homme et de l'antiracisme, déformés par les habitudes hédonistes, et bien rares sont ceux d'entre eux qui s'en sont véritablement émancipés. Ils sont aussi les rejetons de Mai 68, de cette révolution des mœurs d'inspiration libérale et mercantile visant à faire sauter les derniers verrous de la morale traditionnelle anticonsumériste, mais d'une révolution jouée sur des partitions idéologiquement libertaires, ce qui explique qu'ils soient dans leur immense majorité des gauchistes reconvertis en petits bourgeois, bobos écolos fumeurs d'herbe et bercés par les rythmes de la musique négro-américaine. Comment de tels produits de l'Histoire pourraient-ils constituer des modèles et des guides pour les jeunes générations aspirant confusément à un retour à l'ordre des choses ? Par accident, la formation familiale est une chose trop sérieuse pour être confiée seulement aux parents.

Il est aussi dans l'ordre que l'État confie l'éducation de sa petite jeunesse à l'Église, parce que l'imprégnation de la morale catholique, vitale pour le salut des âmes, passe par l'éducation, d'autant qu'une telle éducation est liée au contenu d'enseignements profanes qui, relatifs à l'ordre naturel, ne prennent leur sens ultime que dans la perspective de la finalité surnaturelle de l'homme ; mais pour que cette mission éducative opérée par l'Église soit légitime, il est nécessaire que le personnel ecclésiastique dévolu à une telle tâche accepte que l'État exerce sur lui une surveillance aussi ferme que déférente, afin de prévenir toute dérive cléricale trop souvent portée à dénigrer les autorités politiques afin, de manière sournoise, de s'y substituer.

Il est encore dans la logique de l'État fasciste catholique de refuser le principe libéral de la séparation des pouvoirs, comme si le pouvoir était un mal nécessaire dont on préviendrait les tendances à la démesure en le divisant afin de le faire se limiter par lui-même. Notre État tient le pouvoir en général pour un bien dont l'exercice ennoblit naturellement celui qui le reçoit, au lieu de le dépraver. Et les trois pouvoirs exécutif, législatif et judiciaire appartiennent par essence à celui qui personnifie le corps politique (dictateur, roi, Guide) ; les parlements n'ont d'autre vocation que celle de vérifier le caractère homogène des nouveautés suscitées dans et par la vie du droit.

Le dépassement des extrêmes n'est pas leur « synthèse ».

§ 13. 1. Notre État ne se reconnaît pas dans le programme soucieux de synthèse entre la Gauche du travail et la Droite des valeurs — projet inspiré par le louable souci de recherche d'une « troisième voie » — parce que la Gauche du travail charrie, nécessairement, des sentiments et valeurs de Gauche : ressentiment égalitaire, lutte des classes, hédonisme matérialiste ; entre la Gauche et la fausse Droite ou Droite libérale, il n'est aucune opposition quant à la fin poursuivie, qui est égoïste et consumériste, avec cette seule différence cependant que le libéral cynique se soustrait à l'impératif du bien commun pour faire de lui-même sa propre fin au détriment d'autrui, mais dans une lutte de tous contre tous dont il entend sortir vainqueur par ses propres forces, au lieu que l'homme de Gauche conçoit l'organisation du travail de telle sorte qu'il exige de la collectivité entière qu'elle se mette au service de la satisfaction de ses besoins privés. L'homme de Gauche est l'impuissant qui revendique au nom d'une conception erronée de la justice, et c'est pourquoi, parvenu au pouvoir, il est encore plus individualiste et égoïste qu'un libéral. Le libéral est celui qui nie l'existence de la justice ou la réduit, tels ses maîtres sophistes Thrasymaque et Gorgias, à l'avantage au plus fort : « Pour le peuple le Communisme c'est le moyen, l'astuce d'accéder bourgeois illico, à la foire d'empoigne. Sauter dans les privilèges, tranquille, Baptiste une fois pour toutes. La Cité future pour Popu c'est son pavillon personnel avec 500 mètres de terrain, clos soigneusement sur quatre faces, canalisé si possible, et que personne vienne l'emmerder. Tout ça enregistré devant notaire. C'est un rêve de ménagère, un rêve de peuple décadent, un rêve de femme. Quand les femmes dominent à ce point, que tous les hommes rêvent comme elles, on peut dire que les jeux sont faits, que grandeur est morte, que ce pays tourné gonzesse, dans la guerre comme dans la paix, peut plus se défendre qu'en petites manières, que les mâles ont plus qu'à entrer faire leur office de casseurs, saillir toutes ces mièvreries, abolir toutes ces prévoyances » (Louis-Ferdinand Céline, *Les*

Beaux Draps). « La Gauche du travail et la Droite des valeurs » est liée à la célébration de la philosophie de Jean-Jacques Rousseau, à l'adoption d'une grille de lecture marxiste de la vie sociale, à la mémoire de Valmy et des soldats de l'An II, au culte de Robespierre, à l'idée constructiviste et nationalitaire, assimilationniste et antiraciste d'une intégration de millions d'immigrés extra-européens, au souvenir et à la célébration des supposées grandeurs de la Résistance, à l'idée gaullo-maurrassienne de « France peuple élu », et ce sont là autant de caractère idéologiques de Gauche (la conception juive de la nation relève de la volonté de puissance des faibles, qui revendique une « élection » divine pour supplanter ce qui est naturellement meilleur que soi) évidemment incompatibles avec les vrais réquisits d'une authentique restauration nationale, laquelle, pour être véritablement restauratrice de l'ordre naturel des choses, sera révolutionnaire et n'évitera pas la guerre civile à n'importe quel prix ; il n'y aura pas de solution douce et progressive, mais une résolution radicale et sans transition de tous les dysfonctionnements qui sévissent actuellement.

Le libéralisme et le socialisme de Gauche ou égalitaire et individualiste (le marxisme en particulier, tout comme Nietzsche au reste, nie explicitement l'existence même d'un bien commun) ont en commun de faire dépendre le Politique de l'Economique et de subordonner celui-là à celui-ci. Il existe un antilibéralisme de Droite qui est la véritable justice sociale et qui se réalise dans l'organisation corporative du travail, organisation dont le syndicalisme est la dénaturation. La corporation de l'État fasciste catholique est un organisme semi-public, elle est un corporatisme d'État institué selon deux instances : une instance verticale qui regroupe des entreprises et définit un cycle de production, et une instance horizontale qui regroupe des métiers. L'idéal régulateur et non constitutif de l'économie corporative est l'autarcie économique : on ne doit jamais sacrifier son indépendance économique au profit d'avantages financiers de court terme, on doit conjurer les effets pervers de la division internationale du travailleur objectivement porteuse de mondialisme : par exemple, si la Chine néo-communiste est aujourd'hui la dangereuse deuxième puissance économique mondiale, c'est parce que l'oligarchie mondialiste ultra-libérale à dominante états-unienne, obnubilée par le profit à court terme, a décidé il y a deux décennies de l'intégrer dans l'OMC pour délocaliser ses industries et jouir de faibles coûts de production, lui permettant ainsi de devenir un grand créancier et un grand investisseur pillant de surcroît la technologie occidentale. L'État doit aussi, donc, se soustraire aux organisations mondialistes (Europe de Bruxelles, ONU, OTAN, OCDE, OMC, UNESCO, OMS etc.) et recouvrer la maîtrise de son économie et de sa monnaie ; il doit bannir, le plus énergiquement possible, tout recours à cette plaie qu'est la pratique du prêt à intérêt, piège privilégié des banques en leur prétention délirante et satanique à se subordonner la puissance politique. Doit être lancée au plus vite à tout prix une entreprise vigoureuse d'inversion radicale des flux migratoires et d'abrogation de toutes les lois qui offensent la morale catholique, par là et a fortiori l'ordre naturel : il en va du salut des âmes, mais aussi de la puissance politique de nos peuples. En même temps doit être réhabilitée dans le droit la peine de mort, parce que cette disposition est essentielle à un État organique, en tant qu'elle signifie qu'il est des choses pour lesquelles on meurt : le meilleur bien particulier (la vie individuelle) doit être considéré comme devant s'effacer devant les exigences du bien commun. Les puissances d'argent doivent être mises au pas, les flux des importations doivent être rigoureusement contrôlés par l'État. Une décentralisation des pouvoirs n'est possible que dans un État fort. Un souci de décentralisation ne peut être que second et n'est pas à l'ordre du jour. Le principe de subsidiarité n'est recevable que s'il est initié par l'État lui-même : s'il est souhaitable que les problèmes sociaux soient traités, autant qu'il est possible, par les responsables du niveau même que ces problèmes affectent, on ne doit pas oublier que les différences définies au sein du tout sont en droit autant de différenciations de soi du tout qui n'est résultat de leur synergie que parce qu'il en est cause, et il doit en être ainsi pour autant que l'on veuille corrélativement préserver l'intégrité du bien commun dont le propre est d'être un bien que l'on aime en tant que l'on se rapporte à lui au lieu de le rapporter à soi ; si l'homme lui est rapporté, c'est que l'amour qu'il lui porte est l'amour que le bien commun se porte à lui-même à travers l'amour que l'homme lui voue, et cela même exige l'organicité de la Cité, à savoir que l'action réciproque entre tout et parties s'exerce sous l'égide du tout ; la société, ontologiquement, n'est pas substance mais tout d'ordre ; néanmoins, elle n'est finalisée par un bien commun que si elle est, inchoativement, fonctionnellement substance : son moteur immanent — la recherche de la réalité en acte de la nature humaine exhaustivement déployée — la fait naturellement aspirer à la substantialité qu'en retour, non moins naturellement, elle récuse parce qu'elle se sublimerait — ainsi se supprimerait —, en un tel terme, en Église entendue comme corps mystique faisant vivre, par la grâce, les personnes de la vie même de Dieu ; vivre de la vie de Dieu sans se confondre avec Lui, tel est bien l'idéal de toute aspiration religieuse, et seul le christianisme en réalise la promesse ; et l'essence ou nature humaine, considérée comme Idée divine, est bien riche, en sa singularité même, de toutes les manières d'être homme. Toutes les philosophies politiques autres que le fascisme (pris en son sens générique) récusent ce qui vient ici d'être rappelé (l'amour de la partie pour le tout est l'amour de soi du tout en elle) mais, précisément, leur aspiration revendiquée à servir le bien commun demeure verbale, qui subordonne en dernier ressort le bien commun politique au bien individuel vertueux, moral et/ ou religieux ; et ce sont elles qui se prévalent tout particulièrement du principe de subsidiarité entendu tel un garde-fou « antitotalitaire » ; d'où notre réticence au sujet de ce concept bien-pensant de « principe de subsidiarité ». La propriété privée (tout comme la responsabilité individuelle en général) doit être vigoureusement préservée et encouragée, mais dans son acception patrimoniale et non individualiste. L'économie de manière générale sera privée et dirigée. Il n'est rien qui doive être directement produit pas l'État qui, se substituant aux fonctions de production, perd pouvoir sur elles en croyant les domestiquer ;

mais il n'est aucune activité privée de production qui ne doive être ordonnée au bien commun. C'est précisément l'organisation corporative du travail qui assurera la justice sociale en organisant la production et les marchés de telle sorte que la recherche du bien particulier, régie par la justice commutative, induise l'ordre de la justice distributive génératrice de bien commun. Bien entendu, avec la réorganisation corporative du travail et de la production industrielle, agricole et artisanale, mais aussi des instituts de recherche et des universités, doit être promu le principe du retour à la terre pour des centaines de milliers, voire des millions de citoyens. Les nobles préoccupations de l'écologie doivent être arrachées aux confiscations iniques et sordides opérées sur elles par la Gauche égalitaire « immigrationniste », et par la Droite cynique qui en vient même à convertir fallacieusement l'écologie en instrument capitaliste de renouvellement des marchés commerciaux.

Politique et intégrité biologique du peuple.

§ **13. 2.** En politique étrangère, autant qu'il est possible, sera favorisé un souci d'entente et de soutien à l'Allemagne qui, quelque dégénérée qu'elle soit aujourd'hui, est douée de capacités géopolitiques et culturelles, démographiques et militaires irremplaçables ; selon le fascisme catholique, le couple franco-allemand reste l'axe ou la moelle épinière de l'Europe, centre religieux et culturel du monde. L'Allemagne doit recouvrer sa grandeur, son autonomie militaire et diplomatique, sa souveraineté et son identité. Il est de toute urgence de faire exploser la baudruche incapacitante de la Shoah ; de dénoncer en chiffres réels les méfaits de l'immigration non européenne ; de dénoncer les mensonges relatifs au réchauffement climatique, aux pandémies organisées. Plus que jamais, notre engagement doit être fondé sur le principe suivant : vaincre ou mourir. On doit tout risquer contre les mondialismes, préférer être rayé de la carte et mourir brutalement dans l'enfer nucléaire avec une faible chance d'inverser le cours du monde, plutôt que de prendre le risque de subsister en étant sommé de mourir à petit feu dans l'océan empoisonné du mondialisme. Mais recouvrer son indépendance réelle au prix d'une lourde chute de prospérité, ainsi se soustraire à l'interdépendance économique planétaire, n'est pas poser des revendications territoriales : la France ne revendique rien, fors le souci de redevenir elle-même, seule et sans empiéter sur les intérêts d'autrui. De fait, cette seule décision changera beaucoup de choses dans les relations internationales, mais tel ne sera pas le premier but poursuivi. Des nations seront séduites par notre décision et nous rejoindront ; et il est vrai que le salut de la France est organiquement lié à celui de l'Europe blanche ; aussi l'entreprise de salut de notre nation exclut-elle de se désintéresser des nations sœurs, de ces nations ayant vocation à se réunir dans ce qui sera la reviviscence de quelque chose de nouveau, mais dans le sillage de l'Empire romain d'Occident. Quoi qu'il en soit, l'État fasciste se préparera de manière permanente à la guerre défensive tous azimuts. Et, en réhabilitant le principe de la non-séparation de l'Église et de l'État, il favorisera tous les courants catholiques traditionalistes hostiles à Vatican II et attachés aux encycliques antimodernistes, en prenant soin de conjurer, ce faisant, et avec la dernière énergie, toute tentation théocratique.

En plus de l'inversion radicale des flux migratoires, de l'extirpation de la pieuvre maçonnique et du judaïsme politique, on doit procéder à la suppression du système des doubles nationalités, mais aussi de la nationalité et des droits civiques accordés aux ressortissants juifs de chaque nation européenne, qui doivent avoir le statut juridique de métèque, puisqu'ils se veulent en eux-mêmes constituer une nation en faisant coïncider identité religieuse et identité ethnique. La doctrine du fascisme catholique ne reconnaît cependant pas aux Juifs le statut de membres d'une race réelle ; les seuls descendants effectifs des Juifs de l'Ancien Testament sont aujourd'hui les Palestiniens arabisés et souvent islamisés depuis quatorze siècles ; c'est pourquoi le Juif converti au catholicisme n'est plus tenu pour juif et n'est plus juif, pour autant évidemment que cette conversion soit authentique et irréversible, ce qui oblige toujours à la plus grande prudence. Le constitutif formel de la judéité est tout entier surnaturel, et aujourd'hui caduc ; est juif celui qui décide de l'être en ratifiant la culture et la mémoire en lesquelles il a été éduqué et/ou qu'il a reçues comme héritage ; le baptême efface donc tout ce qui constitue la judéité, et le concept de « Juif catholique » est intrinsèquement contradictoire. Un préjugé passionnel subsiste chez maints nationalistes qui veulent maintenir l'idée d'une identité juive indépendante de la religion professée par le juif ou du contexte religieux qui définit le juif. Ce préjugé tend logiquement soit à faire du judaïsme une race (ce qui est historiquement et scientifiquement faux), soit à charger la communauté juive d'un déterminisme providentiel selon lequel le Juif aurait encore une vocation objective dans l'Histoire ; ce même préjugé induit au reste, avec une haine malsaine, une admiration rentrée, inavouée aussi stupide qu'incapacitante, qui fait croire à l'antijuif complexé que le Juif serait doté de dons exceptionnels et redoutables, alors qu'il n'en est rien : tous les progrès scientifiques ou philosophiques dont se targue le Juif sont le résultat de plagiats. Si, au lieu de tuer Notre Seigneur, les Juifs avaient été fidèles à leur vocation, ils eussent été les premiers chrétiens et les Pères de l'Église, ils eussent renoncé à tout destin national et se fussent fondus dans les nations dont ils eussent embrassé le destin ; et c'est toujours à cela que, du point de vue catholique, le Juif est ordonné. Au reste, même le national-socialisme avait tacitement accepté ce point de vue : le maréchal von Manstein était d'origine juive, tout comme Heydrich et des centaines d'officiers supérieurs de la Wehrmacht. Un Arabe musulman converti au catholicisme n'est plus musulman mais demeure arabe et conserve la vocation de déployer les vertus de son arabéité, qui est son identité naturelle conjuguée à son identité surnaturelle nouvelle, qui est chrétienne. S'il existait une race juive, il faudrait reconnaître au Juif converti au christianisme une identité naturelle pérenne (telle son arabéité pour l'Arabe), et l'on ne pourrait plus dire que le Juif est au Chrétien comme l'est la chrysalide au papillon, puisqu'il ne reste rien de la chrysalide après le surgissement du papillon. Le catholicisme libéré des ressentiments des catholiques aigris et défaitistes ne fait pas cet honneur au Juif : il ne reste rien de la chrysalide quand le papillon est là, sinon une poussière insignifiante bientôt dispersée par le vent. Par ailleurs, le fascisme catholique ne saurait reconnaître une quelconque légitimité à l'entité sioniste, parce que ce serait reconnaître une légitimité à l'existence du peuple juif qui n'existe comme tel, considéré dans sa différence qu'il revendique, que par son refus du christianisme. Il faut oser rappeler cette vérité catholique élémentaire : le Juif, non en tant qu'homme mais en tant que Juif, n'a pas le droit d'exister. Il ne peut être que toléré.

Quant à la question raciale, le fascisme catholique, attaché à la thèse thomiste de l'individuation de la forme par la matière, reconnaît dans le patrimoine biologique une cause matérielle, et ne fait pas de ce dernier une infrastructure dont la valeur morale et spirituelle de l'individu ne serait que la superstructure ; le fascisme catholique n'est pas matérialiste ; néanmoins, il sait que le métissage des corps est corrélatif du métissage des esprits, des mentalités et des cultures ; il sait que la pérennité d'une culture et les pouvoirs d'enrichissement de cette dernière sont dépendants — à la manière dont l'incarnation esthétique d'une forme requiert un support matériel adéquat — de l'homogénéité au moins relative du donné biologique, porteur non de déterminisme mais de déterminations qui, dans le contexte des grands nombres et sur les longues durées, peuvent être tenues pour de quasi-déterminismes. Il existe, à l'intérieur d'une unique espèce humaine, des races humaines génératrices de talents inégaux, et elles n'ont pas vocation à se mélanger ; la raciation est dans l'« intentio naturae ».

Au rebours d'un réflexe surnaturaliste inspiré par une de ces bonnes intentions dont l'enfer est pavé, on ne doit jamais oublier que, s'il est possible, avec la grâce de Dieu, de faire d'un Blanc athée un catholique, il ne sera jamais possible de faire un Blanc d'un Nègre catholique. La nature est pour la surnature, mais la nature est le support obligé de la surnature, et à ce titre il est dans l'intérêt de la vie surnaturelle de préserver l'intégrité de l'ordre naturel. Nous ne voulons pas signifier ici qu'il y aurait une corrélation obligée entre religion catholique et identité ethnique indo-européenne ; la religion universelle, en tant qu'universelle, n'appartient à personne et est destinée à tout homme en tant qu'il est homme. Il reste que la culture gréco-latine et le mode de penser indo-européen en général se sont révélés tels les facteurs privilégiés d'explicitation et même d'édification du dogme catholique, et que la pérennité de l'intégrité de ce dogme dans l'histoire suppose matériellement celle de la population indo-européenne, ainsi des nations occidentales. Il en est ainsi pour cette simple raison que les catégories conceptuelles de la raison en général ont trouvé dans la mentalité occidentale, et dans le support biologique en lequel elle définit les conditions de son avènement, le terreau privilégié de leur éclosion. L'Indo-européen n'est pas plus humain que le Nègre, le Sémite ou l'Asiatique ; tous les hommes sont également hommes et doivent être tenus pour frères, étant issus d'un même couple originel ; mais que tous les hommes soient également hommes n'implique pas qu'ils seraient des hommes égaux, et qu'ils manifesteraient avec un égal niveau d'excellence le génie du genre humain. « Operari sequitur esse » : c'est dans l'Occidental que la nature humaine immanente à tout homme déploie le plus excellemment les vertus spéculatives de sa propre rationalité ; aussi est-ce dans les meilleurs fruits de la culture occidentale que tout homme, quelle que soit sa race, se reconnaît lui-même et accède à la conscience plénière de son humanité ; c'est donc par la diffusion de la culture occidentale que les communautés humaines non occidentales, fécondées par elle en vertu de son universalité, accouchent du meilleur de leur particularité spirituelle ; les élites du monde humain non blanc, pour autant qu'elles ne soient pas gâtées par le pire de l'Occident, en conviennent avec force au point de le rappeler aux Occidentaux affligés de mauvaise conscience.

Europe contre pieuvre anglo-saxonne, mais non complice des revendications du Tiers-Monde.

§ 14. Pour des raisons analogues à celles qui furent évoquées quand il fut question des mariages contre nature entre la Droite et la Gauche, notre État, qui sait discerner les vérités captives même en ce qui concerne ces projets de synthèse entre Droite et Gauche, ne se reconnaît pas le devoir d'épouser le programme signifié par le slogan « Europe, Tiers-monde, même combat ». Que l'impérialisme anglo-saxon, à forte domination judéo-protestante, soit l'ennemi numéro 1 du nationalisme et de l'Europe enracinée, cela n'est pas douteux, et tout ce qui peut l'affaiblir et contribuer à le détruire suscite en nous spontanément une sympathie compréhensible. Cet impérialisme est issu théologiquement de l'individualisme protestant et des prétentions échevelées de la communauté juive (au moins dans son noyau frankiste, inspiré par la kabbale lourianique et son rejeton Sabbataï-Tsevi) et du judaïsme politique à dominer le monde, à accaparer toutes les richesses de la Terre à son profit d'abord, et ensuite en vue de l'instauration d'une société communiste à portée mondialiste. Il demeure que les ennemis de nos ennemis ne sont pas nécessairement nos amis. Le Tiers-monde, c'est tout de même l'insurrection spartakiste des esclaves contre leurs maîtres naturels, contre l'homme blanc insubstituable, contre l'Occidental dépositaire de l'héritage philosophique gréco-latin et de la vérité catholique romaine. A quoi bon se débarrasser de la maladie judéo-américaine, si c'est pour subir l'abrutissement de la dhimmitude, consécutif à l'hégémonie de l'islam, forme de vie religieuse égalitaire et sans clergé, anti-intellectualiste et fataliste ? L'islam, religion des déshérités, n'en est pas moins secoué par des turbulences matérialistes, par ces agitations des supposés « damnés de la Terre » avides et congénitalement envieux. C'est encore la raison pour laquelle la vision du monde cristallisée dans notre conception de l'État exclut corrélativement de libérer nos peuples de leurs chaînes bancaires et de leur héritage pourri jacobin par le moyen du recours à la violence des communautés immigrées, antisionistes, qui occupent notre sol : leur combat, leurs motivations ne sont pas les nôtres. Nous nous sauverons seuls : Europe seule contre le reste du monde, Français seuls contre leurs ennemis de l'intérieur et de l'extérieur. Il y a au moins, en France, quinze millions d'immigrés ou issus de l'immigration qui, même respectueux des lois de la République, n'ont rien à y faire et risquent de compromettre sans retour l'identité de notre peuple. Au reste, les lois de la République font partie de nos chaînes ; aussi dirons-nous que, même — par impossible — gagnés à notre conception du monde, ces étrangers, ces non-Européens, même convertis au catholicisme et au nationalisme français organiciste et fasciste, sont destinés pour la plupart à quitter notre territoire, et cela même est pour nous une question de vie ou de mort. La défense de notre identité requiert le souci du maintien ou du recouvrement d'une intégrité raciale au moins relative.

Le Tiers-monde américanophobe et les immigrés antisionistes sont pétris de ressentiment contre leurs anciens maîtres colonialistes, et ils n'aspirent qu'à ressembler à ceux dont ils veulent briser la férule, à se substituer à eux dans leur comportement consumériste et hédoniste, à la manière dont la femme moderne, féministe, revendique d'être tenue pour l'égale de l'homme afin de le supplanter puis, ce faisant et la chose étant acquise, de le mépriser. Littéralement, la femme insurgée contre la domination masculine ne sait pas ce qu'elle veut, se masquant son désir d'être dominée afin de se mettre à dominer, et faisant payer à celui qu'elle a enfin dominé sa déception d'être frustrée de protection et de cette équilibration d'elle-même qui ne peut lui venir que de la domination masculine ; la femme est insurgée contre l'homme parce qu'elle est insurgée contre elle-même. Et il en est de même pour les peuples non occidentaux insurgés contre l'Occident. Ce n'est pas l'Occident décadent en tant que décadent qu'ils haïssent (sous ce rapport il faudrait les en féliciter et s'allier à eux), c'est l'Occident naturellement dominateur et aristocratique ; la référence aux vices de l'Occident n'est chez eux, la plupart du temps, que la caution de leur révolte. Il n'en reste pas moins que, dans la lutte légitime du peuple palestinien contre l'imposture sioniste, la France et l'Europe ont naturellement vocation, selon des alliances ponctuelles, à soutenir la Palestine, et tout aussi bien les États arabes directement visés par la répression américano-sioniste.

Europe et Russie.

§ 15. 1. Ce qui vient d'être développé conditionne le traitement du problème qui occupe aujourd'hui principalement les nationalistes français et européens, à savoir l'attitude qu'il convient d'adopter à l'égard de la Russie de Vladimir Poutine. Nos sources d'information, très sommaires, sont les réactions (livres ou articles) des uns et des autres connus dans le milieu nationaliste français (nos lecteurs les reconnaîtront dans l'évocation que nous faisons ici de leurs interventions), et nous nous contentons ici d'en faire une sorte de synthèse sans prétention ; mais les idées que ces informations nous inspirent sont nôtres et n'engagent que nous.

Si Poutine était un nouvel Hitler, il faudrait lier son sort à celui de la Russie, sans complexes et sans crainte. Mais l'aigle à deux têtes désigne un monde asiatique autant qu'européen, et fait de la Russie orthodoxe anticatholique le fer de lance des peuples du Tiers-monde. Entre les puissances américaine et soviétique, de Gaulle entendait ouvrir une Troisième Voie qui eût été celle d'une France protectrice et porte-parole des intérêts du reste du monde. C'est le rôle que, semble-t-il, s'est aujourd'hui attribué Poutine porté par l'histoire de la Russie lorsque, comme Union soviétique, elle était inspirée par la doctrine de Lénine : faire de la cause du peuple la cause de la nation afin de faire de la cause de la nation la cause du peuple. L'Empire russe « désoviétisé » entend aujourd'hui se poser en protecteur et porte-parole des nations déshéritées, contre les riches États-Unis et leur vassal européen. Mais est-ce là une apparence, ou la réalité ? De plus, soutenir cette entreprise supposée « gaullienne », est-ce la bonne manière de faire recouvrer à l'Europe son identité et sa position hégémonique de centre spirituel du monde ?

On a beaucoup écrit sur cette question de l'engagement que l'Europe est en devoir de prendre à l'égard de la Russie de Poutine depuis un certain nombre de mois. Résumons les arguments des uns et des autres.

Les raisons de faire confiance à la Russie de Poutine.

§ **15. 2.** En faveur d'un soutien à la politique de Vladimir Poutine et de l'actuelle Russie, on avance les raisons suivantes :

Le communisme est (serait ?) mort en 1991, au moins en Russie, et le danger aujourd'hui n'est plus le communisme mais le mondialisme. Les structures policières de l'URSS ont été en partie maintenues, mais c'est le caractère de tout État fort que de les mettre en œuvre ; leur finalité a changé. Ces considérations valent aussi pour la Chine. La Russie est devenue un État conservateur qui entend légitimement ne pas laisser les pillards anglo-saxons profiter de la chute du communisme pour ruiner la Russie et casser sans retour son unité et son destin.

L'autorité de l'État a été rétablie, les mafias qui mettaient le pays en coupe réglée après la chute du communisme ont été mises au pas, les « oligarques » sont mis en demeure de ne pas affaiblir le régime et bien plutôt de le conforter, et le banditisme ayant proliféré par suite de la chute des institutions a été enrayé. Les méthodes employées ont été et demeurent brutales, mais un remède de cheval était exigé en ces circonstances, et ces procédés correspondent culturellement à la mentalité slave en général.

Poutine se défend simplement, avec une rare maîtrise de soi, contre les agressions extérieures, les provocations, les infiltrations et tentatives de disloquer son pays par le moyen d'ONG stipendiées par les puissances d'argent. Les vrais envahisseurs de l'Ukraine sont Blackrock, Vanguard, NCM Capital, qui investissent massivement dans ce pays pour s'assurer le contrôle mondial des terres à blé.

Poutine est hostile à toutes ces manifestations occidentales de décadence qui ruinent les peuples d'Europe déchristianisée et les ridiculisent aux yeux du monde : Gay Pride, drogue, avortement, « mariage pour tous », PMA, wokisme, etc.

La Crimée est russe et l'Ukraine est le berceau de la Russie ; il est donc légitime que la Russie revendique son hégémonie sur l'Ukraine qui n'a jamais accédé au statut d'une véritable nation souveraine, c'est-à-dire d'une communauté politique de destin.

Une victoire russe serait l'affaiblissement durable et même la dislocation de l'OTAN qui n'a plus lieu d'exister puisque, aussi bien, le communisme doit être tenu pour mort.

La constitution des BRICS permet à maints peuples de se libérer de la tyrannie du dollar dont usent les Américains pour vivre aux dépens du reste du monde en finançant leurs propres déficits.

L'Europe n'a ni les moyens ni même le désir de se libérer de ses chaînes, et c'est par l'exemple et le soutien d'une autre puissance moins servile, telle la Russie, qu'elle y parviendra peut-être un jour ; de plus, la Russie constitue un rempart contre les prétentions islamiques de plus en plus menaçantes. Cela dit, la Russie n'envisage nullement d'envahir l'Europe. Au reste, quand bien même elle nourrirait des intentions belliqueuses à l'égard d'une Europe complice des prétentions hégémoniques des États-Unis, mieux vaut subir la condition de vassal d'une Eurasie enracinée, nouvelle et Troisième Rome respectueuse des identités des peuples, que celle de vassal d'une Carthage anglo-saxonne à domination judéo-maçonnique.

"Le crime impardonnable de l'Allemagne avant la Seconde Guerre mondiale était la tentative de détacher sa puissance économique du système de commerce mondial et de créer un propre système d'échanges duquel la finance mondiale ne pouvait plus bénéficier" (Churchill, cité dans la Revue "Ecrits de Paris" p. 40 n° 613 de sept. 99). Que cette citation soit exacte ou non, l'idée qu'elle contient est incontestable : « Comme l'a avoué James Addison Baker III, Secrétaire d'État de Bush père, dans un entretien au *Spiegel* le 30 mars 1992 : 'Nous avons dépeint Hitler comme un monstre, n'ayant pu expliquer à notre peuple que cette guerre avait été une mesure préventive d'ordre économique' »

(Cité en note dans le journal « Rivarol » n° 3609 du 10 avril 2024 page 10). Or, mutatis mutandis, bientôt un siècle plus tard, l'Europe se trouve dans une situation analogue, probablement objectivement plus tragique qu'à cette époque. Si les Européens n'ont pas su profiter de la chance hitlérienne permettant de les réveiller de leur collapsus hédoniste et de se soustraire aux chaînes démoniaques du mondialisme bancaire, qu'ils ne refassent pas aujourd'hui la même erreur au nom d'arguments plus ou moins fallacieux destinés à masquer leur manque de courage conjugué à une fausse conception du nationalisme doublée d'une haine du communisme relevant de l'illusion d'optique induite par des craintes obsolètes.

Quant aux combattants ukrainiens contemporains, ils revendiquent, en exhibant des croix gammées, la mémoire de Stepan Bandera jadis allié des Allemands aux temps de la domination soviétique ; Bandera s'opposa à la Pologne, à la Russie, puis à l'Allemagne elle-même qui jamais, en tant que nation hitlérienne inspirée par la doctrine de l'espace vital, n'accepta l'idée même d'État ukrainien. Force est aujourd'hui de tenir les fils spirituels de Bandera pour autant d'idiots utiles objectivement mis au service des intérêts judéo-américains soucieux de convertir l'actuelle Ukraine en « Yiddish Land ».

L'équivoque des projets de la Russie poutinienne.

§ 15. 3. Considérons à présent les arguments des réticents.

Il convient de comprendre les réticences des Ukrainiens, et la présence du régiment Azov, et le souvenir de Stepan Bandera, après l'Holodomor des années trente du XXème siècle, qui fit de six à huit millions de victimes par famines et entreprises criminelles de dékoulakisation, ce qui invita les Cosaques à s'engager dans la Wehrmacht ; leurs survivants furent impitoyablement fusillés à leur retour en Russie malgré les promesses mensongères d'amnistie. L'ouest de l'Ukraine est tourné vers l'Occident, et l'Est de ce pays est peuplé de Russes venus de l'Oural après l'Holodomor, selon une disposition imposée par Staline. L'Ukraine fut séparée de la Russie pendant des siècles, connaissant des dominations lituaniennes et polonaises, et maints Ukrainiens ne se sentent nullement russes, même si Kiev est le berceau de la Rus' des Varègues non slaves.

Le régime poutinien est néo-soviétique, ce qui se manifeste par l'entretien très vif et très actuel du mythe de la Grande guerre patriotique et du souvenir de la Glorieuse Armée rouge victorieuse des forces du Reich, et tout autant par l'érection en maints endroits, et par les troupes russes actuelles brandissant des drapeaux rouges, de statues à la gloire de Staline et de Lénine. Tout se passe comme s'il s'agissait d'un effort de reconstitution de l'URSS et de reviviscence du bolchevisme.

L'Otan, a-t-on dit, était en état de mort cérébrale et cette invasion de l'Ukraine lui a redonné vie, au point que les menaces de recours à l'arme atomique ont fini par emporter l'adhésion de la Suède à l'Otan ; tout se passe comme si un psychodrame était à l'œuvre, joué par les Russes et les Américains, pour affaiblir l'Europe, leur ennemi commun : cette guerre est interminable et artificielle, elle est parvenue à faire entrer maints pays dans une économie de guerre ruineuse destinée à pomper l'épargne privée et à détruire pour reconstruire, afin de relancer un capitalisme essoufflé :

Le cycle vertueux de l'échange économique est le suivant : M-A-M' (marchandise, argent, marchandise) : l'argent n'est que le moyen des échanges et sa valeur est celle des biens qu'il représente ; le capitalisme est fondé sur le principe figuré par le cycle chrématistique A-M-A', où l'argent a raison de fin et non de moyen ; c'est lui qui confère leur valeur aux biens qui s'échangent ; il a donc une valeur propre ; aussi a-t-il un prix, et tel est l'intérêt. Il y a une logique du capitalisme qui veut qu'il ne subsiste qu'en progressant, avec des marchés toujours plus grands, ce qui est inévitable parce que ce système de production fonctionne sur le principe de la création d'argent ex nihilo combinée au système du prêt à intérêt qui, structurellement, exclut, si l'on considère la globalité de la masse monétaire, que les dettes soient jamais remboursables puisqu'on doit rendre plus que ce que l'on a reçu ; il faut faire d'autres dettes pour rembourser les précédentes ; la croissance de la dette n'est supportable que si corrélativement s'opèrent un élargissement et une multiplication des marchés. Ce qu'avait bien vu Marx qui prévoyait la chute du capitalisme sous l'effet de ses contradictions liées à son caractère inflationniste. Dès lors, quand les marchés sont saturés faute de croissance démographique suffisante génératrice de nouveaux consommateurs, il faut casser ce qui est construit pour ouvrir des marchés de reconstruction (d'où la suscitation de guerres qui sont destructrices et onéreuses, et tout autant celle du recours à l'obsolescence programmée), et/ou rendre obsolètes (sur le fondement d'arguments fallacieux) certains produits pour leur substituer de nouveaux produits dont la fabrication et la diffusion constituent un nouveau marché : le numérique, l'énergie « propre » etc., ce qui revient, sous couvert d'impératifs écologiques, à maximiser les profits capitalistes. La Russie vend ses matières premières à la Chine dont le marché intérieur est faible, et qui vend sa camelote à l'Occident, de telle sorte que tant la Russie que la Chine n'ont aucun intérêt à ce que l'Occident libéral s'écroule. Vladimir Poutine aurait pu éviter ce conflit, faire pression sur Kiev, ou gagner la guerre rapidement. Le communisme international n'est nullement mort (Chine Cuba, Corée du Nord), le PC russe est toujours vivace comme est toujours debout le mausolée de Lénine. Cette guerre, qui n'empêche nullement la Russie de commercer sans vergogne avec les États-Unis, fait gagner beaucoup d'argent aux Russes et aux Américains ; les dindons de la farce sont les seuls Européens, et cela en dit long sur les véritables intentions de l'actuel maître du Kremlin, qui n'envisage aucunement de libérer l'Europe du joug financier, culturel, commercial et militaire américano-sioniste, mais bien plutôt de substituer son propre joug à celui qu'ils subissent actuellement, et dans l'intérêt exclusif de la Russie.

Un Mémorial de la Shoah — mythe fondateur du Nouvel Ordre mondial — a été construit à Moscou, et la répression antirévisionniste est là-bas aussi féroce qu'en Occident. Le régime est pro-sioniste, aucun appui n'est accordé par lui à la Palestine, on pratique dans l'empire russe (tout comme en Chine) des avortements en masse, on y est aussi consumériste et nihiliste qu'en Europe et aux États-Unis. L'URSS et les USA étaient alliés contre l'Europe d'Hitler ; ils sont aujourd'hui alliés contre l'Europe en tant qu'Europe et, au vrai, c'était déjà l'Europe en tant que telle qui était visée dans la lutte contre l'Europe hitlérienne.

Poutine a ses Juifs (les Loubavitch) avec lesquels il lui faut compter, au point que l'on peut se demander parfois si cette guerre n'est pas la résultante d'un conflit entre deux clans juifs dans le processus de troubles méthodiquement organisés pour parvenir à la genèse de l'État mondial. Le WEF (World Economic Forum) est ce Club de Davos dont le conseil d'administration comprend la Banque d'Angleterre, la Réserve fédérale, la BCE, le FMI, la Banque mondiale, la BRI ou « banque des banques », mais aussi Blackrock (Larry Fink) ayant lui-même pour actionnaires la famille Rothschild, la couronne d'Angleterre, Warren Buffet, George Soros, Vanguard, David Rubinstein (Carlyle Group) ; or ce conseil d'administration comprend aussi la Sberbank russe et la Banque de Chine. On peut dès lors se demander si la Russie de Poutine peut nourrir de véritables desseins antimondialistes puisque, dans le monde actuel, qui détient le pouvoir bancaire détient le pouvoir politique et militaire. Si la banque russe (comme la banque chinoise) est solidaire du système économico-financier mondial, lutter militairement, politiquement et diplomatiquement contre ce dernier reviendrait pour elle à se tirer une balle dans le pied et à perdre tout pouvoir ; aussi cette lutte entre Poutine et le système anglo-saxon doit-elle être interprétée comme suit : il ne s'agit pas tant d'une remise en cause du système asservissant les peuples que d'une compétition entre membres du système menée pour s'assurer une position de force dans l'instauration à venir de l'État mondial, chargé de couronner un tel système et de le rendre irréversible.

Objections formulées contre les « réticents ».

§ 15. 4. Contre l'argumentaire des réticents, d'aucuns ont fait ou auraient pu faire remarquer ceci :

Les néo-fascistes qui combattent sous la direction de Volodomir Zelinski sont des idiots utiles en retard d'une guerre. Quand un BHL et un Soros font un choix, on peut être assuré que la cause des peuples enracinés est trahie par ce choix.

Poutine n'exalte la Grand Armée patriotique de Staline que parce que l'inconscient collectif du nationalisme russe est forgé par ce mythe, et que les hommes ne marchent que mus par des mythes dont la vérité objective a peu d'importance. Il s'agit non tant d'exalter le passé communiste de la Russie que d'assurer une certaine continuité dans le récit de l'histoire russe, fût-elle mythique, afin de consolider la conscience nationale, par-delà les dissensions passées et actuelles au sein du peuple russe, et de s'assurer de l'unité de la volonté générale russe. L'identité d'un peuple n'est pas, selon cette perspective, dans ce à quoi il croit et qui définirait une essence statique de ce peuple qui en vérité change et ne cesse de changer comme toutes les réalités vivantes ; l'identité vraie d'un peuple tient dans sa manière de changer. Poutine n'envisage pas tant de reconstituer l'URSS que de reconstruire la Russie traditionnelle héritière de ce qui fait son identité, à savoir sa vocation, rappelée par Alexandre Douguine, à produire un contre-pouvoir à l'entropie mortifère de l'État mondial indifférenciant les différences, développée par l'esprit anglo-saxon : la Russie de Douguine se veut le centre d'une Eurasie qui serait l'antithèse du NOM (nouvel ordre mondial), l'envers de la « Destinée manifeste » thématisée par John O'Sullivan en 1845, qui faisait, de la prétention américaine à dominer le monde en lui imposant son mode de vie et ses « valeurs » messianiques d'inspiration calviniste, un « droit divin ». Tout n'est certes pas parfait dans la Russie de Poutine et dans ce qu'elle pourrait imposer à l'Europe si elle en venait à supplanter l'Amérique, mais enfin, tout n'était pas parfait non plus, surtout pour une conscience catholique, dans la vision hitlérienne du monde ; un courant néo-païen et franchement antichrétien sévissait même dans les rangs des maîtres du Troisième Reich, et cela n'empêche pas qu'il eût fallu, pour le salut de l'Europe chrétienne et de sa civilisation, soutenir les forces de l'Axe contre celles, judéo-maçonniques et judéo-communistes, des « Alliés ». A trop chipoter sur l'intégrité doctrinale, on fait le jeu de ses pires ennemis ; il ne conviendrait pas de faire la même erreur en se faisant complaisamment aveugler par les lumières de la « France seule, tribu de Juda du Nouveau Testament » ; à l'anti-germanisme du cocorico français ne doit pas succéder, pour des raisons qui seraient aussi infondées et suicidaires, l'anti-slavisme.

Poutine se dit et se veut « sioniste » pour faire taire ses Juifs, mais aussi parce qu'il existe une tension indépassable entre les Juifs du mondialisme bancaire et les Juifs nationalistes de l'entité sioniste. Puisque l'on ne peut pas, aujourd'hui, se dispenser de tenir compte de l'influence juive et de sa puissance bancaire, autant appuyer ceux des Juifs qui sont le moins éloignés du projet d'émancipation des peuples enracinés. La Mémoire russe de l'« Holocauste », toute de façade, s'inscrit dans cette stratégie, et de plus elle sert de moyen de pression non dit sur les États de l'Ouest et plus généralement sur les représentants et acteurs du NOM ; la Russie est bien placée pour dénoncer le grand mensonge sur lequel repose ce NOM, puisque c'est elle qui, pendant l'ère soviétique, l'a élaboré, avant de le laisser être exploité par les Américains désireux de faire oublier leurs propres crimes de guerre ; on peut dès lors entrevoir les mobiles de Poutine quant à son silence sur cette question : « n'allez pas trop loin contre moi, sans quoi je pourrais bien dévoiler une vérité franchement indésirable pour votre camp mondialiste unipolaire, qui risquerait de faire cesser la passivité et le fatalisme des nations qui subissent votre joug ».

L'idéologie néo-conservatrice s'est élaborée dans les cercles sionistes new-yorkais dans les années soixante du XXème siècle, sous la férule de divers sayanim liés à l'AIPAC (American Israël Public Affairs Comittee), dont Krystol et Podoretz, et Lyndon

Barnes Johnson lui-même. Leur but était et demeure de pérenniser l'hégémonie mondiale d'une Amérique dont ils prendraient la tête dans l'intérêt du sionisme et de son vœu de domination mondiale eschatologique et messianique. Ils ont fait installer des bases militaires et des fusées dirigées vers l'Est de 1999 à 2014, dans un processus d'extension indéfinie de l'OTAN. Le coup d'État de Maïdan en 2014 devait être la première phase du contrôle de l'Ukraine avant de déstabiliser la Biélorussie, le Kazakhstan, l'Arménie, l'Azerbaïdjan, afin de démembrer la Russie tout entière pour contrôler ses ressources naturelles. L'annexion de la Crimée en 2014 et le soutien de la Russie apporté aux républiques autoproclamées du Donbass ne fut qu'une réaction de défense. Les accords de Minsk ne furent qu'une ruse destinée à gagner du temps pour permettre à l'Ukraine de se préparer à la guerre. Poutine fait durer la guerre pour affaiblir l'Europe américanisée et les États-Unis, pour venir à bout de l'économie américaine et construire son projet, libérateur pour les peuples, de monde multipolaire. Qui ne voit que le véritable intérêt de la France et de l'Europe entière, paralysées par des dirigeants à la solde de milliardaires judéo-maçons complices du mondialisme et possesseur de tous les médiats, est d'embrasser pour ce XXIème siècle le destin de la Russie ?

Appui réservé à la Russie.

§ **15. 5**. Réflexion induite par ces données conflictuelles.

Les partisans de Poutine disposent d'arguments forts et séduisants, et les réticents chauvins, en particulier en France, ont du mal à celer les raisons inavouables de leur hostilité à Poutine. S'il faut un jour choisir, nous pensons qu'il est préférable de marcher avec Poutine et contre le mondialisme à direction anglo-saxonne, plutôt que de marcher avec les seconds contre les premiers. Cela dit, fidèles à la doctrine du fascisme catholique, nous pensons que le choix sage est, aussi longtemps qu'il est possible, celui de la neutralité. Ce qu'il nous reste à étayer.

Tout d'abord, il existe une grande différence entre l'Allemagne d'Hitler et la Russie de Poutine, qui tient d'abord dans le fait que l'Allemagne véritablement allemande (et non cette Allemagne contemporaine écrasée par la mauvaise conscience) est incontestablement européenne alors que la Russie a toujours nourri une dimension asiatique la destinant à se placer hors de l'héritage européen contre lequel elle n'a cessé de s'élever pour cultiver sa différence et sa prétention à l'hégémonie mondiale. Admettre la suzeraineté de l'Allemagne reviendrait à renouer avec l'acceptation, par les rois de la vieille Chrétienté, de la suzeraineté catholique du Saint-Empire, et cela même est conforme au génie de l'esprit européen. On n'en peut dire autant de la Russie.

Pour qui a de bonnes raisons — et tels sont les partisans du fascisme catholique — de considérer que l'Europe nouvelle conçue par les forces de l'Axe eût été un grand bien pour la race blanche, pour la Chrétienté et les peuples d'Europe, l'invitation à s'ouvrir aux bienfaits de la Russie de Poutine constitue un véritable changement de paradigme idéologique, que tous ne sont pas disposés à accepter sans réflexion ni distance. Il ne s'agit de rien de moins que de savoir si la « translatio imperii » du monde germanique au monde oriental est recevable politiquement et religieusement. La Russie impériale (quoi que l'on mette sous ce vocable) tire son identité, ainsi sa vocation, de sa référence à l'Empire romain d'Orient. Depuis que la Russie est schismatique, cet empire est rival de l'Empire romain d'Occident, et les deux empires sont habités par des esprits, des psychologies différents : s'il est vrai que l'attachement à un dogme religieux conditionne rationnellement une certaine mentalité, on doit se souvenir que le Dieu Trinitaire des catholiques, ainsi des Romains et des Latins, celui du « Filioque », faisant procéder l'Esprit du Père *et du Fils*, fait mesurer l'Amour par le Verbe, par la Raison qui est normative de la Volonté ; il n'en est pas de même, comme on sait, chez les Orthodoxes que leur anti-intellectualisme de principe, déterminé par une option de nature théologique, dispose à se sentir plus d'affinités avec l'Orient qu'avec l'Occident dont ils ne retiennent que les moyens d'efficacité technique pour les faire servir à une fin toute différente ; plus disposés à la culture des images qu'à celle des concepts, moins réceptifs aux délectations de l'intellect qu'aux élans d'un cœur supposé porteur d'un pouvoir d'intuition supérieur à celui de la raison, les Orientaux, dans un subjectivisme exacerbé devenu seconde nature substituant le goût passionnel de l'excès à la maîtrise de l'ordre, nourrissent une aversion congénitale et instinctive pour l'âme occidentale rationaliste. Même si entre deux maux il faut choisir le moindre, la question se pose de savoir si les prétentions latentes de la Russie impériale, ainsi par nature destinée à s'étendre, sont de beaucoup préférables au danger anglo-saxon. La Russie est-elle par essence occidentale et par accident orientale, ou bien par essence orientale et occidentale en surface ? La question mérite tout de même d'être posée. Qu'aurait pensé Hitler de cette invitation à changer de paradigme ?

Selon Alexandre Douguine, dont l'influence sur Poutine n'est pas niable même si elle fut peut-être surestimée, la Russie a vocation à être le centre de l'Eurasie, c'est-à-dire de cette formation continentale fédéraliste faisant participer maints peuples et États au destin de la Russie et reproduisant chacun la structure fédéraliste de cette dernière qui, pour cette raison, ne doit pas — affirme-t-il — être considérée comme une nation impériale mais comme un empire multiethnique, multiculturel et multiracial ; il s'agit de combiner un unitarisme stratégique dans sa gouvernance centralisée, avec un pluralisme ethnoculturel régional déployé dans une grande variété d'organisations politiques et sociales, juridiques et économiques de ses parties constituantes. Cette Eurasie est vouée à servir de modèle politique mondial, tel une espèce de « catechon » destiné à conjurer la venue du NOM antéchristique. La souplesse rituelle et le caractère anti-intellectualiste — par là non dogmatique — de l'orthodoxie sont supposés faire d'elle le pôle géopolitique religieux du projet eurasien, ainsi permettre une synthèse religieuse faisant entrer en syntonie le christianisme, l'islam, le bouddhisme, l'hindouisme, le taoïsme, les cultes archaïques, et même un certain ésotérisme d'origine franchement juive. Cela dit, dans cet effort non d'abraser les différences en produisant l'« homo consumans » propre à la frénésie anglo-saxonne, mais bien plutôt en les radicalisant dans une coexistence sans unité réelle mais tendant à la fusion du fait de l'exacerbation passionnelle de chacune de ces différences, on est bien obligé d'introduire, pour conjurer l'implosion, un minimum d'exigences qui sont les suivantes : refus des modèles « racistes » des « fondamentalismes catholique et protestant (?!) fondés sur la haine ouverte des religions eurasiennes ; élaboration d'un « traditionalisme » fondé sur le retour aux racines religieuses de l'humanité (ce qui n'est pas sans solliciter de manière revendiquée les éléments de gnose répandus dans la philosophie de René Guénon), et c'est dans ce retour aux origines que consisterait, selon Douguine, la mission religieuse de la Russie. Ce dernier enseigne en effet : « La forme axiale de la Tradition dans le projet eurasien est l'orthodoxie, l'Église orientale, en tant que porteuse de l'esprit chrétien authentique qui préserve l'échelle globale de la tradition chrétienne » (cité par Pierre Hillard, *Les Permanences de la géopolitique et de la mystique russes des Romanov à Poutine*, 2023 Culture et Racines, p. 335). Il est clair que cette caractérisation de la religiosité promue par la vision du monde prônée par la Russie contemporaine repose sur un relativisme et un agnosticisme de principe qui l'apparentent à la mentalité philosophiquement *libérale* : il serait impossible selon Douguine de prouver, sur la base de critères abstraits, la supériorité d'une culture sur une autre, la véracité d'une confession au détriment d'une autre, la supériorité d'une race sur une autre ; il serait nécessaire de rejeter la vision « raciste et suprémaciste » s'autorisant à distinguer entre cultures « développées » et cultures « non développées », entre mœurs « civilisées » et mœurs « non civilisées ». Les croyants sont de ce fait invités à communier non dans l'adhésion à un corps de vérités, ou à un dogme, mais à déployer de manière collective une forme de psychologie affective définitionnelle de la religiosité orientale. Cette « Troisième Rome » que serait Moscou, dans le sillage du mythe apocalyptique lancé par le moine Philothée de Pskov au XVIème siècle, est destinée à se substituer aux deux

Rome, la romaine et la catholique, dans une fusion du politique et du religieux indépassable puisque cette troisième Rome exclut qu'il y en ait jamais une quatrième. Qu'est-ce à dire, sinon que cette entité politico-religieuse supposée annoncer et réaliser la fin de l'Histoire par élaboration d'un empire abolissant dans une entité fédérale les nations qu'il enveloppe, et destiné à s'étendre de proche en proche au monde entier, est l'annonce d'une certaine forme de mondialisme ? Autre chose est en effet l'idée d'un Saint-Empire (dont l'Allemagne hitlérienne eût pu être la préfiguration) englobant l'Italie (et la Rome des papes), subsumant des nations sans les confondre, assez puissant pour s'arroger le statut de centre spirituel (catholique) du monde, et le rôle d'arbitre incontesté dans les différends qui secoueront la planète aussi longtemps qu'il y aura des hommes ; autre chose est cet empire à direction slave assez flou pour dissoudre en lui les nations d'Europe et, de proche en proche, toutes les nations du monde, et les réduire à des entités fédérales, mais nourrissant la prétention de substituer une religion sans dogmes au catholicisme lui-même. Le cœur de toute vision du monde est, de manière avouée ou non, d'essence religieuse (l'État athée est celui de la religion de l'homme déifié) ; la catholicité, ainsi l'universalité du christianisme romain, par sa distinction réelle des ordres naturel et surnaturel, politique et religieux — par là en vertu de son affirmation de principe selon lequel le paradis n'est pas de ce monde —, peut, sinon embrasser, à tout le moins diriger le monde entier sans prétendre à instaurer le paradis sur Terre, et de ce fait sans virer au mondialisme. Mais une religion sans dogmes intangibles, fondée sur le sentiment, dont le propre est d'indifférencier le politique et le religieux, est logiquement encline à effacer la distinction entre ordre naturel et ordre surnaturel, par là entre Cité de Dieu céleste et cité de Dieu terrestre, et donc ultimement entre Ciel et Terre ; or le Royaume céleste est une Patrie divinement unipolaire ; si donc la Cité de Dieu céleste en vient à s'identifier à la supposée Cité de Dieu terrestre, c'est que l'empire que nous propose une hégémonie à direction orthodoxe, c'est-à-dire schismatique, sera lui aussi unipolaire. Et l'on obtiendra bien, encore une fois, un État mondial qui sera lesté de tous les vices de l'État mondial américanomorphe.

Comment un catholique pourrait-il s'accommoder de ce projet aussi éloigné de sa propre vision du monde que cette dernière l'est du projet du NOM ? On dira certes que l'on ne doit pas attendre un projet idéologiquement parfait pour y adhérer, et que, dans l'ordre de l'agir et du faire, le mieux est l'ennemi du bien ; qu'une chance nous est offerte de nous émanciper de la tyrannie judéo-maçonnique et/ou du despotisme bancaire anglo-saxon, et qu'il serait criminel de faire la fine bouche, parce qu'irréaliste. Nous ne contestons pas la pertinence de cette observation, mais enfin, est-il bien certain qu'il s'agirait d'une libération de cette mentalité gnostico-maçonnique inspirant le mondialisme bancaire ? Osons aller plus loin : est-il certain que ce projet nous immuniserait contre le danger communiste ?

§ **15. 6.** Ce qui conforte notre prudence, c'est l'aveu, formulé tant par Douguine que par Poutine, de la nécessité d'organiser la société à construire par la numérisation de toutes les données personnelles, en se fondant sur le développement indéfini de l'IA (intelligence artificielle). La généralisation du numérique ne peut pas ne pas aboutir, mécaniquement, à une monnaie mondiale, et c'est si vrai que la disparition du dollar serait souhaitée par les mondialistes anglo-saxons eux-mêmes, afin de précipiter l'instauration d'une monnaie mondiale, l'Unicoin, de sorte que l'on peut se demander si la lutte contre l'hégémonie du dollar doit se mener à n'importe quel prix. La généralisation du numérique ne peut pas techniquement ne pas engendrer un contrôle social à la chinoise, avec carte d'identité et données intimes relevant de la vie individuelle strictement privée intégrées aux smartphones avant que de l'être dans des puces qui seront placée au front des citoyens du monde, telle la marque de la Bête de l'Apocalypse. Le métropolitain de Moscou fonctionne déjà avec paiements par reconnaissance faciale. Et l'exploitation systématique des ressources de l'IA induit mécaniquement la recherche scientifique dans la perspective du transhumanisme ; Jacques Ellul, dans son ouvrage devenu classique *La technique ou l'enjeu du siècle*, écrivait déjà : « tout ce qui est technique, sans distinction de bien et de mal, s'utilise forcément quand on l'a en main. Telle est la loi majeure de notre époque » ; idée reprise par Dennis Gabor : « ce qui peut être fait techniquement le sera nécessairement ». La société ainsi conçue, aussi riche que l'on veut de ses différences, n'en crée pas moins un citoyen absolument dépendant — pour se nourrir, travailler, se vêtir, se soigner, s'éduquer, fonder une famille (s'il est encore des familles) — dépendant du tout social, surveillé, évalué et conditionné en permanence. Il nous reste à montrer qu'une société adoptant de tels principes, de telles techniques et de telles méthodes ne peut à moyen terme que se révéler communiste.

Numérisation et société communiste.

§ **15. 7.** Si ce qui précède est exact, force est de dresser le diagnostic suivant : Poutine, au mieux, admet le devenir mondialiste de notre monde comme une fatalité, et il s'efforce à aborder l'ère mondialiste dans une position de force pour son propre pays. Il est en effet difficile de discerner la nuance entre mondialistes se subordonnant un État et États se subordonnant leurs financiers.

Un empire a toujours tendance — et cela est naturel, non peccamineux en soi — à se répandre et à tenter de se subordonner (mais non nécessairement d'intégrer à lui-même, ce qui définit l'État mondial) le monde entier, afin d'universaliser sa vision du monde, c'est-à-dire sa manière particulière — qu'il tient pour la meilleure — de concevoir l'homme et sa vocation ultime. Pour y parvenir, il use des puissances qui s'offrent à lui pour se répandre et s'imposer culturellement, économiquement et militairement ; ainsi peut-il user des puissances financières qui ont élu domicile dans ses rouages bancaires, administratifs, économiques, militaires, policiers et politiques, c'est-à-dire dans un État à l'ombre duquel elles prolifèrent. Cela se produit même quand de telles puissances financières visent à long terme à se substituer à un tel empire qui reste toujours particulier, non universel, non mondialiste : le mondialisme est l'unification du genre humain sous un même État, mais il est surtout — nous l'établirons bientôt ci-après — l'avènement du subjectivisme absolutisé, de la déification de l'homme, alors que l'Empire est cette tentative d'unification sous l'égide de l'idée particulière qu'il se fait de la nature humaine dont il ne conteste pas l'existence et la vocation normative. Ainsi, les puissances financières mondialistes soutiennent l'empire national (actuellement les États-Unis) qui les protège et garantit la valeur des fictions monétaires qui font leur force, et elles se font l'instrument de ses aspirations hégémoniques pour conserver sa protection, tout en nourrissant des buts qui dans leur fin, sinon dans leur configuration, s'opposent à cet empire qu'elles entendent en dernier ressort se subordonner afin d'instaurer l'État mondial satanique. Mais cette réciprocation de causalité entre Empire et mondialisme peut tromper. Elle trompe non seulement les observateurs, mais elle peut aussi tromper les acteurs de l'histoire qui ne peuvent pas maîtriser tous les effets de leurs initiatives : tel croit se subordonner les puissances d'argent, qui finit par être l'exécutant involontaire de leurs desseins ; telle puissance financière croit se subordonner l'État où elle est enkystée, qui finit par être mise au pas par lui qui la fera servir à ses projets politiques. Pour cette raison, on ne doit jamais exclure qu'une puissance politique à prétentions impériales puisse être porteuse d'intentions mondialistes, comme on ne doit pas nécessairement s'arrêter a priori aux compromissions d'un État avec des puissances d'argent et ne voir en lui qu'un agent du mondialisme.

Il se peut, quand bien même il se compromettrait avec le sionisme et la puissance bancaire, que l'Eurasisme relève d'un impérialisme à prétention universelle, mais d'un impérialisme qui ne soit pas, de soi, mondialiste, et qui à ce titre ne serait pas satanique. En revanche, il nous paraît impossible qu'un empire systématisant le recours à la numérisation, par là instaurant un système dans lequel l'individu est dépendant à tout instant et sous tous les rapports de l'État et de ses tentacules administratifs, ne soit pas la réalisation collective d'un subjectivisme absolument consommé qui, de soi, ne peut pas ne pas être communiste, ainsi mondialiste. Ce qu'il nous reste à établir.

§ **15. 8.** Tout d'abord, toute société libérale exclut que soit cultivé en son sein un souci de transcendance réelle, parce qu'une telle société est fondée sur l'idée selon laquelle la subjectivité individuelle est sacrée, au sommet de toute chose ; est libéral celui qui reconnaît à la subjectivité en général le droit de choisir la vision du monde qui lui convient, en excluant toute coercition, pour autant qu'elle ne compromette pas la liberté d'autrui et son droit à s'absolutiser en même façon. Mais s'il est requis de reconnaître un tel droit à toute subjectivité, c'est que chaque membre de cette société s'interdit de croire à l'existence de valeurs et de principes habilités à s'imposer à la conscience de chacun : « je suis catholique ou musulman ou bouddhiste, ou athée ou panthéiste, c'est ma vision du monde et je m'en fais le serviteur, mais enfin, cela vaut pour moi, cette vision du monde n'est pas dotée du droit de s'imposer à mes semblables s'ils la refusent ». Dans son principe même, l'adhésion à la société libérale, le plébiscite de son fondement, conditionne une conception relativiste des valeurs. Cela revient à affirmer que rien ne saurait être principe objectif de mesure de la subjectivité, puisque c'est par elle au fond que les valeurs existent ; elle ne peut que se faire mesurer par ce qu'elle choisit être son idéal et à quoi elle confère la valeur d'idéal du fait de le choisir. Autant affirmer que la subjectivité, quelque fidèle et soumise qu'elle soit aux normes de ses valeurs, n'est en dernier ressort mesurée que par elle-même. On peut certes adopter la devise des libertins : intus ut libet, foris ut moris est ; soit : « mes certitudes sont antilibérales et je vis en société libérale pour les avantages que j'en tire ou parce que je ne puis faire autrement, j'adopte un comportement libéral au dehors et nourris en moi-même une doctrine qui le contredit » ; or c'est là nécessairement, du fait même du contenu de telles certitudes intérieures en attente de leur concrétisation, adopter une attitude d'insurgé contre la société contre laquelle on conspire en silence, au point que tôt ou tard la société se défait si les antilibéraux qui la peuplent se multiplient. Une société libérale n'est durable que si ses membres sont libéraux de cœur. Et ces derniers ne peuvent être que relativistes, ainsi absolutiser la valeur de la subjectivité. Mais dans ces conditions on ne peut aimer que des biens que l'on rapporte à soi, et ces derniers ne peuvent être que des biens qui relèvent de l'ordre de l'avoir et non de l'ordre de l'être, car si quelque bien pouvait perfectionner l'absolu dans son être, il ne serait pas absolu, mais relatif à une perfection à acquérir. Et ne peut relever de l'avoir que ce qui est matériel. Parce que le propre des biens matériels est d'être consommés d'une manière ou d'une autre, le bien propre de l'homme est, dans un contexte subjectiviste, un bien matériel, et la marque visible de la différence spécifique de la subjectivité absolutisée, son propre, ne peut être que la consommation, l'inflation du consommer, le consumérisme, le progrès indéfini dans la recherche des moyens de vivre. Or tous les hommes sont également des subjectivités, donc ils exigent d'être tenus pour des subjectivités égales, en l'occurrence des consommateurs égaux. Et l'exigence d'égalité dans l'ordre de l'avoir, et d'un avoir inflationniste, par là absolu, ne peut être obtenue que par la société communiste. Ce qui définit une société communiste, ce n'est pas seulement l'égalité des conditions sociales, c'est l'ablation de la propriété privée, parce que seule cette disparition du bien privé autorise chaque homme à se dire possesseur de tout ; je n'ai rien parce que tout m'appartient, et tout appartient à tous, et chaque moi devient une conscience de soi du tout, il est le tout accédant à la conscience de lui-même en lui. Dès lors, la seule acceptation du principe de la subjectivité absolue induit à terme l'exigence d'instauration d'une société communiste. On peut ajouter que le libéralisme est objectivement porteur de mondialisme puisqu'il requiert la division internationale du travail et de la production, ainsi l'interdépendance et la mort des nations et des États, tout en excitant le consumérisme individualiste induit par l'orgueil mais aussi générateur d'orgueil, de cet orgueil qui se consomme dans la prétention de chacun à la déification elle-même porteuse de communisme.

C'est pourquoi les sociétés libérales sont conflictuelles et génératrices de haine : la propriété privée et l'inégalité des conditions sont requises pour garantir une productivité efficace appelée par le désir de consommer, cependant que l'inflation du consommer est génératrice d'une inflation de la subjectivité prise pour fin, laquelle répugne à l'inégalité et au caractère fini ou limité des biens possédés. La société libérale est contradictoire et en vient toujours à résoudre sa contradiction dans l'abolition de la propriété privée, dans le consentement au fait d'une égale dépendance de tous à l'égard du tout social. C'est pourquoi la propriété privée des sociétés libérales est de plus en plus une propriété sous caution, assortie d'un si grand nombre d'interdits et de limitations qu'elle se réduit au droit formel de jouir pour un temps limité de ce que l'on est supposé posséder ; c'est aussi ce qui explique la passivité, le fatalisme des masses confrontées à la perspective de plus en plus visible de l'État mondial, totalité carcérale numérisée : le peuple sent d'instinct que tel est le terme de sa pathologie individualiste, de son collapsus subjectiviste, terme auquel il consent à la manière dont l'ivrogne obstinément hostile au sevrage douloureux consent au fond de lui-même à la cirrhose et à la déchéance ; le même consentement tacite régit la psychologie du damné : on ne va jamais en enfer que parce que l'on veut y aller. C'est pourquoi, enfin, les vrais possesseurs bancaires des biens relevant de l'avoir dans une société libérale, concentrant toujours plus la richesse en un nombre de mains toujours plus petit, ne nourrissent pas d'autre projet que celui, politique, d'une prise de pouvoir absolu sur la société afin d'instaurer le communisme pensé comme horizon de l'Histoire. Les « néo-cons » trotskistes communient avec les archéo-staliniens dans le rêve d'instauration de la « société radieuse ». Si la société poutinienne en gestation est effectivement libérale dans son principe, quelque autoritaire qu'elle puisse être pour le moment dans les faits, elle réenclenchera le processus à raison duquel la Russie avait basculé dans le communisme.

§ **15. 9.** Ce qui précède peut être établi par un autre biais, en reprenant le raisonnement qui fut tenu ici plus haut (§§ 10. 1 et suivants).

Il est définitionnel de la nature humaine (et au fond de toute nature incarnée) de tendre à déployer toutes ses virtualités, c'est-à-dire de tendre à poser toutes ses manières de s'incarner. Une nature destinée à se réaliser dans une matière ne peut s'individuer, ainsi accéder à l'existence, qu'en restreignant ses virtualités, et c'est pourquoi l'exposition de toutes ces virtualités suppose une multiplication des individus. Mais il est aussi définitionnel d'une telle nature humaine de se poser concrètement dans la forme d'une personne, d'un suppôt, parce qu'elle est spirituelle, ainsi libre et raisonnable, tel un Cogito ; on ne conçoit pas qu'un individu puisse être humain en se dispensant d'être une personne. La conjugaison des deux exigences est la vie politique, la position de la Cité, parce que cette Cité résulte du fait que la nature humaine, tout entière en chaque homme mais non totalement en lui, fait s'excéder l'individu non seulement par l'engendrement physique de rejetons, mais encore par la genèse de la Cité qui n'existe que de l'existence des individus qui s'intègrent en elle, mais qui constitue le déploiement communautaire, selon une identité nationale, d'un « homme en grand » : ce tout politique, considéré avec les personnes qu'il rassemble, est plus qu'un simple tout d'ordre, et son unité accède à la conscience d'elle-même, ainsi à la personnalité, dans le chef ; sous ce rapport la Cité est inchoativement substance, elle est substance non entitativement mais fonctionnellement, elle est l'analogue d'une réalité angélique dont la nature est tout entière et totalement en elle qui, comme personne, réduit à l'acte cette nature en se faisant singulière ou personnelle. Cela dit, ce qui est vraiment capable d'être toute la richesse déployée des virtualités de la nature humaine tout en subsistant dans la forme d'une singularité propre au statut de personne, ce ne peut être que l'Idée divine d'homme, laquelle contient tous les hommes en puissance active, en même temps qu'elle est douée de la singularité de l'essence ou nature divine elle-même. C'est pourquoi le vœu de la pulsation politique de l'homme, immanente à tout homme, ne se peut satisfaire ultimement qu'en changeant de nature, à la manière dont un changement de degré ou quantitatif s'accompagne d'un changement qualitatif ou d'essence, ce qui est le fait d'une conservation-négation, ou sublimation ; le degré maximal de satisfaction de la pulsation politique se résout dans la position de l'aspiration religieuse (vertu naturelle de religion, relayée et métamorphosée par la Religion révélée). La singularité personnelle, unification avec soi des parties d'une totalité organique, ainsi la totalité propre au singulier différencié, est unité de l'universalité (de la nature ou essence, qui est bien universelle puisque prédicable de tous les hommes) et de la particularité de son mode de réalisation (masculin ou féminin, blanc ou noir, etc.), et elle est ultimement satisfaite — mais toujours de manière inachevée ou inchoative aussi longtemps que l'on demeure dans l'élément du Politique — comme la totalité sociale, unité de l'unité de l'espèce (nature) et de la pluralité des modes d'individuation de cette nature. Il en résulte que la prétention à l'État mondial est analogiquement l'erreur de la chrysalide qui prétendrait accéder au statut de papillon sans cesser d'être chrysalide.

Si l'État devient mondial, c'est la nature humaine dans toute son extension et dans toute sa compréhension qui est concernée et que l'homme se propose de déployer exhaustivement. Mais il n'appartient de déployer l'exhaustivité de ses richesses essentielles internes qu'à ce à quoi il appartient d'être son essence, telle la réalité angélique dont la nature lui est tout entière et totalement immanente : chaque ange est son espèce selon la philosophie de saint Thomas d'Aquin. Donc l'État mondial se propose de faire advenir à l'existence la nature humaine hypostasiée, ainsi substantifiée, parce qu'il se veut être cette entité qui est son essence et qui ne se contente pas de l'avoir : l'État, en tant que mondial, *est* la nature humaine même que chacun de ses membres se contente d'avoir en cela qu'il n'en est qu'une contraction restrictive et individuante. Or la société est constituée par l'ensemble des rapports sociaux. Donc, si la nature ou essence humaine est actualisée dans et comme l'État mondial, c'est qu'elle se voit par là définie tel l'ensemble des rapports sociaux. Or l'homme est l'opérateur de l'instauration de l'État mondial et des rapports sociaux. Donc il est l'opérateur de la position de sa propre essence, il est créateur de lui-même, et il est divin. Anacharsis Cloots, partisan de la « République universelle », évoquait déjà, de manière conséquente, « Notre Seigneur le genre humain ». Et l'idée du peuple juif qui serait à lui-même son propre messie, qui serait donc l'immanence du divin dans l'histoire, est la même idée que celle de Cloots, mais réduite à une ethnie particulière. De plus, si l'essence humaine est cet ensemble de rapports sociaux, il faut en conclure — cette essence humaine étant la société même — que l'essence de l'homme est la société, de sorte que chaque homme a sa substance dans le tout, mais en retour chaque homme est une conscience de soi du tout qui est la substance commune à tous. Chaque homme est tous les hommes et assume à lui seul la valeur de tous. Mais les hommes en tant qu'individus sont alors trop peu différents, n'étant que les modes de la même substance, pour que l'on puisse distinguer entre un tien et un mien. Plus encore : pour signifier et faire advenir à la conscience et à la réalité que chaque homme est toute la société, il doit y avoir suppression de la propriété privée, tout simplement parce que le tout est supposé être la propriété de chacun. Et entre petits dieux ne peut subsister qu'un rapport d'égalité stricte. Le mondialisme est nécessairement communiste, et le capitalisme est fourrier du communisme parce qu'il se fait financier et bancaire et par là mondialiste, comme le professe Klaus Schwab à Davos. Dans une autre perspective, le communisme est matérialiste parce que l'homme est divin et que tout doit lui être rapporté puisqu'il a raison de fin, et les biens que l'on rapporte à soi sont les biens matériels, divisibles mais excluant d'être participés, ainsi essentiellement privés, et c'est à ce titre même que les biens matériels sont aimés ; à travers la délectation sensible, la jouissance des sens, c'est la jouissance du Moi qui s'éprouve comme fin ultime qu'il célèbre dans la consommation infinie et la réitération indéfinie des jouissances physiques et passionnelles. Il y a collectivisation des biens pour qu'il y ait convertibilité entre l'individu et le tout et par là affirmation de la déité de l'homme, mais il y a tout autant recherche des biens matériels parce qu'ils sont des biens que l'on rapporte à soi et qui excluent que l'on soit rapporté à eux, ainsi qui sont privés dans leur usage et dans leur fin. Pour cette raison, le communisme est frappé d'une contradiction indépassable : l'homme doit *renoncer à tout bien privé* pour contracter la richesse infinie de ce que Marx nomme « l'homme générique » ; mais c'est dans sa chair singulière qu'il doit jouir d'une telle richesse puisqu'elle est et ne peut être que matérielle, et ainsi l'homme est réduit à sa chair afin de s'habiliter à définir son essence tel ce produit de son travail qu'est l'ensemble des rapports sociaux ; or jouir dans sa chair consiste à être en quête permanente de *biens privés à consommer*. C'est pourquoi, en tant que contradictoire dans son concept, le communisme ne peut que prendre la forme d'un despotisme (mais au fond plébiscité par tous) où règne la haine de tous contre tous.

Des esprits forts, poutiniens en diable ont, à diverses reprises, jugé « stupide » l'idée tenue pour « ringarde » que le poutinisme pourrait charrier un danger communiste. C'est pourtant bien le cas si, comme nous le pensons, le propos de Poutine n'est pas tant de lutter contre le mondialisme que d'en instaurer un qui sera à l'avantage de la Russie ; il en est ainsi parce que le mondialisme — de l'aveu même, revendiqué, des maîtres banquiers de ce monde — est convertible avec le communisme ; le slogan répandu par Klaus Schwab et supposé décrire l'homme de demain est bien, comme on sait, « je n'ai rien et je suis heureux ». Nous avons toujours pensé que le communisme est le terme ultime du processus de décadence des sociétés, et que l'individualisme libéral accouche nécessairement, moyennant divers avatars, du collectivisme athée. Nous avons longtemps pensé que la chute du communisme n'en était pas une, et que l'écroulement des structures soviétiques du communisme relevait de la ruse et du calcul à long terme. Nous n'oublions pas que les « néo-cons » ci-dessus évoqués, Juifs d'Europe centrale et fers de lance du mondialisme bancaire, étaient d'« anciens » (?) trotskistes ayant considéré, à juste titre, que l'avènement du communisme planétaire passerait plus facilement par la victoire du capitalisme que par celle du socialisme ; Georg Lukacs avait osé en ce sens définir le communisme telle la conscience de soi du capitalisme. L'évolution de la Russie, depuis ces trente dernières années, nous invite à considérer que peut-être en effet Poutine, quoiqu'ancien cadre du KGB, a renoncé au communisme bolchevique, et a peut-être même renoncé au communisme tout court. Mais il est certain en revanche que l'idée ou l'idéal communiste demeure bien vivante, non seulement comme idéal rêvé par les opérateurs de l'eschatologie juive, non seulement par les mondialistes bancaires sévissant dans le cercle des dirigeants anglo-saxons, mais encore dans la logique de l'eurasisme lui-même en tant qu'il relève, de manière plus ou moins claire, d'une modalité du gnosticisme qui par essence est une déification de la subjectivité humaine. Et nous n'excluons pas que, par une ruse de la raison luciférienne, les dépositaires néo-trotskistes du mondialisme bancaire en viennent à rechercher, si la « maison Yankee » se soustrait (comme elle semble en avoir actuellement la velléité) à la gouvernance bancaire sioniste qui la phagocyte, un autre État pour s'y investir et poursuivre leurs buts mondialistes ; et un tel État pourrait bien être la Russie eurasiatique de Poutine ; c'est alors que le communisme objectivement lové dans les flancs de la gnose eurasiste rejoindrait le communisme subjectivement poursuivi par les mondialistes bancaires eux-mêmes. Ce serait là, d'un point de vue que l'on peut qualifier d'esthétique, la réussite grandiose de la conjugaison de l'esprit des échecs et de la virtuosité de la dialectique marxiste, et nous avons la faiblesse de croire que Vladimir Poutine a pensé ces choses avant nous. Et c'est la perspective d'une telle conjugaison, tenue pour une hypothèse non inconsistante, qui nous invite à la prudence, au désengagement politico-militaire aussi prolongé que possible.

Enfin, s'il est permis de prendre en considération quelque chose qui relève de la foi seule, nous évoquerons en dernier lieu le message de Fatima : la TSVM a annoncé que, aussi longtemps que la Russie, nommément désignée, ne serait pas consacrée à son

Cœur immaculé, elle ne se convertirait pas, de sorte que cette même Russie continuerait à répandre ses erreurs sur le monde, étant bien entendu que ces erreurs sont l'athéisme et le matérialisme dialectique charriés par le marxisme-léninisme, ou bien quelque autre monstruosité analogue à elles et plus adaptée à l'esprit pourri de notre temps, qui sera de toute façon la transcription politique expressive du refus de Dieu et qui se résoudra, pour cette raison, en mondialisme collectiviste, de type stalinien ou non. Or, de l'avis des observateurs autorisés, la Russie n'a jamais été consacrée dans les termes prescrits pour Notre Dame. On est donc fondé à se demander si, n'étant pas convertie, elle n'est pas encore infectée par le venin du communisme, au moins pris au sens large du terme.

Mode de penser du fascisme catholique : retour sur le concept de négatif non peccamineux.

§ **16. 1. 1.** Pour achever cette succincte exposition des idées-forces du fascisme catholique, il nous reste à parler de méthode.

Tout disciple de saint Thomas d'Aquin conviendra que le mal, de manière générale, quelle que soit sa nature (physique ou morale), a raison de privation. Contre les manichéens qui hypostasiaient le mal, il faut dire qu'un mal absolu est impossible parce qu'il équivaudrait au néant. Le bien est l'être même en tant qu'aimable ; le mal est donc, de soi, néant. Pourtant il existe, terriblement ; aussi n'a-t-il d'être que par le bien qu'il conteste et auquel il est suspendu, telle la cécité par rapport à la vision. Le vrai est un certain bien, et le faux ou l'erreur un certain mal. L'erreur a donc raison de privation ; elle est relative à la vérité qu'elle conteste. Il est par ailleurs des erreurs qui sont symétriques l'une par rapport à l'autre, qui sont des contraires, lesquels sont des termes qui s'opposent en tant qu'ils appartiennent au même genre ; elles entretiennent de ce fait une réciproque complicité négative, à savoir le commun refus de la même vérité ; elles sont deux manières de trahir la même vérité dont, malgré elles, elles font mémoire. Exemples :

Pendant la crise de l'Église, on voit se développer le sédéplénisme et le sédévacantisme, à savoir deux positions qui reposent sur le principe suivant : si le pape est vraiment pape, il est toujours et nécessairement un bon pape tant dans ses options théoriques que dans ses engagements pratiques ; s'il est un vrai pape, tout ce qu'il dit est vrai, autrement il n'est pas pape. D'où la tendance, maintes fois constatée, des sédévacantistes à basculer brutalement dans l'esprit conciliaire ; la chose se produit aussi dans l'autre sens, mais moins fréquemment. La vérité est que, pouvant être un mauvais pape sans cesser d'être pape, un occupant du Saint-Siège qui commet des erreurs doit être considéré, dans une nécessaire suspension de jugement, hypothétiquement tant comme un pape que comme un antipape, sans qu'il soit possible de trancher, aussi longtemps que l'Église ne se prononce pas sur cette question. L'exemple historique le plus susceptible d'illustrer ce passage dialectique des contraires l'un dans l'autre est le conflit entre Parménide et Héraclite, que dépasse et résout Aristote par l'intromission de la notion d'être en puissance et l'affirmation de la réalité du mouvement.

§ **16. 1. 2.** Par ailleurs, on peut gloser sur la longueur d'un champ ou sur le poids d'un arbre, faire s'opposer les arguments en faveur de tel ou tel résultat ; il existe un arbitre extérieur qui permet de trancher, de clore le discours, à savoir la réalité même qu'il suffit de mesurer expérimentalement. Mais lorsqu'il est question de l'essence de la vérité, du bien, de l'âme, de l'esprit, de Dieu, du beau, des finalités d'un type d'être et plus généralement de ce qu'il en est de l'être en tant qu'il est être, il n'existe plus d'arbitre extérieur parce que ce dont il est question ici ne renvoie pas tant à la réalité sensible et contingente qu'à ce qui a raison de principe de la réalité même et qui, à ce titre, mérite le nom de « réellement réel ». Il en résulte que, lorsqu'on s'interroge au sujet de ces notions, le langage est juge et partie. Il est ce qui parle d'elles et les juge, ce qui accumule les arguments en faveur de ou au discrédit de telle ou telle thèse concernant de tels objets de pensée ; mais il est aussi ce qui juge en tant qu'il arbitre le différend qu'il instaure avec lui-même en tant que producteur d'arguments étayant ou invalidant de telles thèses concernant ces objets ; il est sous ce rapport ce qui juge de la conformité de ses propres jugements à ces objets. Étant juge et partie, il prend nécessairement la forme d'un dialogue, et telle est la pensée méditante ou métaphysique : dialogue silencieux de l'âme avec elle-même. Sous ce rapport, toute pensée philosophique est dialectique, s'il est vrai que la dialectique n'est autre que l'art du dialogue et de la discussion. Puis donc que deux thèses opposées sur un même sujet sont à la fois en conflit l'une par rapport à l'autre, et en état de complicité l'une à l'égard de l'autre, c'est que chacune nourrit à l'égard de l'autre un rapport d'attraction et de répulsion. En d'autres termes, chaque thèse unilatérale est spontanément habitée, aussitôt que pensée, par le mouvement de se renier pour s'identifier à l'autre, et de renier l'autre pour s'identifier à elle-même, dans un incessant va-et-vient.

§ **16. 1. 3.** En s'opposant, les locuteurs, ou la pensée s'opposant à elle-même en tant qu'autre, sont en quête de l'essence de la réalité spirituelle dont ils parlent (le vrai, le beau, le bien, la justice en soi etc.). Cette recherche de l'essence s'établit en rassemblant des exemples concrets, autant que faire se peut, de cette réalité intelligible et spirituelle qu'est une essence. S'ils la cherchent, c'est qu'ils l'ignorent mais, s'ils sont capables de rassembler des exemples qui l'illustrent et en lesquels ils la traquent, c'est qu'ils la possèdent a priori en quelque façon, sans pourtant être à même de se l'objectiver, et c'est parce qu'ils la possèdent qu'ils la peuvent reconnaître dans les choses. Et c'est parce qu'il la sait sans savoir qu'il la sait que chaque locuteur, dans la controverse dialectique, est à même de proférer une thèse à son sujet, mais une thèse qui n'est encore qu'une hypothèse puisqu'elle ne répond pas à son souci d'objectivation de l'intelligibilité d'une telle essence ; c'est pour la même raison (savoir a priori mais sans savoir que l'on sait) que l'intellect, confronté plus tard au dévoilement de la vérité, la *reconnaît*, en tant qu'il se reconnaît en elle. Du fait qu'il ne s'agit que d'une hypothèse, ainsi de ce qui ne rend pas raison de soi et demeure en attente de sa confirmation, ladite thèse s'oppose d'elle-même son contraire ou antithèse, ainsi ce qui peut, autant qu'elle, se prévaloir d'exprimer fidèlement l'essence de l'objet intelligible qui est en question : une simple hypothèse peut, du fait de cette impuissance à rendre raison de son objet, être tenue pour fausse et, quand un jugement est tenu pour faux, c'est le jugement qui lui est contraire qui, naturellement, est tenu pour l'expression du vrai. Mais ce jugement contraire, aussi incapable que l'autre de rendre raison de son objet, ne sera lui aussi qu'une hypothèse. Et ces deux thèses opposées ou unilatérales entretiendront un rapport d'attraction et de répulsion. Lorsque deux propositions entretiennent, en logique formelle, un rapport de contrariété, c'est qu'elles ne peuvent être vraies ensemble cependant qu'elles peuvent être fausses ensemble ; de plus, quoique fausses ensemble, elles font mémoire (*réminiscence*) de la vérité a priori dont elles procèdent parce qu'elle les inspire. On obtient donc, de ces brèves analyses, la situation logique suivante : en tant qu'unilatérale, chaque thèse est une certaine privation de la vérité cherchée, ainsi une certaine négation de cette dernière. En s'opposant, en se contestant et en se réfutant, les locuteurs se nient réciproquement, font se renier la négation partielle qu'est chacune des thèses, ainsi font surgir, du sein de leur négation réciproque, la vérité qui chronologiquement procède de cette double négation cependant que, en soi et en vérité, elles en procèdent comme autant de points de vue sur elle et que leur partiellité rend faux. Ce qui revient à convertir les extrêmes à leur identité concrète, c'est-à-dire à la vérité dont ces abstractions sont les débris, à cette vérité dont elles procèdent proleptiquement, à la manière dont les premiers matériaux de l'inspiration, selon le mot de Paul Valéry, se révèlent être les débris d'un futur qui n'est autre que l'œuvre accomplie ; une telle œuvre, évidemment, n'est pas la somme ou la « synthèse », ou la composition de ses débris, mais bien plutôt l'unité originaire qui se décompose en eux ; et, s'ils préexistent en elle, ce n'est évidemment pas dans la forme et selon le mode d'existence de débris. Les locuteurs s'opposent aussi longtemps que la vérité, qui les rassemble en les mettant d'accord, n'est pas dévoilée mais, quand elle se manifeste, ils s'effacent en tant que locuteurs, parce que le discours s'achève en elle, s'y parfait et s'y supprime, captant et ravissant les pensées qui, contemplatives, s'y reposent silencieusement.

§ **16. 1. 4.** La vérité qui achève le discours, qui s'y accomplit (et sous ce rapport elle le conserve) en le supprimant, n'est autre que la saisie de cette essence ou de ce « réellement réel » que l'on nomme techniquement la vérité ontologique. L'essence est principe d'être et principe de connaître, elle est ce qui fait être ce dont elle est l'essence, *et* ce qui le rend intelligible ; si la vérité logique dit l'adéquation de la pensée à l'être, la vérité ontologique dit l'adéquation de l'être à son essence ou concept. Or ce qui se conserve et se nie dans un résultat déterminé *procède* de ce en quoi il se nie : si la chrysalide se renie en un papillon qui l'achève (aux deux sens du terme), c'est qu'elle procède du papillon ; elle se fait engendrer par ce dont elle accouche en se sublimant en lui ; aussi les extrêmes, se conservant dans ce qui les supprime, procèdent de ce en quoi ils se nient, qui n'est autre que leur identité concrète à laquelle ils sont convertis. Dès lors, le discours — ses concepts et les scansions du raisonnement qui les relie, ainsi le discours et sa forme logique — procèdent-ils de l'être réellement réel sur lequel ils portent et auquel ils se rendent en le dévoilant. Soit : le chemin qu'emprunte, pour parvenir au vrai (c'est-à-dire à la vérité logico-ontologique de l'être réellement réel), la pensée se faisant dialectique, est identique au chemin qu'emprunte cette vérité (ontologique) — le concept du réel — pour être la réalité. Plus succinctement : la *pensée* de l'être est pensée (de soi) *de l'être* en elle. Il en résulte que le chemin qu'emprunte l'essence du réel pour être la réalité, conjugué au mouvement qu'emprunte cette réalité pour se faire intelligible en acte ou pensée, a la configuration d'une identité à soi réflexive selon la forme d'une négation de négation. Si le réellement réel, ou réalité essentielle du réel, est, d'un seul tenant, principe d'être et de connaître, il n'est vraiment ce qu'il est qu'en étant intelligible en acte, c'est-à-dire seulement en étant pensé en acte ; et c'est pourquoi l'essence du réel n'est telle que si elle enveloppe tant le chemin qu'elle emprunte pour être la réalité que le chemin qu'emprunte la pensée pour accéder à cette essence à partir d'une telle réalité ; aussi, l'essence du réel n'est telle qu'en tant qu'identité à soi réflexive (l'essence se naturalise ou réifie en s'objectivant le savoir qu'elle a d'elle-même, et ce en quoi elle s'objective, enveloppant l'homme qui est pensée finie, se voit par lui restitué autant que faire se peut à l'origine idéelle dont il procède ; on va bien de l'essence à l'essence par une négation de soi sublimée en négation de négation). Ce qui conditionne le résultat suivant : *le vrai étant une forme du bien, le bien a la forme d'une négation de négation, ainsi d'une victoire sur la possibilité du mal. Et c'est là la vérité captive — vitalement nécessaire à la cohérence du Bon combat, et originalité du fascisme catholique — de la pensée gnostique elle-même,* laquelle dénature une telle vérité en faisant, du mal, et non du fini, une détermination nécessaire dans le processus de concrétion du bien. Le Bien est infiniment ou absolument bon, et les biens sont autant de participations finies du Bien, ce qui leur fait contracter la même forme (négativité se réfléchissant) que celle de ce dernier. L'infini concret ne serait pas tel s'il ne réalisait pas, non contradictoirement, l'identité concrète de l'infini et du fini : si le fini était extérieur ou étranger à l'infini, il le limiterait, et ce dernier ne serait pas infini ; aussi le Bien se fait-il victorieux du fini qu'il assume. De même, le Bien ne serait pas tel s'il ne se faisait l'identité non contradictoire du Bien absolu et des biens : le Bien est à la fois le plus haut degré de toute bonté et, indépendamment de la création d'un monde de part en part contingent, il est assomptif de toute éternité de tous les degrés finis de bonté, et c'est pourquoi la création du monde n'ajoute absolument rien à Dieu qui pourrait sans rien perdre, de puissance absolue, renvoyer sa création dans le néant. Et le mal n'est pas le fini en tant que tel, mais il est du fini qui se refuse à se réduire à un moment — par définition destiné à passer, à être crucifié — du processus intemporel de négation souveraine du fini assumé, ce qui revient à dire que le mal est le fait du fini qui prétend se suffire et reposer sur soi, qui exclut d'être porté au-delà de lui-même, ainsi du fini qui s'absolutise. Le fini non peccamineux, intrinsèque à l'essence de l'infini en acte, est, de soi, la possibilité du mal et doit être plébiscité à ce titre seul.

§ 16. 1. 5. S'il est permis d'en appeler sur ce point à l'autorité de l'Aquinate, rappelons que pour lui, en continuateur revendiqué de Denys l'Aréopagite, il en est du Bien comme du soleil qui, portant en lui-même à l'infini, dans la source de leur émanation, l'intensité des rayons de lumière qu'il engendre, les fait s'identifier entre eux et avec lui, de sorte qu'il est gravide de ce qu'il engendre sur le mode de la puissance active ; il communique sa perfection, qui coïncide avec son absolue simplicité, dans la forme de rayons différenciés et de degrés de luminosité finie : la condition ontologique de communicabilité du Bien, c'est que ce qui procède de lui soit limité et divisé, ainsi affaibli. En retour, il est définitionnel de la bonté du Bien, diffusif de soi par essence, de se communiquer ; il en résulte — l'acte de communication du Bien étant lui-même un bien directement enraciné dans l'essence du Bien — que les conditions de cette communication sont aussi définitionnelles du Bien. Et c'est pourquoi Dieu pense et fait exister les créatures finies à partir d'Idées qui, cependant qu'elles s'identifient entre elles dans le giron de l'unique Perfection divine, se révèlent, en cette unité même, jouir d'une différence réelle. C'est la diversité réelle des Idées qui conditionne la diversité des créatures et des types d'être, et non le contraire. Dès lors, l'essence divine requiert que soit affirmé d'elle qu'elle est absolument simple et, tout autant, qu'elle est riche de différences. Or, comme identité de l'identité et de la différence, cette identité de l'essence divine, origine première et modèle de tout ce qui est et qui lui est analogiquement semblable, ne peut sans contradiction être pensée autrement que sur le mode de l'acte rédempteur éternel d'une finitude assumée, soit encore, comme réflexion subsistante ; il en résulte qu'il existe un négatif non peccamineux constitutif de l'être en tant qu'être. Ce qui suit illustre notre propos :

« Distinctio autem idealium rationum est secundum operationem intellectus divini, prout intelligit essentiam suam diversimode imitabilem a creaturis" (*In I Sent.* d. 36 q. 2 a 2 ad 3). Comme le fait observer le Père Edouard-Henri Weber (o.p.) (*Dialogue et dissensions entre saint Bonaventure et saint Thomas à Paris*, Vrin 1974), « (…) les Idées divines sont sans doute distinctes et donc multiples, mais à l'intérieur de l'acte intellectif unique qu'exerce l'Intellect divin créateur et gouverneur » (p. 193). Dieu crée les choses en les pensant, et il les produit à la ressemblance de sa propre essence (*de Verit.* q. 3 a 2), aussi l'essence divine est-elle cette Idée qui préside à la création des choses créées, non en tant qu'elle est pour Dieu son mode d'être propre, mais en tant qu'elle est pour Lui objet de connaissance intellective ; de ce que les réalités créées sont autant d'imitations déficientes de l'essence divine, on ne peut néanmoins se contenter de dire que l'essence de Dieu est Idée ; une Idée créatrice est l'essence divine même mais en tant qu'objet d'intellection pour l'intellect divin. Cela dit, puisque les Idées des choses sont l'Idée divine elle-même en tant qu'intégrant les Idées diverses qui sont multiples, force est de confesser que Dieu est un et multiple dans son essence même dès là que, en Dieu être et intelliger sont une même chose ; force est même de déclarer, ainsi qu'il le sera bientôt établi, que Dieu est absolument un *parce qu'*il est assomptif du multiple. Le Père Weber peut bien rappeler (o. c. pp. 193-194) que « la pluralité des Idées divines est à situer dans l'intellection divine, et non pas dans la nature ou essence de Dieu » ; si Dieu est infiniment simple, la connaissance éternelle qu'il a de lui-même en tant que participable (telle est une Idée divine créatrice) ne fait nombre ni avec la connaissance qu'il a de lui-même en tant qu'essence divine, ni avec cette essence même qui est de surcroît son propre acte d'exister ; aussi cette pluralité des Idées divines est-elle intérieure à la simplicité divine, et cela, pour autant, n'est pas ablatif de leur différence réelle, « in se » et non seulement « quoad nos » :

« Si, pour nous qui remontons du créé à son Principe, leur multiplicité se calque sur celle des relations diversifiées que les choses créées entretiennent avec la perfection essentielle de Dieu imité de façon diverse, ce n'est pas la multiplication des réalités non divines qui entraîne celle des Idées divines : au contraire, la causalité créatrice de celles-ci confère à leur relative multiplicité et donc à leur distinction un caractère axiologique antérieur *a priori* ».

§ 16. 1. 6. Encore (confer Weber, o. c. p. 398) : « Thomas montre que celles-ci <les Idées divines> sont des *moments* <nous soulignons : l'usage de ce mot est selon nous déterminant> dynamiques internes à l'unique opération qu'exerce la pensée divine. La multiplicité des Idées reçoit ainsi une explication qui, en respectant la nécessaire simplicité de Dieu, accuse le sens dynamique de la notion de forme intelligible ».

Faire des Idées divines autant de moments de la pensée divine — ainsi de l'essence de Dieu puisque Dieu est sa pensée, sa Pensée pensante et sa Pensée pensée —, cela équivaut à suggérer de manière absolument scandaleuse, au moins selon un premier abord, que Dieu, qui est l'acte d'être, serait devenir. Qui dit en effet moment dit mouvement ; qui dit mouvement dit diversité et succession et, dès lors, qui dit moment semble exclure l'immobilité du simple. Comment peut-on parler de moments de la pensée divine sans tomber dans l'hérésie, mais aussi dans l'absurde ? Nous sommes contraint d'aborder là, pour dissiper une terrible équivoque et pour rassurer le lecteur sourcilleux, une explication requérant un minimum de technicité, au rebours de notre intention liminaire d'exposer nos thèses sans justification fastidieuse. Notons que le propre d'un moment est d'être ce dans quoi un mobile est tout entier, sans y être totalement : Dieu est tout entier dans chacune de ses Idées créatrices, et l'on peut bien affirmer sans risque de panthéisme que, sous ce rapport toute chose, prise absolument, est en soi le divin, puisqu'une Idée divine contient actuellement, mais dans la condition d'une puissance active, la richesse de toutes les réalités créables de même espèce ; corrélativement, Dieu étant absolument simple, une Idée divine est Dieu.

Pour que le devenir soit néanmoins intérieur à l'immobile comme l'est la pluralité à la simplicité (vérité qui, de surcroît, à un niveau d'intelligibilité qui dépasse les pouvoirs de la raison naturelle, nous est révélée dans et comme le mystère trinitaire), il faut — et il suffit — que l'identité du simple ou du parfait soit l'acte réflexif de s'identifier à soi à partir d'une différence intestine qu'il instaure et confirme dans l'acte souverain de l'abolir, selon donc une identité qui est négation de sa propre négation. Un tel mouvement réflexif qui, en son retour, pose l'origine comme son résultat, et qui la pose par négation du basculement de l'origine en son contraire négatif, à la fois (re)pose — ainsi confirme — l'origine en sa vocation native à basculer en son contraire, à la fois, en tant que résultat riche du surmontement de ce moment négatif, ne pose cette origine qu'en niant la vocation de cette dernière à basculer en son contraire : si A, comme réflexion sur soi, est en vérité non (non A), A est à la fois cette tendance à basculer en non A, à la fois cette victoire opérée sur non A et, comme victorieux de non A, A est soustrait à sa propre tendance à basculer en non A, sans cesser, en tant que A en première instance, d'épouser une telle tendance ou différenciation de soi. Ce faisant, le résultat qui est origine est, dans la configuration d'un acte de se penser (cogito), identique à soi dans sa différence ; il est une identité à soi qui maintient la tension interne de sa différence d'avec soi, et c'est là la configuration d'un sujet qui se différencie de soi en s'objectivant et n'est identique à soi — sujet ou pensant en acte — que par cette différence. Or ce dont, en tant que retour à soi, il se différencie, est contradictoire : il est bien contradictoire d'être à la fois origine et résultat, ou d'être à la fois résultat d'un processus et processus s'achevant en résultat. En se différenciant (en seconde instance), par objectivation de soi, du résultat contradictoire qu'il est, il contredit sa contradiction constitutive. Et parce que cette différenciation de soi opérée en seconde instance est objectivation de soi, un tel résultat identique à son processus circulaire est acte de se réfléchir dans son processus ; il est acte de s'objectiver, au titre de moment de son processus, le résultat contradictoire du processus dont il est l'origine, par là encore il est acte de s'émanciper de cette contradiction ontogénique qu'il est : s'objectiver est bien se vider de soi-même pour se faire face ; A, en tant qu'il est à la fois A et non (non A), ou encore en tant qu'il est tendance à se renier *et* victoire sur son reniement, s'objective en non A (moment négatif du processus circulaire) que de ce fait il confirme dans l'acte de l'abolir. L'acte de se poser comme contradictoire, pour cette raison, *est* l'acte de se libérer de sa contradiction. Ce qui est résultat d'un devenir est absolument innocent de tout mouvement si — aussi paradoxal que cela puisse paraître —, s'identifiant à son devenir, se posant telle l'identité de lui-même et de son devenir-soi-même, il se fait le devenir du devenir qu'il est : un mouvement qui fait se réduire à un moment de lui-même la totalité du devenir qu'il est, c'est bien, du fait que le propre d'un moment est de passer ou de se renier, une immobilité ou actualité pure émancipée de toute potentialité passive (ainsi de tout devenir). Ce dont le processus s'achève dans un résultat habilité à envelopper le processus dont il est le résultat, c'est ce qui *est* son devenir, lequel est devenir de son *être*, de telle sorte qu'il s'agit là d'un devenir qui devient, et qui par définition devient le contraire de lui-même, à savoir éternel repos. L'immobilité ou simplicité absolue du Parfait qui est acte pur, c'est ce qui assume la richesse d'un acte vital parfait. Et tel est l'absolument être qui est Pensée de Pensée, paradigme et raison d'être de tout ce qui est. L'éternelle question de l'essence de l'acte d'être, ou de l'être en tant qu'être, trouve là l'esquisse d'un effort de réponse qui est aussi aveu de l'impossibilité de s'objectiver le contenu d'une telle réponse : l'être en tant qu'être est cette pure réflexion noétique s'émancipant de sa contradiction par l'acte de se poser comme contradictoire ; et cette solution est inobjectivable pour nous parce qu'elle est l'indication d'un passage à la limite qui n'est pas à la portée de la créature, à savoir celui de l'identification l'un à l'autre de deux actes exercés par un intellect fini, dont la finitude fait qu'ils seront toujours et à jamais vécus par et pour nous sur un mode successif, par là comme nécessairement distincts. Il demeure que la simple raison est capable de circonscrire le lieu d'une intelligibilité qui la dépasse, et de comprendre que la positivité de l'identique à soi est en forme de négation redoublée.

Est l'acte même d'être ce qui, comme devenir circulaire, est capable de conjuguer le pouvoir de se concentrer tout entier en un moment de lui-même, de se faire posséder tout entier par lui, *et* le pouvoir d'être le possesseur de tous ses moments, jusques et y compris de ce moment en lequel il se concentre ; est actualisée en acte d'exister une essence, quel que soit son degré de perfection, qui s'identifie réflexivement à soi en satisfaisant au double réquisit qui vient d'être décrit. Un esprit fini ne peut exercer ces pouvoirs que de manière successive et jamais concomitante, et il fait l'épreuve de cette impossibilité en constatant que le savoir qu'il a de son acte d'exister n'est pas générateur de l'acte d'exister d'un tel savoir : la conscience d'exister n'est pas l'existence de la conscience. Ce qui est ici rappelé, qui décrit la manière dont une réalité peut avoir ce qu'elle est, et n'est réalité qu'à raison même de ce pouvoir, se contente de faire mémoire de la fameuse formule attribuée à saint Ignace de Loyola et exaltée par Hölderlin : « non coerceri maximo, contineri tamen a minimo, divinum est ». On dira qu'il faut être pour être mouvement, et que l'on ne voit pas qu'un mouvement puisse être générateur d'être puisqu'il le présuppose ; mais précisément, le sens de cette réflexion douée du pouvoir de réfléchir son résultat dans son processus est précisément l'affirmation d'un passage à la limite, non opérable par la pensée finie, de l'identification entre réflexion sur soi et réflexion dans soi, de sorte que l'objection insistant sur le caractère pour nous indépassable de cette réciprocation de causalité entre les deux termes de la réflexion, loin d'invalider la thèse qu'elle conteste, se contente de la corroborer sans savoir qu'elle le fait.

§ **16. 1. 7.** Bien que ce ne soit pas le lieu adéquat à l'exposition de considérations de ce genre, nous nous autoriserons à développer un bref excursus afin d'illustrer les vertus heuristiques du contenu du § précédent.

Ce que l'on nomme essence d'une chose, c'est la cause, en cette chose, de toutes ses manières d'être, ainsi le noyau non manifeste de la série de ses manifestations : une même essence est investie en divers individus de même espèce ; une même essence individuée en substance est au principe de toutes les qualités de cette substance. Cette essence est tout entière et non totalement en chacune des manifestations dont elle est l'essence : l'âme est tout entière immanente à chaque partie du corps ; la nature humaine est tout entière en chaque homme (sans quoi il ne serait pas vraiment humain) sans y être totalement (autrement il n'y aurait qu'un seul homme). Dès lors, s'opposant, en tant que cause, à ces effets que sont ses manifestations, elle est, considérée en elle-même, la réduction à l'unité, sur le mode de la puissance active, de toutes ses manières actualisantes de s'extérioriser ; elle est la raison du déploiement des aspects de ce dont elle est cause et qui la définissent chacun selon une perspective limitée. Mais si ses effets l'extériorisent, c'est qu'elle est leur intérieur, parce qu'il n'est pas d'intérieur qui ne se pose concrètement comme tel sans son extériorisation à laquelle il est essentiellement relatif, de même qu'il n'est pas d'extérieur sans son envers. De plus, en tant que « tota et non totaliter » en chacune de ses manifestations, l'essence est comme un mobile qui est tout entier quoique non totalement en chacun de ses moments. En tant que distincte et raison des moments en lesquels elle est pourtant investie, on doit déclarer qu'elle transcende ce à quoi elle est immanente (à la manière dont un mobile animé d'un mouvement circulaire excède ou nie chacun des moments que pourtant sa mobilité instaure), et que, à ce titre, l'essence a la configuration d'une émancipation souveraine de ce en quoi elle se dépose, de sorte qu'elle ne serait pas ce qu'elle est si elle ne se déployait pas en de telles manifestations : le mobile doit bien poser ce qu'il excède pour l'excéder, et ne serait pas un mobile s'il n'excédait ses moments. Sans ses manifestations, l'essence ne serait pas cause mais, de ce fait même, elle n'aurait pas d'effets et, par là, elle ne serait pas du tout. Elle n'est cause existante qu'en posant ses effets, c'est-à-dire en les posant comme existants, en ce sens qu'elle n'est effectivement participable qu'en tant qu'elle contient en elle-même et maîtrise tous les degrés de sa participabilité. Mais déclarer qu'une cause est cause en étant immanente à ce qu'elle transcende, c'est reconnaître qu'elle contracte la configuration d'un acte d'avoir ce qu'elle est. Et il a été vu (§ précédent) que ce qui a ce qu'il est a raison de puissance active de son acte d'exister.

Rapprochons ce résultat de l'enseignement suivant de l'Aquinate (*Somme théologique*, Iᵃ qu. 50 a. 5) : l'acte d'être convient à la forme (ou essence) à raison d'elle-même, parce que chaque chose n'est dite être un être en acte qu'en tant qu'elle est dotée d'une forme, de telle sorte que l'essence est à son acte d'exister comme l'est le cercle à l'égard de sa rotondité. Qu'est-ce à dire, sinon que l'acte d'être est l'essence de l'essence, puisque la rotondité est essence du cercle ? Force est alors de confesser que, si l'essence est réellement ou véritablement essence, ainsi jouissant de son essentialité, elle est ; si l'essence est effectivement essence, elle est puissance active de son acte d'exister.

On est ainsi conduit à affirmer que si l'essence est à son exister comme le cercle est à sa rotondité, c'est parce que l'essence, exerçant le pouvoir d'avoir ce qu'elle est, doit être pensée tel le processus d'une réflexion réduisant son résultat à un moment de son processus. Et parce que le cercle est individuation de la rotondité, l'essence est individuation de l'acte d'être, tout comme l'individu existant est individuation de son essence. L'analyse de l'essence entendue comme cause à la fois immanente et transcendante à ses effets conduit au même résultat que celui auquel conduit l'affirmation de l'essence comme étant à son exister comme le cercle à sa rotondité.

Selon la leçon de saint Thomas ci-dessus évoquée, on obtient bien ceci :

L'essence d'une essence, qui désigne le déterminant à raison duquel elle est essence, à savoir son essentialité, c'est sa causalité. Par conséquent, l'acte d'exister, essence de l'essence, est la raison dernière de la puissance de causalité qui définit l'essence, laquelle puise à ce qu'elle pose la puissance de le poser, selon la configuration, là encore, d'une action réciproque. Mais cette essence est essence (existante ou réelle) seulement en tant qu'elle a ce qu'elle est : dire que l'essence existe ou exerce l'acte d'exister, c'est dire qu'elle possède (ainsi « a ») son essentialité, puisque son essentialité est son acte d'exister. Il en résulte que l'essence se fait essence exerçant un acte d'exister, en tant qu'elle se confère la forme d'une identité à soi réflexive confirmant sa différence interne dans l'acte de l'abolir (puisque c'est à raison de cette exigence qu'elle peut avoir ce qu'elle est). L'essence de l'acte d'exister est donc l'essence dont il est l'exister en tant qu'elle se fait processus circulaire doué du pouvoir de se réduire à un moment de lui-même. Et telle est la raison pour laquelle l'exister est à l'essence ce que la rotondité est au cercle, et que « esse autem secundum se competit formae ».

Plus brutalement : l'esse, pour saint Thomas, est *acte* de l'essence, *et* tout autant, pour l'Aquinate, l'esse est à la forme ou essence comme la rotondité l'est au cercle, ce qui revient à dire qu'il est l'essence de l'essence, laquelle signifie par définition ce qui en toute essence fait qu'elle est essence, à savoir sa *puissance* de causer ; donc l'acte est aussi puissance, ce qui signifie qu'une puissance pose un acte qui n'est autre que la position dans l'existence de cette puissance par là habilitée à se poser elle-même par réflexion (ce qui oblige par suite à rappeler, pour conjurer la contradiction, que le résultat de la réflexion se réduit corrélativement en moment de cette dernière). On voit donc bien que dans la doctrine de saint Thomas, bien qu'il ne parle pratiquement pas du thème de la réflexion ontologique (structure constitutive de ce qui a ce qu'il est) en dépit du néo-platonisme dont il fait mémoire par Denys l'Aréopagite, cette réflexion est, comme nous venons de le suggérer, implicitement convoquée par sa conception du rapport entre essence et existence.

Son évocation permet de ne pas réduire l'exister entendu comme acte de l'essence à quelque chose qui, à tous égards, échapperait, selon une acception unilatéralement apophatiste de l'esse, aux convoitises du concept ; non seulement l'exister n'est pas sans l'essence qu'il actualise, mais encore l'essence de l'exister en tant qu'exister n'est autre que cette essence (dont il est l'exister) en tant que dotée du pouvoir de s'introniser possesseur d'elle-même. Si l'exister est bien défini comme « extra genus notitiae », ce n'est nullement parce que l'exister en général serait par nature incommensurable à l'ordre de l'intelligibilité conceptuelle ; c'est parce que, pour nous (en vertu de notre finitude) mais non en soi, l'exercice du pouvoir propre à une essence d'avoir ce qu'elle est ou de se posséder se révèle, « in actu exercito », impraticable. Notre raison est capable d'intuition (simple appréhension) et de discursivité (raisonnement), mais elle est incapable de pratiquer les deux dans un même acte en les identifiant l'un à l'autre, parce que ce serait l'œuvre d'un intellect posant ce qu'il présuppose dans un acte réflexif définitionnel du cogito, et corrélativement ce serait être un cogito exerçant l'acte réflexif de se poser lui-même, identifiant son essence à son opération ; mais par là il serait divin. Il ferait précisément ce que le Père Weber évoqué plus haut (§ 16. 1. 5) dit de Dieu : « les Idées divines sont sans doute distinctes et donc multiples, mais à l'intérieur de l'acte intellectif unique qu'exerce l'Intellect divin créateur et gouverneur ».

§ 16. 1. 8. Toujours à partir des thèses de l'Aquinate, on peut établir la même chose que ce qui vient d'être développé au § 16. 1. 6, par la considération des enseignements suivants :

« Respondeo dicendum quod necesse est dicere, secundum praemissa, quod intellectus sit aliqua potentia animae, et non ipsa animae essentia. Tunc enim solum immediatum principium operationis est ipsa essentia rei operantis, quando ipsa operatio est eius esse, sicut enim potentia se habet ad operationem ut ad suum actum, ita se habet essentia ad esse. In solo Deo autem idem est intelligere quod suum esse. Unde in solo Deo intellectus est eius essentia, in aliis autem creaturis intellectualibus intellectus est quaedam potentia intelligentis » (*Somme Théologique*, Iᵃ Qu. 79 a. 1 : Il est nécessaire d'affirmer d'après tout ce qui précède, que l'intelligence est une puissance de l'âme et non pas son essence même. Le principe immédiat de l'opération peut être l'essence même de la réalité qui opère, lorsque son opération elle-même est identique à son existence. Il y a en effet même rapport entre une puissance et son opération, considérée comme son acte, qu'entre l'essence et l'existence. Or, en Dieu seul, l'acte de penser est une même chose que l'existence. Donc en Dieu seul l'intelligence est son essence ; dans les autres créatures intellectuelles, l'intelligence n'est qu'une puissance de l'être intelligent). Soit : on doit affirmer que l'intellect (d'une créature) est une certaine puissance opérative de l'âme et non pas l'essence de cette dernière ; le principe immédiat de l'opération n'est identique à l'essence de celui qui opère que lorsque cette opération est l'acte d'exister de ce dernier, parce que le rapport de la puissance opérative à son opération actualisante est le même que le rapport de l'essence à l'égard de l'exister (rapport de puissance à acte). Nous comprenons ainsi que, pour saint Thomas, l'opération est à sa puissance opérative comme l'acte d'exister à l'égard de l'essence de ce qui existe, de telle sorte que, si la puissance opérative est l'essence, alors l'opération est l'exister ; et l'Aquinate en déduit que, en toute créature spirituelle, autre est la puissance intellective, autre l'essence de l'être intelligent, puisque l'opération de l'intellect d'une créature n'est pas positionnelle de l'acte d'exister de cette créature.

Nous voudrions ici retenir ceci plus volontiers : l'essence est puissance de l'exister en tant que l'exister est l'opération de l'essence, ce qui conduit à reconnaître à l'essence le statut de puissance active. Et cette leçon vaut pour tout être pensant, jusques et y compris pour Dieu : l'essence divine est principe immédiat de son agir, sans médiation d'aucune faculté, parce que son opération propre est son acte d'exister. Et ce résultat nous enjoint d'admettre que, en Dieu, l'essence est une même chose avec l'exister dans le moment où cette même essence est puissance de son exister, ainsi différente de lui comme, de manière générale, la puissance diffère de son acte. Et il n'est guère expédient ici de professer sans plus que, par un privilège unique, en Dieu la puissance est une même chose avec son acte, parce qu'il est de la raison de toute puissance en tant que telle d'être le sujet (actif ou passif) de son acte duquel, de ce fait même, il faut bien qu'elle se distingue « secundum quid ». On est donc confronté, sans possibilité de retrait ou de défaussement, à cette idée qui semble difficilement pensable, selon laquelle l'identité absolue n'est telle que comme assomptive de différence intestine. On est donc bien conduit — non par délire idéaliste, non par conplaisance morbide à l'égard de la pensée gnostico-panthéiste — à faire du principe de contradiction (envers négatif du principe d'identité), principe suprême de la pensée et de l'être, le résultat d'une rédemption victorieuse du contradictoire assumé ; l'être est en soi intelligible, par là rationnel, mais il n'est tel que parce qu'il est victorieux de l'irrationnel dont il se fait procéder et qu'il abolit souverainement dans l'acte d'en faire l'épreuve. Si l'identité était exclusive de la différence, elle serait *différente* de la différence ; si l'un était exclusif du multiple, ils seraient extérieurs l'un à l'autre et formeraient, dans leur juxtaposition, une multiplicité inclusive de l'un lui-même qui malgré lui, faisant partie d'une multiplicité, aurait ainsi raison de partie d'un tout et contracterait de ce fait le statut de matière, laquelle est éminemment divisible et au vrai privée d'unité positive, et c'est alors l'un qui serait multiple ; l'un n'est concrètement un que s'il a la configuration d'une victoire opérée sur le risque du multiple qu'il conserve sur le mode de la puissance active, identique à l'acte qui n'est qu'acte.

Il y a maintes façons d'être thomiste — témoin les variations importantes, voire contradictoires entre elles, que l'on peut constater chez les grands commentateurs de l'École. Si le fascisme catholique revendique la paternité du thomisme, c'est en un sens très précis dont les développemenst qui précèdent, quelque peu incongrus dans un exposé à portée politique, se voulaient l'illustration. En deux mots comme en cent, le thomisme du fascisme catholique, sans remettre en cause l'idée de l'exister entendu comme acte de l'essence, ne réduit pas cette dernière à une simple limitation de l'acte d'exister, et lui reconnaît une dignité positive propre, au rebours des lectures quasi existentialistes, lourdes de conséquences modernistes, des disciples d'Etienne Gilson et du Père de Lubac.

La méthode propre au fascisme catholique : la recherche des vérités captives.

§ **16. 2.** Dans le traitement de tous les problèmes qui se posent politiquement, aussi bien d'ordre pratique que d'ordre théorique, il convient, selon la doctrine du fascisme catholique, d'adopter systématiquement le principe méthodologique suivant, et dans tous les domaines :

S'il est vrai que le bien et l'être ont, comme il vient de l'être établi, la forme d'une intemporelle victoire sur la possibilité du mal et du non-être, alors les choses sont ainsi faites que *celui qui n'avance pas recule : on ne peut stagner sans régresser, parce que ce qui n'est qu'à se rendre vainqueur de sa tendance native à tendre vers le bas et à se défaire ne se maintient seulement dans son être qu'en luttant et en faisant s'excéder l'état de lui-même en lequel, y accusant réception de soi, il est toujours tenté de se reposer ; la lutte pour la vie fait partie de la vie pour laquelle on lutte, le simple acte de vivre a congénitalement la forme d'une résurrection entendue comme victoire sur la mort ; on ne séjourne pas longtemps dans le bien si l'on ne vise pas toujours le meilleur, et c'est pourquoi l'héroïsme est, si l'on peut ainsi parler, la moindre des choses quand on a la prétention d'exister.* Les dépositaires du bon combat sont ceux qui luttent pour l'ordre des choses contre l'arbitraire de la subjectivité, ceux qui font mesurer la liberté par la vérité et non la vérité par la liberté. A l'aune de ce qui précède, nous pouvons affirmer que si ces héritiers du bon combat en viennent à perdre un pouvoir qu'ils exerçaient un temps selon une doctrine et une organisation politique qui se voulaient parfaites (en l'occurrence : la monarchie absolue), c'est qu'une faille, un inachèvement s'est produit dans leur camp, qu'il s'agisse d'erreur pratique ou d'incomplétude théorique. Et en retour les révoltés, l'engeance subjectiviste, ont usé de cette faille pour détruire l'ordre offensant leur liberté malade mais, par là, ils se sont fait malgré eux les héritiers d'une vérité appartenant en droit au camp du bon combat mais que ce camp n'avait pas su dévoiler et développer ; aussi cette vérité occultée subsiste-t-elle dans le camp des révoltés, mais adultérée, et c'est ce que nous appelons « vérité captive ». Par exemple le concept de nation, à tort méconnu ou méprisé par l'Ancien Régime, a resurgi chez les Jacobins, mais dévoyé, dégénéré en cet esprit nationalitaire qui désigne l'individualisme des peuples, reflet collectif et mise en œuvre historique de l'individualisme des personnes. Subsistant comme confisquée et défigurée par les sophistes, la vérité captive a vocation à être récupérée par les soldats de l'ordre des choses et de la cause de Dieu, afin d'être restituée à sa vérité première et intégrée au corpus de l'héritage des hommes de bonne volonté. De ce fait, n'étant pas partisan d'un retour plat au passé qui, du fait même d'être passé, attestait une carence, le fasciste catholique n'est pas un réactionnaire, et il se dit volontiers révolutionnaire parce que, à ses yeux, la simple réaction, loin de conjurer le surgissement de la décadence, fait renaître les conditions d'avènement de la révolution de gauche ayant balayé l'ordre ancien. C'est ainsi que le héraut de l'anti-jacobinisme, par là l'anti-mondialiste, se déclare et se veut, sans vergogne, nationaliste, quelque tordu que soit l'usage qu'a pu faire de ce concept la progéniture des Jacobins. Le même raisonnement peut être tenu, mutatis mutandis, à propos de la crise moderniste de l'Église, et à propos du devenir moderne de la réflexion philosophique. Vatican II, tout comme la philosophie moderne, sont gravides de vérités captives sans le secours desquelles, pour autant qu'elles soient dégagées des erreurs en lesquelles elles sont prises, la lutte contre la subversion moderniste et mondialiste risque bien d'être vaine. Il ne faudrait tout de même pas oublier que la relance des études thomistes destinées à conjurer les sophismes de la modernité, et le devoir de fidélité stricte à la doctrine de saint Thomas, ont été promulgués par ce courant ecclésial qui, corrélativement, somma ses ouailles de se faire démocrates, de se vautrer pieusement dans la pétaudière démocratique intrinsèquement mauvaise : certains textes de l'Aquinate plaident, de fait, en faveur de l'esprit démocratique, et l'on ne voit pas pourquoi il faudrait à tout prix le suivre sur ce point. Sous ce rapport, notre thomisme, tenu pour hétérodoxe par les paléo-thomistes gardiens du Temple dominicain, se veut ouvert au meilleur de la philosophie moderne, quitte à s'écarter par accident de la lettre des enseignements du Docteur commun.

§ **17. 1.** Pour le fascisme catholique, le négatif est un genre dont le mal et le négatif non peccamineux sont les espèces. Nier l'existence d'un négatif non peccamineux, cela revient à ne reconnaître dans le négatif que du mal ou un effet du mal ; aussi cela revient-il à apparenter comme lié au péché tout ce qui, dans la vie terrestre, relève de près ou de loin du combat, de la force avide de victoires et des tensions dangereuses ; en vérité, le négatif, l'instance polémique en quête de conflits et de victoires, la dimension irascible de l'existence humaine, n'est pas de soi un pur effet du péché originel, ainsi ne résulte-t-elle pas d'une blessure de la nature humaine ; elle est intrinsèque à toute pulsation de vitalité, et c'est pourquoi l'amour vrai a toujours la configuration d'une victoire opérée sur la possibilité de la haine. C'est cela qui fait de l'amour en général une vertu virile. L'amour est riche de la puissance de la haine, et la haine est toujours le résultat d'un défaut d'amour, l'effet d'un manque, le résultat d'un déficit dans la volonté de puissance devenue impuissante à se rendre maîtresse d'elle-même, à se rendre victorieuse d'elle-même, à convertir en fécondité ce qui, comme passion dominatrice, est incapable de maîtriser ce qu'elle domine sans le détruire : l'amour, par quoi — par définition — l'amant tend à faire s'identifier lui-même et l'aimé, aspire, en tant que l'amant s'aime lui-même et répugne à se perdre dans l'aimé, à supprimer l'aimé pour l'identifier à lui et, sous ce rapport, il entend s'en rendre victorieux en niant son altérité, dans un mouvement qui, pris unilatéralement, a la configuration de la haine ; mais cet amour, ou tendance à l'unité avec l'autre, ne se contente pas d'identifier l'autre à soi en le supprimant ; il le chérit en sa différence parce qu'il entend tout autant renoncer à lui-même afin de s'identifier à l'autre ; sans cette aspiration abnégative, l'amour se supprimerait lui-même en néantisant son objet auquel il est essentiellement relatif ; or on vient de voir qu'il s'aime lui-même et tend à se conserver ; et la conjugaison concomitante de ces deux mouvements contraires est précisément l'engendrement d'un troisième, tel un acte de fécondité qui suppose, chez l'amant, un consentement au renoncement à soi-même corrélatif de son désir d'affirmation de soi. On voit bien que l'amour n'est exclusif de la haine qu'à proportion de sa puissance d'assumer ce négatif dont il se rend victorieux, lequel ne contracte la condition de la haine que par impuissance à s'en faire complètement le vainqueur.

Encore une fois, cela ne signifie pas qu'il faudrait haïr en acte pour se mettre à aimer, ou que le mal serait nécessaire au bien. Cela signifie que l'amour présente la forme d'un dépassement du désir de réduire à néant les forces de ce que l'on domine ; la haine subsiste dans l'amour comme assumée et niée, niée comme désir d'occire ou de détruire, et conservée comme appétit de possession et de domination, mais aussi comme goût pour la lutte et le risque ; on ne gagne sa vie et la fait croître qu'en la risquant, parce que c'est dans le goût du risque de perdre sa vie — ainsi dans l'épreuve du combat — que le vivant fait l'expérience, se détachant de tout ce qu'il a et qu'il peut perdre, de ce qu'il est en vérité.

L'amour mal compris, l'amour dévirilisé prohibe cette tension intérieure faisant de lui une victoire, et il en résulte une invincible tendance à fuir le conflit, ou à supporter la défaite terrestre comme une croix aimable, telle la promesse d'une rédemption et d'un salut à venir hors du monde. La vertu chrétienne de résignation en vient, dans cette perspective, à se muer en consentement à la défaite et, parce que la peur est le pressentiment de la défaite, le consentement à la défaite se vit toujours dans la peur, à la fois castratrice et sans cesse affairée à se donner de bonnes raisons au nom du « réalisme » et de la « prudence ». D'où une non moins invincible tendance au surnaturalisme : puisque la nature est le règne du conflit, des compétitions, de la lutte pour la vie, c'est qu'elle est le règne du mal et que, si salut il y a, ce sera du côté d'une surnature destinée à se substituer à la nature. Et l'on sait les conséquences tragiques de cette illusion d'optique non innocente : le subjectivisme larvé et le ressentiment, la *despectio sui* glorifiant la condition des vaincus, la haine envieuse de la force d'autrui.

En revanche, s'il existe un négatif non peccamineux, alors l'invitation surnaturelle au dépassement de soi entendu comme abnégation solidaire de l'humilité, génératrice d'un souci de transcendance qui relativise les perspectives mondaines immanentes sans les renier, n'est plus vécue telle une exigence antinomique du souci d'affirmation de soi et de fierté, de puissance et de victoire.

§ **17. 2.** Comme il est aisé de s'en rendre compte, il reste du pain sur la planche déjà dans le domaine spéculatif, avant que de se jeter dans l'action directe. En effet l'intromission, dans le corpus de la philosophie du catholicisme, de cette idée selon laquelle il est nécessaire de se réapproprier la vérité captive contenue dans le gnosticisme, c'est-à-dire dans la matrice idéologique de la théorisation accomplie du subjectivisme, cela suppose un effort intellectuel, une réforme des mentalités qui constituent une véritable révolution ; c'est ce qui explique au passage l'aversion des catholiques traditionalistes, conservateurs et réactionnaires, pour une telle idée. Et c'est pourtant cette idée de vérité captive du gnosticisme — ou de négatif non peccamineux, ou d'instance polémique de négativité intrinsèque à la positivité de l'être en tant qu'être — qui selon nous peut opérer le dépassement des apories et tensions résiduelles de la philosophie dite réaliste, c'est-à-dire du fondement de l'action politique vraiment salvatrice. Elle seule peut-être est dotée de la vertu de réconcilier les néo-païens, les agnostiques et les catholiques dans une invitation implicite à se faire catholiques adressée aux deux premiers. Selon le point de vue du fascisme catholique, le paganisme et le judaïsme, l'immanence unilatérale et la transcendance unilatérale de l'absolu, sont entre eux comme des extrêmes dialectiques dont le propre est de s'opposer l'un à l'autre tout en entretenant l'un pour l'autre une complicité qui les fait passer l'un dans l'autre, mais pour s'opposer de nouveau et s'attirer derechef, ainsi indéfiniment ; ce balancier, qui s'éprouve tant dans la pensée de ces extrêmes que dans la réalité que cette pensée s'objective, vient de ce que chacun d'eux est, sans le savoir, en conflit avec lui-même ; et le catholicisme est leur *conversion à leur identité concrète*, à toute distance d'une prétendue « synthèse » ; ce qui a pour résultat qu'il les répudie tous les deux, les conservant en les niant, ne les conservant qu'en les transfigurant, les réconciliant l'un avec l'autre en réconciliant chacun avec lui-même. C'est là un résultat dont les catholiques hostiles à l'idée de négatif non peccamineux sont incapables d'entrevoir la vérité et la fécondité, et, du fait de cette mécompréhension, ils en viennent à refouler toute idée d'immanence dans l'exaltation d'un surnaturalisme qui les contraint, avec une délectation aussi morbide qu'inavouée, à faire cause commune avec le judaïsme, avec cette conséquence lamentable de susciter l'indignation scandalisée des néo-païens que de telles dilections ne peuvent qu'éloigner encore plus du christianisme. Si l'on a compris que l'infini concret de l'acte pur divin n'est pas sans l'épreuve, indépendamment du monde et d'un esprit fini, de la finitude absolue assumée et souverainement niée, on se rend nécessairement à l'idée que la transcendance de l'absolu par rapport au monde contingent et fini n'est possible que parce que l'Infini actuel contient superlativement le monde de l'immanence : l'absolu est infini *et* déterminé ; sa manière d'être particulière, qui le détermine, est de vivre en son infinité même *tous* les degrés de perfection possibles. Le judaïsme, considéré en son exacerbation pathologique d'une transcendance unilatérale, a pour destin logique de se muer dialectiquement en immanence gnostique intronisant le Juif conscience de soi de Dieu ; en retour, le plébiscite païen de l'immanence n'est viable que s'il se souvient de ce que le fini n'est qu'à se reconnaître telle la position contingente d'un moment obligé de la vie infinie de l'absolu, à peine de se muer en apophatisme, en exaltation d'un absolu (volonté de puissance ou vouloir-vivre) immanent au monde mais indifférencié non seulement pour nous mais en soi, qui s'actualise dans les déterminations du monde et, derechef, prend conscience de soi en l'homme ; ce qui fait du Juif et du Païen les deux jumeaux et rejetons de la même cécité.

Pour dire les choses en termes psychologiques renvoyant au souci existentiel, on peut remarquer que tous les hommes et tous les peuples sont depuis toujours la proie d'une contradiction congénitale entre deux exigences. L'homme est hanté par le désir infini d'infini, lequel aspire à quelque chose qui répugne à être circonscrit parce que cette circonscription attesterait sa finitude. En même temps, il aspire à connaître ce qu'il désire, parce que la manière la plus réussie de s'unir par l'amour à quelqu'un est de le connaître : « fieri aliud inquantum aliud », devenir l'autre en le laissant être autre, renaître ensemble dans la genèse d'un troisième — un « conceptus » — qui les conserve en se les subordonnant, et les réconcilie chacun avec lui-même et l'un avec l'autre par là qu'il se les subordonne ; l'amour est engendrement, et il culmine dans l'engendrement d'un verbe en lequel s'objective l'intellect intentionnellement identifié à l'essence du connu, ce qui est la connaissance même. L'homme aspire donc à quelque chose qui, pour satisfaire au réquisit du sentiment de transcendance, doit faire figure d'un infini indéterminé pour échapper à la convoitise d'une objectivation qui le limiterait et oblitérerait son mystère. Il aspire tout autant à quelque chose qu'il puisse embrasser du regard afin de le connaître et de s'unir à lui sans se fondre en lui, et, ce faisant, il répond au réquisit du sentiment d'immanence. Un tel objet, transcendant et immanent, ne peut être qu'un absolu de toute éternité inclusif, selon la modalité d'un négatif non peccamineux, de toute finitude possible, ainsi riche, idéellement, de tous les mondes possibles. Et tel est le Dieu du catholicisme, qui se révèle, se manifeste, sans se trahir, en s'incarnant dans une unité *infinie* de l'infini et du fini. Et la caricature satanique de cette unité est l'unité *finie* du fini et de l'infini réalisée dans ce vœu gnostique de « transcendance dans l'immanence » obtenu par déification du genre humain faisant de l'absolu un infini en devenir indéfini, qui demeure fini à tout moment de sa progression : ce dieu a besoin des hommes et se fait en eux. Or c'est précisément dans cette caricature que s'enferment les deux frères ennemis, le Juif et le néo-païen, issus du refus implicite de Dieu. Si le catholique hermétique à l'idée de négatif non peccamineux parvient à se soustraire au destin des deux pôles vénéneux de notre modernité apostate, c'est au prix d'une contradiction existentiellement intenable qui lui enjoint de se réfugier dans un surnaturalisme castrateur qui fait de lui un mort-vivant prêt pour toutes les défaites.

§ **17. 3.** Si le sang neuf, irriguant les vieux réseaux de l'antimondialisme qui l'accueillent, a véritablement fait sienne cette idée de négatif non peccamineux et se révèle capable d'en tirer toutes les conséquences, les temps sont peut-être mûrs pour que cette jeunesse courageuse affronte l'ennemi dans certaines arènes médiatiques choisies, afin de s'incorporer les dernières âmes récupérables à vue d'homme éparpillées dans la fange immense des décadents. Dans l'état actuel des choses, c'est à cela que doit se limiter l'action ; mais une telle action visant à répondre aux appels implicites du « pusillux grex » encore capable de résister à la mort ethnique, intellectuelle, morale et spirituelle, c'est-à-dire à la grande tentation du collapsus hédoniste et subjectiviste, est une action qui doit en effet être menée.

Dans cette perspective, il ne suffit pas d'exposer une doctrine et un programme d'action. Il ne suffit pas de réfuter les objections qui leur sont actuellement opposées. Il faut poursuivre et provoquer les esprits hostiles ou réticents ; il faut discerner les raisons — qui ne sont pas toujours claires à leurs propres yeux — de leur hostilité potentielle ou actuelle ; il faut même prévenir les objections en forlançant les erreurs tapies au fond des non-dits, et cela dans tous les domaines de la culture (culture scientifique, historique, artistique, sociologique, littéraire, linguistique, économique, juridique, religieuse évidemment, et philosophique), parce que tout est politique, directement ou non. Un argumentaire doit être élaboré et mis à la disposition des combattants du fascisme catholique, et sous ce rapport la contribution du sang frais venu du dehors rejoindre les rangs des proscrits est éminemment précieuse. Les « Anciens » confinés dans leur statut de proscrits sont trop déçus par le monde et trop sceptiques quant à l'opportunité de l'action pour être restés à l'écoute des nouveautés culturelles qui surgissent régulièrement, des nouvelles problématiques qui s'imposent, et pour avoir accumulé un bagage intellectuel pluridisciplinaire suffisant à l'exercice de cette entreprise de reconquête des esprits ; et sous ce rapport ce sont les nouveaux venus qui sont intellectuellement les mieux dotés, habités par cette vigueur non encore émoussée qui donne envie de rendre coup pour coup. Les thèmes d'un tel argumentaire, qui viennent spontanément à l'esprit aujourd'hui, sont les suivants (liste évidemment non exhaustive) : le racisme, le conditionnement biologique des mentalités et des caractères mais aussi des talents cérébraux, la question de l'évolution des espèces ; les véritables causes et authentiques effets du colonialisme ; l'étude historique des différentes formes d'esclavage et plus généralement la révision de tous les poncifs et contre-vérités déversés depuis des décennies dans l'esprit des foules occidentales dans le but de déconsidérer l'homme blanc et l'Église catholique ; les différentes formes d'eugénisme, la pertinence de telle ou telle théorie conspirationniste, les causes et les effets réels du réchauffement climatique, l'état de la cosmologie contemporaine, les éléments scientifiquement recevables de l'écologie ; les conditions d'harmonie entre la philosophie de la nature et les théories modernes inspirant le développement des sciences expérimentales, la dénonciation scientifiquement argumentée des mensonges cristallisés dans la conscience populaire (l'Affaire Galilée, l'Affaire Dreyfus, la Shoah…) ; les vraies causes des deux dernières guerres mondiales, la traque des erreurs historiques ; les principes d'une pédagogie conforme à l'ordre des choses et aux exigences de notre temps ; les vraies dispositions de la circulation monétaire et de la création de l'argent, les véritables répartitions de la richesse nationale ; l'état réel des techniques de pointe, les véritables rapports de force qui sous-tendent les manifestations de la vie sociale contemporaine et l'analyse de leurs interactions, etc.

Pour finir, les futurs soldats pêcheurs d'âmes à enrôler dans l'armée de la « Reconquista » fasciste catholique seront attentifs, nous l'espérons, au devoir intellectuel et moral de respecter l'impératif suivant : revendiquer l'héritage du fascisme n'est pas demeurer attaché à ce qu'il a pu avoir, historiquement, d'inachevé, de défectueux et de contingent. Ce qu'il y a d'irremplaçable dans le fascisme, ce sont :

1) son organicité radicale promotrice de bien commun ;

2) son aptitude à incarner pour notre temps — celui de l'âge industriel et de la maîtrise technique des forces de la Nature — ces principes politiques de philosophie pérenne qui avaient été mis en œuvre dans les siècles de chrétienté ;

3) son pouvoir d'assumer et de mettre en pratique l'idée de négatif non peccamineux, nécessaire à la tâche de faire s'harmoniser les ordres naturel et surnaturel, afin que l'homme ne soit ni embourbé dans un destin purement immanent qui se résout nécessairement en subjectivisme, ni déchiré entre deux fins ;

4) son pouvoir unique, par les mérites liés aux trois caractères précédents, de se donner les moyens effectifs de restituer à l'Europe son rang de centre du monde, en enterrant ces deux fruits vénéneux de la Révolution française que sont le libéralisme aujourd'hui d'obédience surtout anglo-saxonne, et le communisme asiatique.

L'anticléricalisme, compréhensible pour des raisons de circonstance, n'avait pas vocation à se muer en antichristianisme, ce qui pourtant fut accompli dans certains milieux fascistes. La reconnaissance de l'importance du donné racial, elle aussi nécessaire, n'était pas destinée à se convertir en doctrine matérialiste, ce qui fut pourtant accompli par certains responsables nationaux-socialistes. Et l'idée de négatif non peccamineux n'était pas destinée à dégénérer en gnosticisme (marcionite en particulier), comme ce fut le cas pour certains intellectuels ou dirigeants fascistes (Julius Evola, Rosenberg, Bormann, etc.). Quoique reconnaissant à la passion sa valeur éminente de moment dialectique nécessaire de concrétisation du vouloir rationnel (la raison étant victoire sur la possibilité de l'absurde), le fascisme catholique n'est pas passionnel mais aspire à mériter d'être rangé dans le courant intellectualiste.

Morale du fascisme catholique.

§ 17. 4. En ce qui concerne la morale prônée par le fascisme catholique, il sera rappelé ici que, **s'il est une manière catholique d'être fasciste, il est une manière fasciste d'être catholique.** Les catholiques ont du mal à accepter la seconde manière, et les fascistes acceptent difficilement la première ; c'est pourtant l'unité des deux qui préserve l'intégrité tant du fascisme que celle de la morale catholique. Il préserve l'intégrité du fascisme parce que le fascisme sans cette transcendance capable d'assumer l'immanence, qui définit le catholicisme (Dieu s'incarne), dégénère en cette « transcendance dans l'immanence » en quoi l'on reconnaît la gnose elle-même porteuse de subjectivisme radicalisé. Le fascisme en retour aide à vivre le catholicisme sans verser dans le surnaturalisme, pour la raison suivante :

« Obsecro vos tamquam advenas et peregrinos abstinere vos a carnalibus desideriis, quae militant adversus animam » (saint Pierre, *Première Épître II 1 ; je vous conjure de vous abstenir comme étrangers et voyageurs des désirs charnels qui combattent contre l'âme*) : le chrétien est un « homo viator », sa Patrie ultime n'est pas de ce monde, et sa destinée terrestre est la lutte, sempiternelle, contre les forces de la chair qui conspirent contre l'esprit. Le fasciste catholique ne serait pas catholique s'il ne plébiscitait pas un tel enseignement. Mais le fasciste catholique ne serait pas fasciste s'il ne recevait pas cet impératif dans la perspective d'une *morale de l'irascible*. Ce qu'il faut entendre par « morale de l'irascible », c'est ceci : on doit fermement s'attacher à ne pas réduire une telle vocation exaltant le combat — qui est d'abord contre soi-même et en vue d'une surhumanité revendiquée qu'on nommera « sainteté » dans l'ordre surnaturel, et « héroïsme » dans l'ordre naturel — à un effet du péché, ou à une dimension d'expiation qui n'intéresseraient pas l'homme en tant qu'homme, mais qui concernerait seulement l'homme en tant que déchu et racheté, comme si l'instance polémique de sa vie n'était pas intrinsèque à sa condition d'homme, comme si cette vocation de soldat était contingente. Il n'est pas question de nier cette dimension d'expiation traditionnellement rappelée par la morale catholique ; il n'est pas question de nier les effets du péché originel ; il est question de ne pas réduire à ces déterminations une telle invitation au combat. Dans la *Somme contre les Gentils* (IV 52), l'Aquinate nous rappelle cette vérité essentielle à la compréhension du vrai christianisme : Dieu qui ne doit rien à personne aurait pu sans injustice créer l'homme en état de pure nature, sans la grâce et sans ces béquilles spirituelles nommées « dons préternaturels » ; et, dans cet état de parfaite intégrité, l'homme eût été invité à lutter, parce que le corps tend de lui-même à se soustraire au magistère de l'âme qui s'en trouve chargée, par essence et non par accident, de le contraindre en permanence à se soumettre à elle, par là à conjurer sa dispersion qui est sa mort, le sauvant ainsi contre lui-même. Et cette vocation combative de l'autorité de l'âme sur le corps n'était que suspendue par les dons préternaturels, cependant que, providentiellement, de même que les anges étaient mis en demeure de subir l'épreuve — qui est elle aussi un combat — du choix (aut « serviam » aut « non serviam »), de même les hommes dotés des dons préternaturels avaient encore à affronter la tentation du « eritis sicut Dei ». L'invitation au conflit n'est pas un accident contingent de la destinée humaine. Ce qui le corrobore, c'est que, dans sa condition post-lapsaire, cette négativité belliqueuse subsiste en l'homme dans la forme d'une invitation glorieuse à faire de l'homme le coopérateur de sa propre rédemption. L'Agneau avait tout racheté pour la satisfaction de vindicte du Dieu de justice, qui est aussi Dieu d'Amour voulant le meilleur de Ses créatures ; s'Il leur laisse quelque chose à subir en fait de souffrance, c'est parce que cette vocation à la Croix répond à un besoin inscrit dans la nature de l'homme qui par essence est un guerrier honoré de la charge de coopérer à sa propre libération en épousant le destin de son divin Maître. Dans le même ouvrage, saint Thomas (II 68) nous rappelle que « quanto forma magis **vincit** materiam, tanto ex materia et forma magis efficitur unum » : plus la forme est victorieuse de la matière (or qui dit victoire dit conflit), plus l'union (ainsi la relation d'amour, l'amour étant « force d'union et de concrétion » : *Somme théologique*, Iᵃ qu. 20 a. 1) de la forme et de la matière est parfaite ; la matière ou puissance, sujet récepteur de la forme ou essence, est bien confirmée, affirmée en tant que niée, et en retour la forme ou acte n'est forme que par sa vertu de revitaliser la puissance qu'en même temps elle nie souverainement, de sorte que la puissance se révèle bien intrinsèque à l'acte en tant qu'il est acte : la perfection formelle ou essentielle de l'être mondain ne serait pas telle s'il n'était en demeure d'affronter une tension interne que l'événement du péché et la condition de pécheur se contentent de rendre languide et impuissante à se surmonter. Le fascisme catholique assume toutes les exigences de la morale catholique, mais en y ajoutant, dans sa façon de les comprendre et de les vivre, une *différence d'accent* par rapport au catholicisme non fasciste.

Ce dernier, la plupart du temps, incapable de discerner dans la vraie paix une victoire — ainsi encore un combat — sur la possibilité de la guerre, réduit la négativité constitutive de sa vitalité à un effet contingent du péché. Il résulte, de cette oblitération pieuse de l'instance guerrière de l'homme, une tendance à vivre le combat en général tel un mal nécessaire, et à se représenter la vie vertueuse idéale sur le mode d'une douceur mièvre exempte d'effort, de douleur et de pugnacité, qui désarme le chrétien en le faisant se désolidariser d'une instance constitutive de lui-même ; en cela selon nous consiste une modalité — peut-être la forme primitive — du surnaturalisme, dénaturation du vrai surnaturel : haine de la force et de la victoire, confusion entre dolorisme masochiste et abnégation, propension à faire de sa propre faiblesse une force, ce qui définit adéquatement le sous-homme nietzschéen inspirateur et générateur du plus légitime mépris dans l'intelligence et dans le cœur de tout homme de bonne race. Ce que le fascisme du fasciste catholique aide à comprendre, c'est que l'homme est responsable de ses désirs, de la finalité qu'il leur assigne, et qu'il a le pouvoir de les modeler ; il est invité à faire reposer sur lui-même la responsabilité de l'ordination réussie de ses désirs à leur fin, et voici pourquoi :

S'il n'y avait aucune tension, aucun conflit, aucune lutte en l'homme entre ses désirs, il serait tel un automate conditionné par des désir pré-hiérarchisés, qui instinctivement le mèneraient passivement vers sa fin dernière, mais précisément, dans ces conditions, une telle fin ne serait pas celle d'un être libre, par là elle ne serait pas celle d'un être d'esprit. Un intellect sans libre arbitre est chose inconcevable, parce que l'intellect est la puissance de juger, qui peut juger son jugement, se mettre à distance de lui, n'être pas nécessitée par la position de son acte opératif, par là qui pose librement son acte intellectif ; or être libre est choisir, et choisir revient à exclure, ainsi à sacrifier. Dès lors, être esprit suppose le consentement à la lutte, parce que tout sacrifice consenti est lutte. Ainsi, on doit aimer Dieu par-dessus toute chose, ce qui suppose que l'on assume les désirs des biens finis, en reconnaissant leur appétibilité, afin de les crucifier pour tendre vers des biens meilleurs ; encore faut-il les aimer pour qu'il y ait sacrifice. Le fasciste catholique s'efforce à aimer Dieu par-dessus toute chose mais, pour cette raison même, il aime son monde terrestre, passionnément, avec tous les biens honnêtes qu'il renferme, parce que, de même que l'infini concret sait assumer toute finitude, de même le désir de l'infini sait s'anticiper de manière obligée dans le désir des biens finis. De plus, l'invitation à faire de ses désirs inférieurs la matière sacrificielle de l'éclosion de ses désirs supérieurs est une manière d'honorer celui auquel est dévolue une telle vocation à affronter l'effort du dépassement de soi : le moteur qui actualise le désir est l'appétibilité de l'objet du désir mais, si le principe qui façonne les désirs repose au moins en partie sur le sujet désirant, c'est que ce dernier se voit gratifié d'une participation à l'appétibilité, ainsi à la bonté et à la dignité mêmes de cet Objet. Une telle invitation à l'abnégation a pour fin de conférer à celui qui désire une part de la causalité de l'Objet de ces désirs ; l'homme ne serait pas « imago Dei » s'il n'était destiné à l'héroïsme d'un combattant. Les choses sont bien faites. Ce qui justifie l'accent mis sur le négatif non peccamineux, par là sur l'invitation à la lutte et à la reconnaissance d'une dimension polémique constitutive de l'homme en tant qu'homme et non seulement en tant que pécheur, est aussi ce qui conjure à jamais toute tentation gnostique osant murmurer que le Créateur aurait mal fait les choses en laissant subsister en elles du mal et de la souffrance : tout le mal moral et maints maux physiques sont de l'homme seul ; le reste est du négatif non peccamineux, qui a sa raison d'être. Dans une perspective analogue, l'invitation à l'humilité est solidaire de la promotion de la créature à sa condition d'être libre et responsable, par là à sa vocation de combattant. L'humilité consiste à reconnaître que tout ce que l'on est et tout ce que l'on a est reçu d'un Autre : « non sumus nostri » ; or exercer un tel acte de reconnaissance équivaut à faire l'expérience de son pouvoir de s'affirmer dans sa négation ; d'une certain façon, se reconnaître tel un être de don, donné à soi-même, don et donataire, c'est se savoir *être* dans l'acte de n'être pas ce que l'on reçoit, ainsi de n'être pas comme donataire le don reçu, parce que le donataire doit être constitué dans son être de donataire pour être habilité à recevoir le don ; si le don se trouve être une même chose avec le donataire, c'est que ce dernier est constitué dans un être de non-être, dans un non-être qui s'éprouve comme étant ; et s'affirmer dans sa négation, c'est confesser sa vocation à accéder à la dignité d'un être infini, parce que s'affirmer dans sa négation, c'est être dans l'acte de son disparaître, c'est demeurer identique à soi dans sa différence, c'est enfin contenir son altérité par rapport à soi, quand ce qui a dans soi son autre est ce qui n'a pas de limite restrictive : l'humilité, à tout le moins la modestie, est la conséquence obligée de la conscience d'être, selon la formule d'Aristote, un dieu mortel.

§ 17. 5. Il a été question plus haut de l'irascible, qui désigne cet appétit naturel tendant vers un bien ardu en tant qu'ardu, aimé parce que difficilement accessible, par là séparé de celui qui l'aime par un obstacle générateur, dans l'élément du concupiscible, d'un mouvement de haine. L'objet de l'irascible est l'obstacle à vaincre, et son objet immédiat est la lutte elle-même, aimable sous un certain rapport ; et tout cela est naturel, non du tout peccamineux. Le négatif non peccamineux, dans la forme du goût pour le combat, doit être d'abord exercé contre soi-même, conformément aux prescriptions de la morale catholique : il est naturel à l'homme d'être homme en devenant ce qu'il est, en luttant sans cesse contre ce qui, en lui, tend à ne pas être complètement humain, voire à sombrer dans l'anti-humain. Dans ces conditions, l'exercice de la force coercitive en quête de victoires exercée ad extra, sur autrui — force légitime en tant qu'elle recherche un bien ou entend écarter un mal —, est lui-même mesuré et orienté adéquatement, sans dérive et sans excès. Il en est ainsi de manière obligée puisque, enraciné dans l'ascèse et placé dans son sillage, il en est le prolongement. Et la lutte au dehors et la lutte au-dedans de soi se nourrissent l'une de l'autre et se confortent : sans l'ascèse, le combat au dehors devient témérité, ivresse subjectiviste ; sans le consentement au combat au dehors et contre l'ennemi extérieur, l'ascèse dégénère en haine de soi, en ce masochisme sulpicien par lequel la lâcheté croit vainement trouver sa rédemption ; ce qui est encore une forme de subjectivisme, lequel, quelle que soit son origine, se consomme toujours, comme complaisance narcissique émolliente, dans le renoncement à la force.

Si l'être en tant qu'il est être est traversé et même tissé par un négatif non peccamineux, tout être, considéré dans l'acmé de sa perfection idéale, a la forme du résultat victorieux d'une lutte contre son moindre-être, c'est-à-dire la forme d'une réflexion (circulaire) lestant son identité positive à soi d'une négation de négation intestine qui fait coïncider l'origine avec le résultat, de sorte que la plénitude acquise de tout être est riche du plébiscite de l'assomption de sa dépossession de soi. Et il arrive que le hasard, en lequel se médiatise la Providence, impose à l'homme de renoncer à certains biens finis pourtant excellents, innocents de toute tare peccamineuse : un accident physique en lequel un homme en bonne santé perd l'usage d'un membre, une circonstance aussi incontournable que contingente qui le contraint à abandonner des études brillantes, etc. Au reste, aucun homme ne peut actualiser en une seule vie terrestre toutes les vocations qu'il eût pu embrasser, et il ne peut exceller dans son domaine propre qu'en sacrifiant le commerce avec certains des domaines qu'il eût pu aborder honorablement ; tout homme, pour parvenir à maturité, doit choisir parmi les hommes qu'il pourrait devenir, et ainsi cette invitation au sacrifice de soi est consubstantielle à la condition de sa réussite, même dans les domaines qui concernent l'ordre naturel. On voit ainsi que l'invitation à la dépossession de soi consentie n'est que l'envers de la pulsation qui préside à l'accouchement réussi de soi-même. De manière générale, la force ne serait pas force si elle n'était capable de renoncer à soi, de se vaincre elle-même, et c'est cette aptitude à se vaincre qui la rend forte, qui fait sa force et fait d'elle une force. L'exaltation de la grandeur de l'homme en sa vocation polémique et dominatrice, en soi parfaitement légitime et vouée à être cultivée, n'est pas sans cette modestie que transfigure la vertu surnaturelle d'humilité, et en retour cette dernière enveloppe de manière discrète, telle sa dimension secrète, l'exaltation de la vocation de l'homme à l'héroïsme du combat et à l'ivresse de la victoire. Il n'y a pas, malgré les dires du jeune Maurras, de venin dans le « Magnificat ».

Conclusion.

§ 18. Nous nous sommes demandé pourquoi la propension à la division, à la zizanie, à l'indiscipline, au subjectivisme générateur d'individualisme, affligeait les milieux en lesquels le terme de bien commun se voit reconnaître un sens et accéder à la dignité d'un concept directeur de l'action individuelle et collective. Les considérations qui précèdent permettent de suggérer deux réponses. La première est que, pour des raisons indépendantes de leur volonté, les soldats du bon combat se voient condamnés à l'attente. Or l'attente est épuisante, surtout l'attente du combat ; en effet, elle en appelle à la patience, à la maîtrise de la fougue, à la lutte contre elle-même de la force d'agression que pourtant elle mobilise ; elle repousse et attire tout à la fois, dans une tension exaspérante, le désir de faire s'exprimer cette force agressive mobilisée. Vient alors un moment où les nerfs lâchent, soit en faveur d'un abandon de la lutte au profit des délices d'une « privacy » résiduelle en ce monde effrayant qui force les portes de l'intimité familiale, soit en faveur d'une précipitation activiste parente de ce mélange de présomption et de naïveté qui fait l'âme de don Quichotte. Si l'on ajoute à cette cause les effets du péché originel — orgueil, vanité, envie, jalousie —, qui n'épargnent personne et surtout pas ceux qui croient au péché originel, cette raison circonstancielle qu'est l'attente imposée par notre époque suffit peut-être à rendre raison des pulsions de subjectivisme qui ravagent le camp des Réprouvés.

Mais il est peut-être aussi une autre raison, plus intemporelle, qui est propre à la mentalité de l'homme de Droite, induite par ses certitudes.

Rappelons qu'est de Droite celui qui reconnaît l'existence d'un ordre des choses auquel la subjectivité est en demeure de se conformer ; dès lors, est de Gauche celui qui fait de l'ordre en général et des valeurs morales autant de créations de la subjectivité ; est de Gauche celui qui fait mesurer la vérité par la liberté ; est de Droite celui qui fait mesurer la liberté par la vérité. La Gauche, comme le mal qui n'a d'existence que par le bien qu'il conteste, est dotée d'une unité négative, faisant se rassembler sous son drapeau tout ce qui s'oppose à l'ordre naturel des choses, qui est unique et objectif. Le mal et le non-être étant convertibles (l'être de la cécité se réduit au non-être de la vue), le mal absolu ne saurait être, étant non-être, ainsi n'étant pas ; il est toujours relatif au bien qu'il présuppose et auquel il s'oppose ; mais l'être étant convertible avec le bien, et l'unité avec l'être (plus une chose est parfaite, plus elle est simple, ainsi une), il est certain que le mal est dépourvu d'unité intrinsèque, ce qui revient à dire qu'il est divisé contre lui-même et a vocation à s'exténuer en querelles intestines sans fin qui devraient le rendre inoffensif. Pourtant la Gauche est capable de se défendre, de s'unir, mais cela s'opère dans une répulsion commune à l'égard du bien, ainsi selon une unité négative. En revanche, s'il est une unité possible pour la Droite, elle ne peut être que positive, ce qui revient à dire qu'une pensée de Droite se réfère au bien absolu pour se définir, lequel est doté d'unité absolue ; dans l'ordre doctrinal, cela suppose que toutes les idées qui constituent la pensée de Droite soient référées à un principe unique accepté par tous parce que reconnu comme irréfragable. Or c'est l'identification de ce principe qui, depuis toujours, fait question dans la sphère idéologique de droite : on peut y être païen, nietzschéen, catholique, maurrassien, thomiste, augustinien, maistrien, parétien, légitimiste, etc. ; on peut même oser, non sans abus, se dire de Droite en étant économiquement libéral, alors que toutes ces doctrines sont pour le moins difficilement compatibles entre elles. D'où la tendance, en chaque représentant de l'un de ces courants constitutifs de la famille de Droite, à ériger le principe de sa propre doctrine particulière en principe fondateur de toutes les familles du même phylum. Et cette tendance se solde par une hostilité de plus en plus aiguë entre les grands courants de la Droite qui, de ce fait, végète au fond depuis toujours, malgré — et paradoxalement à cause de — sa richesse doctrinale interne.

Et nous avons suggéré ici que le concept de « négatif non peccamineux », qui n'appartient pas à la Gauche (à moins de faire, de la « réflexion ontologique » de Proclus, dont fait mémoire la « Erhaltende Aufhebung » de Hegel, une idée de Gauche…) tout en étant refusé par ou dédaigneusement ignoré de tous les courants de Droite, pourrait peut-être correspondre à ce principe unique habilité à les réconcilier. Il est selon nous doué de ce pouvoir précisément parce qu'il rend possible l'intelligibilité de l'unité de l'être parfait immobile et de la vitalité du devenir, de l'universel et du particulier, de l'infini et du fini, de l'intérieur et de l'extérieur, de l'identité et de la différence, de l'immanence et de la transcendance ; par là, il réconcilie l'Église et l'État, l'organicité totalitaire et la préservation de l'intimité personnelle, la fierté et l'humilité, l'affirmation de soi ou volonté de puissance et la grandeur consentie de l'abnégation, le principe impérial et le principe national, etc.

Le lecteur en jugera.

Quel avenir pour la « Fidélité » ?

Des lamentables querelles qui secouent la Tradition catholique.

Introduction.

§ **1.** Voici une récente livraison des spéculations de Monseigneur Williamson, présentée ici en l'état (nous avons mis en gras deux passages) :

« Commentaire Eleison Number DCCCLXXV (875), 20 avril 2024.

Notre Mère du Ciel nous avertit sans cesse, car sur nous vont tomber l'horreur et la détresse.

Au sujet des apparitions et des messages censés venir du Ciel, prudence est certainement sagesse. Car Dieu sait que le Démon s'est insinué dans l'esprit des clercs qui ont trahi la vraie foi catholique par les diableries de Vatican II, tellement qu'on ne peut plus guère compter sur ces clercs pour nous faire un authentique discernement catholique de ce qui vient vraiment du Ciel et de ce qui n'en vient pas, comme St Paul nous demande de le faire (1 Thess. 5, 19–21). Mais on peut être excessivement prudent, surtout lorsque l'autorité ecclésiastique officielle s'est elle-même égarée. Une chose est sûre : comme il n'y aurait pas de fausse monnaie sans la vraie, il n'y aurait pas de faux messages du Ciel sans vrais messages à contrefaire. C'est à nous de faire de notre mieux pour discerner, comme avec cette série de messages récents que nous allons vous présenter, provenant de l'arrière-pays texan, aux États-Unis.

La série a commencé par un message introductif censé provenir de Notre Dame (le « censé » s'applique pour le reste des Messages cités : il ne sera pas répété par la suite). **Les Commentaires n'ont aucune autorité pour garantir l'authenticité des Messages du Texas, mais ils les prennent suffisamment au sérieux pour estimer qu'ils méritent d'être cités.** Nous laissons au lecteur le soin d'en juger par lui-même. Voici, à titre d'exemple, quelques extraits du (une dernière fois : prétendu) premier message de Notre Dame.

8 février : « Mes enfants, la bataille approche et vous êtes endormis. Je viens vous réveiller, comme une bonne mère qui veille et garde les yeux sur ses enfants et, voyant le danger grandir, les secoue pour qu'ils ne périssent pas sans combattre. Mes enfants, voici les temps annoncés depuis longtemps, où le serpent trois fois maudit va empoisonner beaucoup de gens, s'immiscer dans Notre propre domaine et se lever pour semer le désordre dans les nations avec ses marionnettes et ses serviteurs, pour détruire tout ce qui est de Dieu et régner à Sa place. Le désir du Diable d'être adoré et sa haine de Dieu l'ont poussé à préparer, au cours des siècles, ce qui se dévoile maintenant sous vos yeux (…).

Je suis venu <sic> vers vous, Mes enfants, maintes et maintes fois, année après année, pour vous avertir (…) mais combien peu d'entre vous M'ont compris, <sic>, et se sont mis à Ma disposition pour que Je forme Mon armée de lumière… Mes enfants, il n'y a plus de temps à perdre. La bataille, Notre contre-attaque, commence par ces Paroles que Nous vous donnons pour vous servir de Lumière, de Protection, de Direction et de Consolation. Ne les ignorez pas (…) Elles vous donneront l'orientation dont vous avez besoin, **maintenant que Mon Église est sans berger pour s'occuper de Mes brebis**, de Mes enfants (…). Ils veulent vous détruire, mes enfants (…) Recevez mes Paroles d'amour et de consolation.

Vous êtes blessés, mes petits enfants, certains plus, d'autres moins, mais vous portez tous des blessures, celles de vos propres décisions, celles de la haine de Satan, et vous avez tous besoin de Notre guérison, vous avez tous besoin de Notre aide. Mes enfants, je vous redonne mon Jésus, Je vous le donne avec tout Mon amour personnel (…) comme votre Roi (…), votre Sauveur et Rédempteur (…). Seul Lui, mes enfants, seul Lui sauve. Lui seul purifie. Seul Il guérit (…). Ne vous laissez pas troubler. De nombreuses voix essaient et essaieront encore de se faire passer pour la Sienne. Beaucoup disent et diront qu'ils font tout en Son nom. Mais regardez leurs œuvres. Regardez les fruits, mes enfants. NE LES IGNOREZ PAS.

Et Moi, votre Mère, Je vous préparerai à recevoir le Don très précieux d'une Foi brillant au centre de votre âme pour pouvoir affronter les temps présents et à venir, où tout ce qui semblait stable s'écroulera (…). Heureux celui qui accueille ces Paroles et leur permet de porter leurs fruits (…) ».

Le texte complet est beaucoup plus long, et les extraits cités ci-dessus ne traduisent qu'à peine le sentiment d'imminence dont la Vierge veut nous faire part, comme si nous étions au bord de la grande bataille qui est sur le point d'éclater. Le petit centre catholique du Texas qui reçoit ces messages a son propre site web. Cherchez « Mission of Divine Mercy ». En vérité, Kyrie Eleison ».

Selon les lumières inspirées de Mgr Williamson, la Très Sainte Vierge est sédévacantiste. Ni plus ni moins. De la position délicate mais claire qu'il avait contribué à définir — la ligne de Mgr Lefebvre soustraite tant aux séductions sédévacantistes qu'à celles du ralliérisme initié par Mgr Fellay et son équipe —, Mgr Williamson est passé, il le semble bien, avec armes et bagages au sédévacantisme qu'il couvre désormais de l'autorité de Notre Dame. C'est l'occasion pour nous de rappeler plusieurs choses :

1) l'opportunité de s'opposer aux tendances initiées par Mgr Fellay et actuellement non reniées par la Fraternité Sacerdotale Saint-Pie-X ;

2) les difficultés liées à la position sédévacantiste ;

3) l'état peu glorieux de l'actuelle « Fidélité » ;

4) le rappel des termes d'une position équilibrée qui eût permis de conjurer la dérive actuelle de la « Fidélité ».

§ 2. Naguère, nous écrivions :

« L'USML a aujourd'hui trois évêques ; nous le devons à Mgr Williamson et lui exprimons notre gratitude. Mais ces trois évêques excluent l'hypothèse sédévacantiste avec une radicalité qui excède même celle de Mgr Lefebvre dont ils entendent pourtant conserver l'enseignement intègre. Si ce qui précède ici est fondé, il est à craindre que tôt ou tard l'USML elle-même en vienne à être contaminée un jour par les tourments de velléités ralliéristes. Nous n'en sommes pas là, et c'est pourquoi l'IC se maintient sur le plan religieux dans le sillage de l'USML. Mais il s'agit d'un soutien critique, c'est-à-dire conditionnel » (*Présentation de l'institut Charlemagne, deuxième partie chapitre IX*, 2016, Joseph Mérel).

Aujourd'hui l'USML (« Union sacerdotale Marcel Lefebvre ») a disparu ; d'autres associations lui ont succédé, au gré de circonstances, des défections, du jeu de divers rapports de force tantôt prometteurs, tantôt et le plus souvent regrettables parce que générateurs de trahisons. La « Fidélité » bat de l'aile, elle a de plus en plus de mal à susciter la confiance. Les postulants ne se bousculent pas aux portillons des séminaires.

Voici donc l'opinion désabusée d'un laïc lassé par les querelles, les manifestations d'incompétence, le manque de fermeté, l'amateurisme, la pusillanimité paradoxalement doublée des fréquents abus d'autorité de ceux qu'il a suivis il y a une bonne dizaine d'années, qui l'ont profondément déçu et qui l'inquiètent aujourd'hui : la « Résistance » — le nom calamiteux qu'elle s'est choisi était particulièrement bien approprié pour annoncer les erreurs et dysfonctionnements mortifères dont elle serait la victime coupable — est en passe, semble-t-il, d'éclater, déchirée qu'elle est entre tendances ralliéristes et tendances sédévacantistes.

Evidemment, ceux qui paieront les pots cassés seront d'abord les laïcs, sempiternels moutons menés à l'abattoir par des clercs suffisants et obtus, mais moutons soigneusement tondus avant que d'être abandonnés ; le bilan de notre confiance accordée à Mgr Williamson se solde aujourd'hui par le constat suivant : les fidèles se retrouvent le bec dans l'eau pour avoir suivi des ecclésiastiques aux ovaires fragiles et capricieux. La condition de prêtre est en soi supérieure à celle du laïc et, pour cette raison même, la supériorité morale surnaturellement fondée requérant les vertus d'humilité et de justice, une telle condition devrait inviter le clerc, de temps à autre au moins, à manifester quelque bienveillance, quelque respect et quelque gratitude même à l'égard du laïc qui, confit dans la reconnaissance et la révérence, n'en reste pas moins celui qui nourrit le clerc et le soutient dans ses entreprises souvent onéreuses et risquées, sans pour autant manquer tant de ce bon sens que de ces qualités naturelles que la condition surnaturelle de consacré a tendance à considérer avec une condescendance agacée ; la mentalité vraiment catholique n'est pas celle du cléricalisme, l'ordre vraiment catholique n'est pas le pouvoir théocratique.

La finalité du présent article est essentiellement de rappeler l'opportunité d'un élément conceptuel en droit définitionnel de l'identité de la « Fidélité », dédaigneusement abandonné par ses chefs.

Le sédévacantisme comme « profession ».

§ 3. Il y a quelques années, l'auteur de ces lignes, en sa naïveté candide et suicidaire, crut bon de donner son avis non particulièrement autorisé à propos de la crise de l'Église. Il ne pouvait s'empêcher d'éprouver un certain malaise devant le spectacle des luttes furieuses qui déchiraient — la chose n'a pas changé et s'est même aggravée — le landerneau catholique traditionaliste, l'affaiblissant d'autant. Il osa suggérer, dans un registre courtois, qu'une voie moyenne pourrait en partie réconcilier les deux factions, à savoir celle soutenant la thèse du « mauvais pape mais pape », et celle adhérant à la thèse de la vacance du Saint-Siège. Comme chacun sait, ce qui fut au début, il y a soixante ans, une série de dialogues aigre-doux mais civilisés, est devenu salves d'insultes, de procès d'intention, d'inversions accusatoires, et est en passe de se résoudre en un échange de menaces et de coups. Avant que d'être brocardé de manière vipérine par des anonymes aussi vindicatifs que suffisants, votre serviteur fut dédaigneusement traité d'« amateur » par ces paltoquets volubiles.

Qu'il soit un « amateur » en ce qui concerne ladite querelle n'est pas douteux, mais la chose n'a selon lui rien de répréhensible ou d'infamant dans la mesure où les spécialistes de tous bords, qui croulent sous le poids de leur érudition, se révèlent aujourd'hui encore incapables de se mettre d'accord. Cette situation suggère qu'il n'est pas tant question de science érudite que de bon sens, et c'est un fait que l'érudition n'a jamais été un gage de bon sens ; il va de soi, ce disant, que notre propos ne saurait prétendre à autre chose que d'exprimer ce que, du fond de notre ignorance, nous pensons avoir compris. Quoi qu'il en soit donc de la médiocrité de notre analyse personnelle, notre entendement laborieux soucieux d'honorer ses insulteurs retient, de cette accusation d'amateurisme en matière de science et sapience sédévacantiste, qu'aux yeux de trop de sédévacantistes, le sédévacantisme est une *profession* ; on est sédévacantiste non seulement pour se piquer de faire profession *de foi* sédévacantiste, mais encore, en tant que *professionnel* du sédévacantisme, on se déclare sédévacantiste à la manière dont on aurait pu se présenter comme ébéniste, berger, cuisinier, médecin, musicien ou comptable. Le sédévacantisme est une spécialité, un style, un principe de discrimination entre les esprits supérieurs et éclairés d'une part, les veaux, les ignares et les crétins d'autre part ; il est, par voie de conséquence, une pose, une condition sociale, un uniforme ; il est tout cela parce qu'il est le gagne-pain des sédévacantistes, leur raison sociale, leur patrie, leur étendard, leur club, leur loge ésotérique, leur caste élitiste, leur parti politique, leur Église et leur ultime raison d'être ; il est aussi leur obsession parce que, pour lui, qui n'est pas sédévacantiste n'est pas véritablement catholique. *Extra sedevacantismum nulla salus.*

Or il est difficile, quand on est d'abord catholique, de ne pas discerner, dans un tel statut si passionnellement soutenu, si générateur de cette morgue judaïque consubstantielle à l'esprit pharisaïque, quelque chose de psychologiquement suspect.

Tétanisé, comme on s'en doute, par l'écrasante supériorité intellectuelle de ses augustes insulteurs dont le radieux visage rayonne de génie (ils se reconnaîtront s'ils nous lisent), votre serviteur honteux ne fût pas revenu sur cette minuscule affaire si ceux de son propre camp stupidement nommé « Résistance », n'en étaient venus récemment à faire des risettes aux Cathares quérulents, surnaturalistes et théocrates, de l'intégrisme catholique. Si donc il est ici question de sédévacantisme, c'est par seule référence aux turbulences croissantes qui se sont mises à agiter les membres de ce que nous préférons nommer « La Fidélité ».

Quant au ton que nous adoptons, le lecteur comprendra qu'il est des choses dont il faut rire ou sourire plutôt que de les prendre au sérieux, afin de contourner le danger des pulsions de méchanceté que peut susciter la bêtise agressive et satisfaite chez ceux qui en sont les victimes. La charité n'exclut ni la lucidité ni la justice, ni ce devoir de conservation de l'estime de soi sans lequel aucune véritable humilité — corollaire obligé de la charité — n'est possible. L'effronterie des médiocres n'indigne pas à proprement parler, mais elle agace et trouble la bonhommie de leurs victimes. Aussi arrive-t-il qu'il faille, pour répondre aux critiques, user du ton que les détracteurs ont choisi d'adopter pour vous parler, ou plutôt pour parler de vous ; il convient de procéder ainsi à seule fin de se faire entendre d'eux et surtout de ceux auxquels ils s'adressent en bavant sur votre compte. Il est des personnes aussi présomptueuses que niaises, incapables de voir dans la courtoisie autre chose qu'une manifestation de faiblesse, qui se croient tenues de vous insulter pour s'affirmer, d'étaler une insolence ostensible pour compenser leur inconsistance dont par là elles font preuve, et avec lesquelles on est bien obligé, au bout d'un certain temps, de mettre les points sur les « i » dans le seul langage qui leur soit accessible, à savoir le leur. Certes, ce qui est excessif est insignifiant : il est des insulteurs qui ne méritent pas qu'on se fatigue pour les corriger ; mais il faut quand même les empêcher de poursuivre leurs agaceries, à la manière dont on chasse les mouches ou les moustiques, d'autant que leur opposer un silence indifférent, loin de les faire taire, excite leur suffisance et les enhardit dans l'impudence. Par ailleurs, la gent ecclésiastique ayant trop souvent contracté la pénible habitude, dans l'esprit de l'« Action catholique », de traiter les laïques comme les Juifs traitent les Goïm, il n'est pas inopportun, dans le respect de leur éminente dignité, de leur rappeler qu'il est des circonstances où la timide et pusillanime voix des laïques peut mériter d'être entendue.

Le sédévacantisme s'introduit dans la « Fidélité ».

§ **4.** Nous venons de parler de risettes inquiétantes. Voici donc (la mise en italique de certains passages est le fait de notre initiative) les deux autres textes qui causent notre embarras :

A) *Commentaire Eleison* **du 6 janvier 2024 (« Mgr Viganò est-il sédévacantiste ? ») n° DCCCLX, par Mgr Williamson ;**

« Nous étudierons dans huit jours ce message d'un vrai homme d'Église, ardent pour Dieu et sage.

1. Le 9 décembre dernier, Mgr Viganò a donné encore *une de ses formidables conférences*, se demandant si le pape Bergoglio est vraiment pape. Le problème est bien connu des catholiques : au cours des dix dernières années, l'autorité catholique a été transformée en autoritarisme arrogant, le sacerdoce de Dieu en cléricalisme humain, et la vérité révélée par Dieu en révolution permanente et chaos.

2. Quant aux autorités ecclésiastiques qui se trouvent sous le pape pour l'aider à protéger cette vérité, soit elles sont ses complices, soit elles ont tellement peur de lui que les quelques voix dissidentes n'osent pas tirer les conclusions qui s'imposent, principalement parce qu'elles idolâtrent Vatican II.

On peut critiquer Bergoglio, et être en désaccord avec lui, mais pas avec Vatican II.

Ces hommes de bien ne veulent pas reconnaître que le processus révolutionnaire qui a permis à un personnage comme Bergoglio de devenir évêque puis cardinal, pour finalement *entrer au Conclave et en sortir 'pape'*, est dû au Concile qui est intouchable dans leur esprit. On en conclut que certaines personnes se soucient davantage de la doctrine de la papauté que du salut des âmes. Ces personnes préfèrent être gouvernées *par un pape hérétique et apostat*

plutôt que de reconnaître qu'un hérétique ou un apostat ne peut être chef de l'Église à laquelle, en tant que tel, il n'appartient pas.

3. Aucun docteur de l'Église n'a jamais envisagé le cas *d'un pape aussi apostat que Bergoglio.* Une telle énormité ne pouvait se produire que dans un contexte unique et extraordinaire *comme celui de la persécution finale annoncée par le prophète Daniel et décrite par saint Paul.* Et cette 'puissance d'égarement' (2 Thess. 2, 11) est si efficace, si bien organisée, qu'elle montre clairement une intelligence luciférienne à l'œuvre. C'est pourquoi le 'problème Bergoglio' ne peut être résolu de manière ordinaire : aucune société ne peut survivre à la corruption totale de l'autorité qui la dirige et, à cet égard, l'Église n'est pas différente.

4. Cette 'puissance' ne se résume pas non plus à l'adhésion d'un pape à une hérésie spécifique (ce que Bergoglio a d'ailleurs fait à plusieurs reprises). Il *s'agit en effet d'un personnage envoyé au Conclave avec l'ordre de révolutionner l'Église du haut de la Chaire de Pierre. C'est cette intention malveillante d'abuser de l'autorité et du pouvoir de la papauté, acquis par la tromperie, qui fait de Bergoglio un usurpateur du trône de Pierre.* Nous ne pouvons pas non plus nous comporter comme si nous résolvions une simple question de droit canonique : le Seigneur est outragé, l'Église est humiliée et des âmes sont perdues à cause de la *présence sur le Trône de Pierre d'un usurpateur.* L'attitude invariable de Bergoglio avant, pendant et après son élection constitue une preuve suffisante de son iniquité intrinsèque. *Pouvons-nous donc avoir la certitude morale qu'il est un faux prophète ? Oui.* Sommes-nous donc autorisés en conscience à révoquer notre obéissance à celui qui, se présentant comme pape, agit en réalité comme le sanglier biblique dans la Vigne du Seigneur ? Oui.

5. Cependant, nous ne pouvons pas déclarer officiellement que Bergoglio n'est pas Pape, car nous n'avons pas l'autorité pour ce faire. La terrible impasse dans laquelle nous nous trouvons rend impossible toute solution purement humaine.

Notre tâche ne doit pas être de nous débattre avec des spéculations abstraites de canonistes, mais de résister de toutes nos forces — et avec l'aide de la grâce de Dieu — à l'action explicitement destructrice du Jésuite argentin, en rejetant avec courage et détermination toute collaboration, même indirecte, avec lui ou ses complices.

6. Ne nous faisons pas d'illusions : ceux qui persistent à lire la situation actuelle avec des yeux humains s'exposent non seulement eux-mêmes, mais l'humanité tout entière, à la poursuite et à l'aggravation de cette situation : car notre combat n'est pas contre des créatures de chair et de sang, mais contre les principautés et les puissances, contre les dominateurs de ce monde de ténèbres, contre les esprits mauvais qui habitent les régions célestes. (Eph. 6, 12). Kyrie eleison ».

B) « Kyrie eleison » du 14 janvier 2024, par Mgr Williamson.

« L'Église Catholique est l'unique et seul lieu
Où l'âme doit chercher l'Autorité de Dieu.

Depuis que Mgr Viganò, ancien numéro quatre de la Secrétairerie d'État, a rejeté le Concile Vatican II avec toutes ses pompes et toutes ses œuvres, certaines de ses observations au sujet du pape Bergoglio ont été si mordantes que de nombreux catholiques se sont demandé si l'archevêque le considère toujours comme pape. N'aurait-il pas rejoint les rangs des 'sédévacantistes', c'est-à-dire de ces catholiques qui considèrent que le siège de Pierre est vacant depuis que ce maudit Concile a causé tant de dégâts à l'Église catholique ? Car comment est-il possible que de vrais papes aient présidé ce Concile et ses suites ?

Le problème est angoissant, car par ce Concile, l'Autorité catholique s'est séparée de la Vérité catholique, obligeant les catholiques, incapables de suivre les deux, à abandonner l'une ou l'autre, en tout ou partie. Soit les catholiques se sont accrochés à la Vérité et ont 'désobéi' plus ou moins à ce qui semblait être l'Autorité catholique ; soit ils se sont accrochés à une 'Autorité' falsifiée et ont dès lors été plus ou moins infidèles à la Vérité immuable. Quant à Mgr Viganò, pendant des dizaines d'années après le Concile (1962–1965), il a été fidèle à ses collègues et camarades des plus hauts rangs de l'Autorité ecclésiastique, parce que, de son propre aveu, il « ne pouvait pas croire qu'ils avaient l'intention de détruire l'Église. » Mais en 2018, confronté à une corruption inouïe aux États-Unis d'Amérique où il avait été nonce apostolique, ainsi qu'à la Curie au Vatican, il a été contraint de chercher la cause proportionnée, et il l'a trouvée dans le Concile. De là, il a repéré en particulier cette cause dans l'actuel pape conciliaire, le 'jésuite argentin', comme il l'appelle, au sujet duquel il a fait des remarques si cinglantes que de nombreux observateurs, je le répète, ont été amenés à se demander si l'archevêque croyait encore que Bergoglio fût pape. Voyons maintenant ce qu'il a dit le 9 décembre.

Vous trouverez dans les 'Commentaires' de la semaine dernière un résumé de ce qu'il a dit (n° 860 du 6 janvier, résumé en six paragraphes auxquels correspondent les numéros suivants en gras). Mieux encore, cherchez sur Internet l'intégralité de ses propos originaux, accessibles en français à https : //www.medias-presse.info/09-decembre-2023-conference-de-mgr-carlo-maria-vigano-le-pape-est-il catholique/183916/

1. Au cours des 10 dernières années, l'Église catholique a été livrée à la révolution et au chaos.

2. Les cardinaux et les évêques devraient s'y opposer, mais ils sont trop conciliaires pour le faire.

3. *La 'puissance d'erreur' prédite pour la fin du monde explique seule la paralysie de l'autorité de l'Église.*

4. *Bergoglio est un usurpateur sur le trône de Pierre et un faux prophète* : nous n'avons pas à lui obéir.

5. Nous n'avons aucune autorité officielle pour dire qu'il n'est pas Pape : il n'y a pas de solution humaine.

6. Notre lutte n'est pas non plus une simple lutte humaine. Le penser, c'est s'exposer aux pires problèmes.

Il s'agit du squelette de la riche argumentation de Mgr Viganò : consultez l'original pour le laisser parler lui-même. Mais il suffit d'indiquer qu'il se tient à l'écart du 'sédévacantisme' pur et simple. Après avoir développé ses arguments contre celui qu'il appelle 'Bergoglio' pendant la plus grande partie de son discours (1–4), juste au moment où il arrive au point culminant où il propose sa propre solution (5), *il aurait pu lui-même partager la conviction de nombreux catholiques sérieux que tel ou tel Pape conciliaire, de Jean XXIII à François inclus, n'a pas été un vrai Pape.* Or cette conviction, même partagée par je ne sais combien de catholiques sérieux, ne pourra jamais constituer une déclaration officielle de l'Église, et toute déclaration de ce genre devra attendre que notre Mère l'Église se soit remise de son actuelle attaque mortelle de modernisme, maladie de l'esprit à peine guérissable.

En attendant, cet arrêt apparent de Mgr Viganò sur la voie du sédévacantisme est très raisonnable, parce qu'il préserve dans l'esprit et le cœur des Catholiques une certaine mesure de respect pour l'autorité catholique qui, autrement, pourrait être complètement mise de côté. Malheur à la Tradition catholique ou à sa 'Résistance' qui perdrait tout respect pour l'Autorité catholique, parce que cette dernière doit revenir et qu'elle reviendra un jour dans sa pleine vigueur, mais avant la fin du monde. Kyrie eleison ».

§ 5. Notre esprit déjà peu doué pour les abstractions et subtilités, de surcroît affligé d'une ignorance crasse et supine, confesse, au vu de ces déclarations, avoir cru comprendre ceci, à savoir que Mgr Viganò et Mgr Williamson s'interdisent de se déclarer sédévacantistes, et de rejoindre le camp des sédévacantistes déclarés, parce qu'aucune solution humaine n'est possible pour résoudre cette crise et que seule l'Église guérie de la maladie moderniste pourra se prononcer sur ce problème ; il reste qu'ils tiennent Bergoglio pour un imposteur privé de toute vraie juridiction, et même que l'on est fondé à considérer, en tant que personne privée, que les occupants du Saint-Siège depuis Jean XXIII sont des antipapes[3]. Ce qui revient à dire — notre misérable intellect sollicite l'indulgence — qu'ils adhèrent à la thèse sédévacantiste, ou encore qu'ils considèrent disposer des éléments de réflexion suffisants pour trancher entre la thèse « mauvais pape mais pape » et celle de l'antipape. Et c'est sur ce point que notre laborieux et grossier entendement a quelque mal à épouser les conclusions de ces dignes personnages.

---

[3] Le 28 juin 2024 (sources : exsurgedomine.it), Mgr Carlo Maria Viganò, archevêque, déclara à Viterbe : « (…) la hiérarchie conciliaire, qui se proclame catholique mais embrasse une foi différente de celle constamment enseignée depuis deux mille ans par l'Église catholique, appartient à une autre entité et ne représente donc pas la véritable Église du Christ ». Puis il fait siens les propos de Mgr Lefebvre datant du 30 mars 1986 : « Mais il est possible que nous soyons obligés de croire que le pape n'est pas pape, car à première vue, il me semble — je ne veux pas encore le dire de manière solennelle et publique — qu'il est impossible qu'un hérétique soit publiquement et formellement pape ». Recevant comme indubitables les paroles de la Vierge à La Salette (« Rome perdra la foi et deviendra le siège de l'Antéchrist »), Mgr Viganò déclare considérer qu'« une secte schismatique m'accuse de schisme », et tenir Bergoglio pour un « usurpateur » dont il tient l'élection pour « douteuse » en raison d'un « vitium consensus » et de violations des normes qui régissent normalement un conclave. Tenant pour valable actuellement l'enseignement de la bulle « Cum ex apostolatus officio » de Paul IV, il considère en dernier ressort que l'élévation, au trône de Pierre, de Bergoglio, est « nulle et non avenue ». La « légitimité du 'pape François' est nulle ou du moins hautement douteuse ». « (…) Bergoglio lui-même ne peut être considéré comme membre de l'Église, en raison de ses multiples hérésies (…) ». Ce qui est évidemment faire profession publique de sédévacantisme en acte.

La raison d'être de la « Fidélité ».

§ 6. 1. Nous n'entendons pas contester l'opportunité de la fondation de la « Fidélité », dite « Résistance ». Depuis les années 2000, les fidèles et les prêtres avaient des raisons de douter de la solidité des engagements des chefs de la FSSPX. Qu'il nous soit permis à ce sujet de procéder à quelques succincts rappels puisés dans le petit livre de Monsieur l'abbé Rioult (*L'impossible réconciliation* », Éditions Sainte Jeanne d'Arc, 2013).

« L'entière Tradition de la foi catholique doit être le critère et le guide de la compréhension des enseignements du Concile Vatican II, **lequel à son tour éclaire — c'est-à-dire approfondit et explicite ultérieurement — certains aspects de la vie et de la doctrine de l'Église, implicitement présents en elle ou non encore formulés conceptuellement** » (Mgr Fellay, *Déclaration doctrinale du 15 avril 2012*) : il s'agissait bien de digérer le contenu de Vatican II. Prenant acte, en 2012, du résultat des ambiguïtés passées — déclarations et actes — dont les décideurs de la FSSPX s'étaient rendus coupables et que, depuis 1998, il s'était efforcé d'interpréter avec bienveillance, Monsieur l'abbé de Cacqueray déclara : « On nous mène en bateau depuis plus de dix ans ». « Accepter le concile ne nous fait pas problème (…) nous en gardons 95%. C'est plus à un esprit que nous nous opposons, à une attitude devant le changement porté comme postulat : tout change dans le monde, donc l'Église doit changer » (Mgr Fellay, périodique valaisan *La Liberté*, 11 mai 2001). Est-ce vraiment tout ce dont ce concile s'est rendu coupable ?

« Nous sommes prêts à écrire avec notre sang le Credo, à signer le serment antimoderniste, la profession de foi de Pie IV ; nous acceptons et faisons nôtres tous les conciles jusqu'à Vatican II, au sujet duquel nous émettons des réserves » (*Lettre aux fidèles* reçue par tous les prêtres de la FSSPX le samedi 24 janvier 2009).

Fondée sur le refus de Vatican II, la FSSPX se mettait à l'accepter.

Après l'échec des discussions doctrinales de juin 2011, la politique catholique du « pas d'accord pratique sans accord doctrinal » est devenue la politique libérale du « pas d'accord doctrinal, donc accord pratique » (Rioult p. 81 o. c.).

« Le pape dit que le concile doit être replacé dans la grande tradition de l'Église, qu'il doit être compris en accord avec elle. Ce sont des déclarations avec lesquelles nous sommes complètement d'accord, entièrement, absolument » (Mgr Fellay, *CNS* 11 mai 2012). « Beaucoup sont ceux qui comprennent le Concile de travers (…). Le Concile présente une liberté religieuse qui est une liberté très, très limitée (…). Après les discussions, nous nous sommes rendu compte que les erreurs que nous croyions comme issues du concile en fait ne sont pas issues de lui mais de la commune interprétation qu'on en a fait de lui » (Mgr Fellay, YouTube, *Traditionalist leader talks about his movement*, Rome). Le mal dans l'Église contemporaine ne viendrait pas du concile, mais de l'usage que certains en ont fait ; c'est le discours des partisans de l'herméneutique de continuité ».

Ces quelques rappels se passent de longs commentaires : la FSSPX dirigée par Mgr Fellay était en passe de rejoindre le sort peu enviable de la Fraternité Saint-Pierre condamnée à obéir à des chefs indignes qu'elle désavoue et dont elle connaît les intentions pernicieuses.

§ 6. 2. Cela dit, que divers comportements, même après la mise à l'écart de Mgr Fellay, des nouveaux responsables supposés rassurants de la FSSPX (représentant majoritaire et structuré de la thèse du « mauvais pape mais pape »), ne laissent pas d'inquiéter l'observateur de bonne foi, cela n'est pas douteux, comme le rappela récemment Monsieur l'abbé Nicolas Pinaud dans le journal *Rivarol* du 26 avril 2023 (n°3563). Il fut en effet reproché à cet ecclésiastique, légitimement scandalisé par la situation critique de 2012-2013 en laquelle les maladresses de Mgr Fellay avaient fait dériver l'œuvre de Mgr Lefebvre, d'être parti trop vite parce que l'ordre aurait été rétabli dans cette honorable institution. Que tout soit rentré dans l'ordre est contesté par l'abbé Pinaud, qui le prouve en rappelant les faits suivants :

Pour l'administration du mariage, la juridiction de l'Ordinaire conciliaire est imposée aux prêtres de la FSSPX depuis 2017. Il en est de même pour les absolutions. Le 6 avril 2023, une cérémonie de consécration des saintes huiles (qui sont la matière obligée du sacrement de confirmation), en Allemagne, fut opérée par Mgr Huonder (récemment décédé : paix à son âme), ordonné prêtre et sacré évêque dans le rite réformé, et ainsi évêque conciliaire dont les sacrements sont douteux parce que l'on ne connaît pas les intentions de l'officiant. Arrivé dans une maison de la Fraternité en 2019 en vue officiellement d'œuvrer pour la Tradition « dans le silence et la prière », il s'y était retiré avec l'accord de François dans le but dissimulé de favoriser une « régularisation » de la FSSPX. Auteur d'une thèse de doctorat en 1975, Mgr Huonder était à l'origine du « dies judaïcus » instauré dans l'Église suisse le deuxième dimanche de carême ; pour ce prélat, la première Alliance n'aurait pas été abrogée par l'Incarnation du Christ. Ancien évêque de Coire, Mgr Huonder continuait, au sein de la FSSPX, à confesser, à enseigner le catéchisme, à faire des conférences et à confirmer. Il célébra les ordinations sacerdotales en 2018 pour le compte de la FSP, et rien ne l'empêchait de le faire dans la FSSPX ; peut-être avait-il déjà été discrètement chargé de le faire. Les jeunes prêtres issus de la FSSPX tiennent désormais pour certain que la messe de Paul VI serait certainement valide et que le nouveau code de droit canon devrait être reçu intégralement. Il est donc difficile de nier que la FSSPX continue à dériver. Confronté aux dénégations de ses responsables, l'observateur, qui plus est le croyant, a du mal à s'empêcher de penser qu'ils sont de mauvaise foi et que, comme en 2012, ils sont en train de préparer un ralliement en douceur, s'alignant de plus en plus sur la FSP.

Au reste, le diagnostic de l'abbé Pinaud est corroboré par les faits suivants : au rebours des méthodes de Mgr Lefebvre, la FSSPX intègre aujourd'hui, sans les réordonner sous condition, un nombre impressionnant de prêtres (des Polonais, des Suisses et des Belges en particulier) formés et ordonnés par les autorités de l'Église conciliaire ; les autorités actuelles de la FSSPX considèrent même que le recours à des réordinations relèverait des actes qui sont de nature schismatique ; ces mêmes autorités, sans vergogne, expulsent ceux des nouveaux venus qui ont obtenu d'être réordonnés sous condition par un évêque traditionaliste non assujetti à la discipline et aux autorités de la FSSPX.

Reste-t-il alors autre chose, en fait de solution permettant de conserver la foi en refusant de pactiser avec le modernisme, que d'embrasser la position sédévacantiste ? Les gesticulations effarantes d'un Bergoglio ne reculant devant aucune audace scandaleuse disposent l'âme meurtrie du fidèle à le faire et, de fait, le sédévacantisme a aujourd'hui le vent en poupe, avec toute la morgue d'un esprit de revanche celant mal sa jubilation mauvaise.

Rappels succincts relatifs aux erreurs de Vatican II.

§ **6. 3.** Qu'il existe des raisons de douter de la légitimité de tels occupants du Saint-Siège n'est pas douteux. Rappelons pour mémoire et très succinctement, en résumant une synthèse jadis rédigée sur la question par Mgr Fellay lui-même (avril 2014, *Lettre aux amis et bienfaiteurs*, n° 82, et article de l'abbé Jean-Michel Gleize, *La Porte latine*, 29 mai 2017), les traits les plus saillants de la révolution de Vatican II.

Il y a d'abord la question de l'Église comme sacrement, signe visible d'une réalité invisible, de sorte que l'Église du Christ « subsisterait dans » l'Église catholique (*Lumen Gentium* 8), au rebours de la doctrine traditionnelle qui les identifie stricto sensu (Pie XII, *Mystici corporis (1943)* et *Humani generis (1950)*). Conséquence : il existerait des éléments salvifiques dans les communautés chrétiennes non catholiques, de sorte que « le Saint-Esprit ne refuse(rait) pas de se servir de ces Églises et communautés comme moyens de salut, dont la force dérive de la plénitude de grâce et de vérité qui a été confiée à l'Église catholique » ; de même (*Nostra Aetate* 2) les religions non chrétiennes apporte(raient) souvent un rayon de la vérité qui illumine tous les hommes ». Cette thèse contredit le « Hors de l'Église point de salut » rappelé dans la *Lettre du Saint-Office du 8 août 1949*, tout comme l'enseignement de *Mortalium animos* (Pie XI 1928) et du *Syllabus* (Pie IX, chap. 3 n° 15 et 18).

Il y a ensuite la question de la collégialité résultant d'une conception démocratique de l'Église, à savoir le problème du « subjectum quoque » de *Lumen Gentium22* : le collège des évêques unis au pape comme à son chef serait lui aussi, en plus du pape seul, le sujet habituel et permanent du pouvoir suprême et ordinaire de juridiction dans l'Église ; cet enseignement s'oppose à celui de *Pastor Aeternus* (Vatican I) et de *Satis cognitum* (Léon XIII) : seul le pape possède de manière habituelle et constante le pouvoir suprême, pouvoir qu'il communique seulement, et dans des circonstances extraordinaires lors des conciles, selon qu'il le juge ou non opportun. Le collège épiscopal — qui, par la consécration épiscopale supposée, contre l'enseignement de Pie XII, conférer les pouvoirs d'ordre et de juridiction, tiendrait son pouvoir directement non du pape mais du Christ (le consentement du pape serait requis seulement pour l'exercice d'un tel pouvoir) —, est devenu le sujet ordinaire et permanent du pouvoir sur toute l'Église, alors que, selon l'enseignement traditionnel, le corps épiscopal n'est que le sujet temporaire et extraordinaire de ce pouvoir qui, en tant qu'épiscopal, est un pouvoir participé, *cum capite* (cause matérielle), mais aussi *sub capite* (cause efficiente) et *ex capite* (cause formelle).

Le « sacerdoce commun » propre aux baptisés (*Lumen Gentium* 10) est certes distingué du sacerdoce ministériel, mais il n'est pas précisé que seul le second s'entend au sens vrai et propre du terme, l'autre s'entendant au sens mystique et spirituel, selon la distinction affirmée par Pie XII dans son discours du 2 novembre 1954.

En troisième lieu est exposée la doctrine d'un faux droit naturel de l'homme, droit à la liberté civile en matière religieuse, contre l'enseignement traditionnel dispensé par Grégoire XVI (*Mirari vos*) et Pie IX (*Quanta cura*). La nouvelle messe, protestantisée, « s'éloigne de manière impressionnante, dans l'ensemble comme dans le détail », de la définition catholique de la messe (cardinaux Ottaviani et Bacci, *Bref examen critique du Novus ordo Missae*) telle qu'elle résulte des enseignements du concile de Trente : la messe devient mémorial et oblitère son caractère de sacrifice, en même temps que le rôle du prêtre est occulté au profit de l'action de la communauté des fidèles afin d'écacher l'expression du but propitiatoire du sacrifice de la messe (expiation et réparation de nos péchés).

Le Nouveau Code de droit canon traduit en langage juridique les nouveautés de Vatican II : double sujet du primat (canon 336), définition fautive du mariage qui éclipse l'objet précis du contrat matrimonial et la vraie hiérarchie qui régit ses finalités ; ancienne alliance non révoquée (§ 121), contre l'enseignement de saint Paul (*Epître aux hébreux* 8, 7-13, *I Thessal.* II 5-16). L'Église, sous ce rapport, non seulement se « protestantise », mais encore se judaïse.

Une nouvelle conception du magistère promeut l'idée d'une Tradition vivante et évolutive favorisée par l'enseignement de *Dei Verbum* 8, développée par Benoît XVI dans son discours du 22 janvier 2005 : la foi de l'Église ne repose plus sur son objet (les vérités crues) mais sur son sujet, sur ce sujet qu'est l'Église entendue comme peuple de Dieu en devenir, de sorte que le contenu de la foi en vient à être déterminé par les personnes croyantes elles-mêmes ; ce qui s'oppose à l'enseignement traditionnel : le magistère est « la règle prochaine et universelle de vérité en matière de foi et de mœurs » (*Humani Generis*, 1950) :

Et alors que ce magistère, en matière de foi et de mœurs, doit être pour tout théologien la règle prochaine et universelle de vérité, puisque le Seigneur Christ lui a confié le dépôt de la foi — les Saintes Ecritures et la divine Tradition — pour le conserver, le défendre et l'interpréter, cependant le devoir qu'ont les fidèles d'éviter aussi les erreurs plus ou moins proches de l'hérésie et pour cela " de conserver les constitutions et les décrets par lesquels le Saint-Siège proscrit et interdit ces opinions qui faussent les esprits ", est parfois aussi ignoré d'eux que s'il n'existait pas. Ce qu'exposent les Encycliques des Pontifes Romains sur le caractère et la constitution de l'Église est, de façon

habituelle et délibérée, négligé par certains dans le but très précis de faire prévaloir une notion vague qu'ils nous disent puisée chez les anciens Pères et surtout chez les Grecs. (…).

Et l'on ne doit pas penser que ce qui est proposé dans les lettres Encycliques n'exige pas de soi l'assentiment, sous le prétexte que les Papes n'y exerceraient pas le pouvoir suprême de leur magistère. C'est bien, en effet, du magistère ordinaire que relève cet enseignement et pour ce magistère vaut aussi la parole : "Qui vous écoute, m'écoute... ", et le plus souvent ce qui est proposé et imposé dans les Encycliques appartient depuis longtemps d'ailleurs à la doctrine catholique. Que si dans leurs Actes, les Souverains Pontifes portent à dessein un jugement sur une question jusqu'alors disputée, il apparaît donc à tous que, conformément à l'esprit et à la volonté de ces mêmes Pontifes, cette question ne peut plus être tenue pour une question libre entre théologiens.

Ces courts rappels suffisent à justifier la formulation de la question de l'autorité des occupants du Saint-Siège depuis 1960.

Un argument sédévacantiste de poids.

§ 7. Cela dit, selon les analyses d'un sédévacantiste érudit (qui au reste n'est plus sédévacantiste), toutes les raisons invoquées par cette école sont à rejeter, sauf une. L'abbé Bernard Lucien (*La Situation actuelle de l'autorité dans l'Église, la thèse de Cassiciacum, Documents de catholicité*, 1985) rappelle en effet ceci : « (…) la question de savoir ce qui se passe dans le cas du pape hérétique n'a pas été tranchée par l'Église, et demeure en fait librement discutée. Il est donc impossible, par cette voie, d'aboutir actuellement à une conclusion qui s'impose en droit à tout catholique, et qui ait donc valeur dans l'Église comme telle » (p. 11). Ce n'est pas le lieu pour discuter l'argumentation de l'abbé Lucien dont nous dirons cependant quelques mots plus bas. Nous retiendrons seulement ici que pour lui « (…) l'intention objective défectueuse prouve l'existence d'une viciosité dans l'esprit qui en est l'origine. Mais cette viciosité peut provenir soit de la volonté mauvaise, soit de la conscience faussée » (p. 59) ; s'il y a schisme dans le premier cas, l'absence de pertinacité fait que le second cas n'est pas producteur de schisme. Et tout recours à l'argument du péché d'hérésie pour établir la vacance se heurte à la difficulté insurmontable du passage de l'objectif au subjectif. Par ailleurs, on ne saurait, explique l'abbé Lucien, se référer à la bulle « Cum ex apostolatus » de Paul IV (1559) pour établir la thèse de cette même vacance. Selon cette bulle, si un pape est tombé dans l'hérésie avant son élection, elle et tous les actes qui ont suivi doivent être tenus pour nuls, quel que soit le temps écoulé et quand bien même tout le monde aurait reconnu ce pontife. Mais d'une part se pose le problème insoluble de la pertinacité qui est invérifiable, d'autre part les dispositions canoniques de la bulle qui ne sont pas reprises dans le Code de droit canon de 1917 sont ipso facto abrogées (confer canon 6 du code). Ce qui demeure de ces dispositions figure dans les canons 188, 4° (perte de l'office ecclésiastique par défection publique de la foi catholique) et 2314 § 1(peines contre les hérétiques) du code. Or l'application du canon 188 4° se heurte à l'impossibilité de prouver le fait du péché formel d'hérésie (pertinacité) ; quant au canon 2314 § 1 établissant l'infamie de droit des hérétiques (schismatiques, apostats) qui donnent leur nom ou adhèrent publiquement à une secte non catholique, force est de constater l'impossibilité d'établir que les occupants conciliaires du Saint-Siège auraient procédé à de telles adhésions ; au reste, la franc-maçonnerie n'est pas visée par ce canon, mais par le canon 2335 ; enfin les dispositions contenues dans la bulle de 1559 ne sont pas présentées comme appartenant au dépôt révélé, et relèvent des seules lois ecclésiastiques ; « valable à perpétuité » signifie seulement : « ne pas être établi pour une durée a priori limitée dans le temps ». On doit aussi se souvenir que le pontife romain n'est pas soumis au droit canon, lequel rassemble les lois ecclésiastiques : « Le Pontife romain est supérieur au droit canon, et pour cela n'importe quel évêque lui est inférieur » (Benoît XIV, constitution « Magnae Nobis » du 29 juin 1748). Si donc un sédévacantiste entend être conséquent (c'est, souvenons-nous-en ici, au discours d'un sédévacantiste que nous avons ici affaire), il ne peut convoquer d'autre argument que celui supposé figurer dans la déclaration *Dignitatis humanae*, qui contiendrait une hérésie formulée dans les termes d'une déclaration infaillible. Nous reviendrons plus bas sur ce dernier point.

Vatican II, concile pastoral, faux magistère.

§ 8. Il est temps pour nous d'exposer, au sujet de la question du pape, notre point de vue, directement inspiré par les travaux (voir en particulier *Le Sel de la Terre* n° 47, 55, 72) du Frère Pierre-Marie (O. P.) d'Avrillé et de l'abbé Calderòn de la FSSPX, dont nous reprenons ici maints propos de manière complètement littérale. Il va de soi que, dans ce contexte de crise de l'Église sans précédent, nous exposons — redisons-le : en « apprenti-théologien » — les choses comme nous les comprenons, sans prétendre à la certitude absolue ; nous n'avons ni les compétences d'un théologien de métier ni mandat particulier pour nous prononcer sur ces sujets, mais on est bien obligé dans ces circonstances de se déterminer par soi-même puisque les chefs et spécialistes en ces domaines exhibent leurs dissensions, s'anathématisent sans scrupule et revendiquent une autorité inconditionnelle sur leurs ouailles désemparées, non sans changer d'avis parfois telles des girouettes — témoin le comportement de Mgr Williamson.

Dans la constitution conciliaire *Lumen Gentium* (c. II, § 12), reprise dans le nouveau code (canon 204), on trouve ceci : « Universitas fidelium, qui unctionem habent a Sancto (confer I *Jo* 2, 20 et 27), in credendo falli nequit, atque hanc suam peculiarem propriÉtatem mediante supernaturali sensu fidei totius populi manifestat, cum 'ab episcopis usque ad extremos laïcos fideles' (confer saint Aug. *De Praed.* Sanct. 14, 27) universalem suum consensum de rebus fidei et morum exhibet ». Soit : « La collectivité des fidèles, ayant l'onction qui vient du Saint, ne peut se tromper dans la foi ; ce don particulier qu'elle possède, elle le manifeste par le moyen du sens surnaturel de foi qui est celui du peuple tout entier, lorsque, 'des évêques jusqu'aux derniers des fidèles laïcs', elle apporte aux vérités concernant la foi et les mœurs un consentement universel ». Ce qui est compris de la manière suivante par les auteurs de ce texte : le Saint-Esprit inspire non pas la hiérarchie de l'Église mais directement l'universalité des croyants, ce qui entraîne un *dialogue* dans lequel cette communauté prend conscience de ce que l'Esprit lui inspire. Le rôle de la hiérarchie n'est plus d'imposer une doctrine aux fidèles mais de promouvoir ce *dialogue* immanent du peuple de Dieu et de l'unifier ; en pratique, il s'agit d'un *dialogue* entre théologiens qui désormais jouent le rôle d'intermédiaires entre le peuple de Dieu qui « sent » (selon son « *sensus fidei* ») sans pouvoir exprimer ce qu'il sent, et la hiérarchie dont la fonction est d'unifier, en le conceptualisant, le sentiment commun. C'est ainsi que Jean-Paul II enseignera, dans *Redemptor hominis* (§ 11) : « Le concile a donné une impulsion fondamentale pour former l'auto-conscience de l'Église ». Si cette auto-conscience était acquise par la structure même de l'Église hiérarchique (et c'est bien ce qui a lieu dans une optique traditionnelle), une telle impulsion serait inutile. Qu'elle soit tenue pour nécessaire signifie que la conscience de soi de l'Église n'est pas dans le pape qui la personnifie de manière vicariante, en lieu et place de NSJC, mais est à élaborer comme conscience de soi d'un Tout résultant de la fusion des consciences des fidèles en une seule, sous la pression du désir individuel de chaque croyant de faire l'unité. On a vu plus haut que la foi, dans l'optique conciliaire, n'est plus définie par son objet (les vérités à croire) mais par son sujet, par ce « sujet-Église » sans cesse évolutif, et ce déplacement de l'objet vers le sujet se transcrit par la position suivante : par son « sensus fidei », le « peuple de Dieu » est directement inspiré par l'Esprit-Saint. De fait, le « peuple de Dieu » ainsi défini est de plus en plus ouvert aux idées modernes issues des « Lumières », à la philosophie des droits de l'homme et aux thèmes de l'humanisme et de la liberté de conscience, d'expression et d'action, à l'esprit individualiste, subjectiviste et libéral. Si ce « peuple de Dieu » est tenu pour directement inspiré par l'Esprit-Saint, force est de convenir que ce par quoi il s'est fait influencer avec complaisance est foncièrement bon. Dès lors, « le concile se propose *avant tout* de juger à cette lumière <de la foi> les valeurs les plus prisées par nos contemporains et de les relier à la source divine, car ces valeurs, dans la mesure où elles procèdent du génie humain, qui est un don de Dieu, sont bonnes ; mais il n'est pas rare que la corruption du cœur humain les détourne de l'ordre requis : c'est pourquoi elles ont besoin d'être purifiées » (*Gaudium et Spes*, § 11).

Ce même message est défini dans les termes suivants : le but du concile est un « but pastoral de renouvellement intérieur de l'Église, de diffusion de l'Évangile dans le monde entier et de *dialogue* avec le monde d'aujourd'hui » (*Presbyterorum ordinis*, n° 12).

Si le « sensus fidei » du peuple de Dieu est infaillible, et s'il est fondement, en droit, de l'enseignement de théologiens qui se contentent de formaliser ces données non réfléchies, senties et non conçues, force est alors de tenir le consensus pour critère de vérité, et en retour de favoriser le consensus, ainsi l'unité œcuménique (mais en un sens nouveau par rapport au sens traditionnel), afin de manifester la vérité. Et c'est à l'apostolat, à l'effort pastoral d'ouverture au monde qu'il appartiendra de réaliser ce consensus. Le but de Vatican II est clair : non plus enseigner avec autorité, c'est-à-dire enseigner authentiquement (« authentia » : autorité) les vérités contenues dans la Révélation orale ou écrite, mais favoriser le dialogue en vue de l'unité, parce que cette unité est faiseuse de vérité, et multiplier les dialogues en ouvrant les portes de l'Église à tous afin de leur montrer qu'ils y sont chez eux et qu'ils y étaient déjà sans le savoir ; ce qui résultera d'un tel dialogue et aura raison de vérité sera évidemment exprimé dans un magistère *libéral* puisque, fondé sur le consensus, le contenu d'un tel magistère sera le fruit d'une mentalité et de pratiques démocratiques. La hiérarchie conciliaire prétend fonder son autorité, ainsi l'authenticité de son magistère, sur la présence du Saint-Esprit dans la communion vitale de l'Église, de sorte que ce n'est plus la vérité dogmatique qui est le fondement de l'unité catholique, c'est au contraire l'unité obtenue par consensus subjectif et historique qui est devenue le fondement de la vérité. Quand le consensus (ou unité) est tenu pour avoir la valeur de la vérité, cette unité sera recherchée pour elle-même comme l'est la vérité, et donc on aura tendance à ranger dans le camp du Bien tout ce qui est susceptible de faire consensus, tout ce qui est majoritairement plébiscité par la masse du peuple. Or il est clair, même pour un théologien conciliaire, que maintes pratiques et idées adoptées par le monde moderne (dont les idées issues des « Lumières ») sont en contradiction avec les principes enseignés depuis vingt siècles par l'Église catholique. Dès lors, afin de ne pas renoncer à leur projet, il ne restera plus aux théologiens conciliaires qu'à adopter le raisonnement suivant : telle pratique est un mal si elle est considérée dans l'absolu, mais elle a le mérite de dispenser l'homme d'avoir recours à un mal plus grand, donc elle doit être reconnue comme un moindre mal, mais, puisqu'elle a la vertu de freiner le mal, c'est qu'elle relève du Bien dès lors qu'elle s'oppose au mal en tant qu'elle le freine ; or tout ce qui relève du Bien procède de Dieu, donc elle peut être tenue pour être inspirée par l'Esprit-Saint.

Applications :

A) Le « préservatif » (« condom ») est un mal puisqu'il s'oppose à la fin naturelle de l'acte charnel, mais il permet de ne pas avoir recours à l'avortement qui est un crime, donc il est au fond un bien pour l'homme d'aujourd'hui placé dans la situation contemporaine de « liberté » des mœurs.

B) Les religions autres que la religion catholique sont mauvaises parce qu'elles s'opposent au catholicisme, mais il vaut mieux avoir une religion (qui maintient l'idée de transcendance) plutôt que de n'en avoir aucune, donc elles peuvent être tenues pour être inspirées par l'Esprit-Saint, même les religions non chrétiennes dont cet Esprit pourrait se servir comme moyen de salut (confer *Unitatis Redintegratio*, ou *Redemptor hominis* qui enseigne que c'est l'Esprit-Saint qui confirmerait le musulman dans sa foi).

C) Parce que l'unité est facteur et critère de vérité, il faut absolument édulcorer les différences entre catholicisme et protestantisme, catholicisme et orthodoxie schismatique, et alors, ayant oblitéré les différences qui sont facteurs de division, il sera tenu pour vrai que ces schismatiques et hérétiques appartiennent d'une certaine façon à l'Église de Dieu, et qu'il est possible d'aplanir les tensions dogmatiques entre ces religions par la culture d'une herméneutique du consensus, tempérée par une herméneutique de la continuité afin d'apaiser les inquiétudes des croyants par trop attachés à la Tradition ; on définira alors le contenu des dogmes catholiques en des termes qui seront tenus pour recevables par les orthodoxes et par les luthériens.

D) Même le scandale de la bénédiction des invertis, rassemblés en paires dans une ignoble parodie du mariage, entre dans cette logique : l'acte contre nature est infâme, il fait partie des péchés qui attirent la colère de Dieu, mais enfin, dit-on, il vaut mieux une union stable relativement fidèle, qui rend possible une certaine forme d'amitié, plutôt que ces pratiques priapiques des invertis livrés aux pires débauches collectives, etc.

Ce qui est tenu pour un mal devient un bien parce qu'il n'est pas le sommet du mal. A ce compte, on peut avaliser n'importe quoi. Et c'est bien ce qui est en train de se produire de manière de plus en plus visible.

Voilà, nous semble-t-il, la logique de Vatican II : dans une perspective de conquête apostolique, il s'agit d'avaler les religions hostiles au catholicisme en s'efforçant à leur montrer qu'elles sont catholiques sans le savoir et qu'elles ne feront qu'aller jusqu'au bout d'elles-mêmes en s'achevant dans le catholicisme ; selon la même logique, on entend avaler les valeurs humanistes devenues dominantes issues de la maçonnerie antichrétienne, les digérer, et montrer que les frères maçons et libéraux de tout poil ne feraient rien d'autre qu'aller jusqu'au bout de leurs convictions en devenant catholiques. Cette stratégie apostolique de la digestion mêlant ruse, séduction et présomption pugnace, mais aussi naïveté confondante, est éminemment coupable, catastrophique et même insane, mais elle ne s'est pas voulue, dans l'esprit de ses promoteurs, opposée au souci de recherche du bien commun de l'Église, à tout le moins de l'idée erronée qu'ils se font de ce bien commun.

§ **9.** Il est clair que toute cette démarche moderniste est fondée sur un sophisme. La vérité est que ce qui est intrinsèquement mauvais ne saurait devenir bon, et que le Saint-Esprit ne saurait souffler dans les fausses religions, puisque toute autre religion que la religion catholique a pour constitutif formel un refus du Saint-Esprit. De plus, le Saint-Esprit souffle dans l'Église catholique mais sans court-circuiter le pouvoir légitime d'enseignement infaillible qui est le privilège de la seule personne du pape, privilège participé par les évêques qui, unis au pape, sont par lui réunis en corps et ne jouissent d'un tel privilège que pour le seul temps qui leur a été imparti par leur chef, par exemple le temps d'un concile. Aussi ce souffle de l'Esprit-Saint n'atteint-il pas directement, sans médiation hiérarchique, le « peuple de Dieu » avec garantie d'infaillibilité dans la croyance de ce dernier.

Il reste que les auteurs de l'esprit conciliaire croient avoir la foi et l'ont peut-être ; ils ne contestent pas les dogmes en tant que tels et traditionnellement définis ; ils revendiquent la paternité du concile de Trente et de Vatican I et ne voient pas de contradiction entre leurs certitudes et celles de l'Église de toujours : la finalité qu'ils se proposent d'atteindre n'est pas de substituer de nouvelles vérités aux anciennes, mais de faire l'unité dans le genre humain. L'Église est faite pour sauver les âmes, et elle a été détournée, par les conciliaires, i.e. les modernistes, de sa vraie fin ; selon eux, la fin de l'Église n'est plus de dévoiler la vérité mais de favoriser la fraternité et la paix en lesquelles, obtenues par relativisation (et non contestation) de la vérité, nos nouveaux théologiens voudront voir autant de victoires de la charité, comme si la charité pouvait se développer contre la vérité dogmatique. Nos nouveaux théologiens en viennent donc à ceci : la vérité reste la vérité et le bien reste le bien, mais, quand elles favorisent l'unité, ces choses qui dans l'absolu doivent être reconnues comme l'erreur et le mal doivent pouvoir être intégrées d'une manière ou d'une autre au corpus de la vérité et du bien.

Si notre explication qui précède est recevable, il est permis de faire observer que *ce qui, avec Vatican II, se présente aux fidèles dans la forme d'un magistère, n'est pas vraiment un magistère, précisément parce qu'il ne prétend pas enseigner, mais seulement viser l'unité du genre humain par un apostolat déconnecté du dogme.*

Il faut distinguer entre vrai magistère (vérité ontologique du magistère, comme lorsque l'on parle d'une vraie moustache ou d'un vrai discours) et magistère vrai (vérité logique du magistère, comme lorsque l'on évoque un discours vrai, adéquat au réel) ; un discours peut être un vrai discours et être un discours faux. Ainsi, un magistère peut avoir les apparences d'un vrai magistère (surtout quand il se veut coercitif) et être un magistère faux. Mais la question de la vérité ou de la fausseté de ce qui n'est même pas un vrai discours ou un vrai magistère ne saurait se poser.

Les sédévacantistes disent que le magistère, quel qu'il soit, est toujours infaillible, et que le magistère moderniste se présente, d'un point de vue formel, comme un vrai magistère (un magistère authentique) mais, constatant que c'est un magistère faux (un magistère contenant des erreurs graves et même des hérésies), ce qui serait impossible s'il s'agissait d'un vrai pape, ils en déduisent que l'auteur de ce magistère est un imposteur.

Il faut leur répondre que ce n'est pas vraiment un magistère, et que donc non seulement il ne saurait prétendre à l'infaillibilité, mais encore qu'il n'oblige nullement en conscience, même si l'auteur d'un tel magistère possède la juridiction, i. e. est vraiment pape ; si c'est un vrai pape, il faut dire que ce magistère, parce que libéral (subjectiviste : c'est le consensus qui créerait la vérité), n'est pas un vrai magistère et que, en vérité, le pape n'a rien enseigné ; en effet, il a dialogué, il a usé de son prestige et de son autorité pour favoriser le consensus, mais non pour enseigner quelque chose. Les sédévacantistes veulent se persuader et persuader leurs contemporains que le magistère conciliaire est un vrai magistère qui, se trouvant être un discours faux, ne peut avoir été produit par un vrai pape, alors que ce qu'ils nomment magistère faux n'a que les apparences d'un magistère. Ils ne donnent l'impression d'être irréfutables que parce qu'ils font admettre ou tiennent pour indubitablement acquis que Vatican II relèverait d'un vrai magistère.

Deux arguments récurrents chez les sédévacantistes impressionnent les fidèles : a) les canonisations d'hérétiques notoires, et b) la promulgation de rites et de mesures disciplinaires qui font perdre la foi. Répondons :

a) Supposé que les canonisations engagent ipso facto l'infaillibilité de l'Église (et il semble bien que les formules utilisées relèvent de la terminologie propre aux déclarations infaillibles), on doit faire observer que l'infaillibilité, supposée liée aux canonisations, est destinée à déclarer « saint » celui qui a manifesté de manière héroïque la pratique des vertus chrétiennes, et il est clair que, selon l'enseignement traditionnel, la pratique des vertus chrétiennes est indissociable du respect des dogmes (l'Esprit-Saint qui est amour et principe d'unité est d'abord Esprit de vérité, de sorte que cet Esprit qui communique les vertus surnaturelles infuses *est* cet Esprit qui inspire le pape promulguant les dogmes ; si maints théologiens ont pu parler de l'infaillibilité des canonisations, c'est parce que, dans leur formalité ultime, elles consistent en un jugement doctrinal, un jugement sur l'orthodoxie de la personne déclarée sainte) ; aujourd'hui, est déclaré saint celui qui fait l'unité autour de sa personne, qui ainsi suscite le consensus par la sympathie dont il est l'objet dans le peuple de Dieu, et qui acquiert par là une réputation de sainteté entendue comme « bonté humaine » en son acception humaniste. Pour qu'il y ait sacrement valide, il faut une matière et une forme ; par analogie, pour qu'il y ait canonisation valide, il doit y avoir une forme (les formules déclaratoires) et une matière (l'exacte conception de la sainteté) ; or les conciliaires ont changé la définition de la sainteté, donc leurs canonisations sont aussi peu valides que peut l'être la prétention à transsubstantier un verre de bière en prononçant les formules valides de la consécration. De surcroît, la canonisation des saints ne concerne pas directement la doctrine (bien qu'elle lui soit liée) mais la piété, alors que la hiérarchie ecclésiastique jouit de l'infaillibilité seulement pour transmettre la vérité ; l'infaillibilité des canonisations n'est en fait qu'une pieuse opinion théologique (confer saint Thomas, *Quodlibet* 9 dernier article). On peut aussi consulter Jean de saint

Thomas (*De auctoritate summi pontificis*, disp. 3 a. 2 n. 8) qui enseigne : « Il faut tenir pour évident qu'il est certainement de foi que le pontife et l'Église ont le pouvoir de canoniser des saints ; mais le fait que l'Église puisse canoniser les saints est bien distinct de celui de ne pas errer dans les canonisations. Le premier point est certainement de foi, pas le second. Comme il est aussi certain que l'Église a le pouvoir de gouvernement et que le pape puisse faire des lois ; mais il n'est pas également certain qu'il ne puisse errer en promulguant les lois ou en jugeant les causes ».

b) Même chose pour la promulgation des rites et les mesures disciplinaires. *Auctorem fidei* (Pie VI, 1794) enseigne de manière infaillible que l'Église ne saurait imposer un rite susceptible de faire perdre la foi ; les sédévacantistes affirment que, le nouvel Ordo faisant perdre la foi ou disposant à la faire perdre, ne saurait avoir été imposé par un vrai pape.

L'enseignement *d'Auctorem fidei* n'est pas, bien sûr, à remettre en question, mais force est d'observer qu'une prescription disciplinaire et liturgique est infaillible quand elle est inspirée par le souci de diffusion du dogme et en général de la vérité, non quand elle se propose d'unifier le genre humain, parce que cette finalité, déconnectée du dogme, consiste à détourner un pouvoir de la fin pour laquelle le charisme d'infaillibilité lui a été conféré ; il est impossible que la hiérarchie catholique, agissant en catholique, c'est-à-dire se proposant d'instaurer des disciplines et d'imposer, dans une législation universelle, des rites impliquant la doctrine catholique, tombe dans l'erreur ; mais, par la constitution conciliaire *Sacrosanctum Concilium* sur la liturgie, ce sont les conférences épiscopales, selon le principe général de la collégialité, qui sont chargées d'adapter les rites aux besoins des génies nationaux et du « sensus fidei » — critère suprême — dont les divers peuples sont supposés être dotés ; le pape n'a donc pas légiféré sur la question des rites, il n'a manifesté aucune intention d'obliger, il a bien plutôt renoncé à exercer son autorité, de sorte que de tels rites ne sont pas couverts par l'infaillibilité. De même qu'un magistère libéral n'est pas un vrai magistère, un acte de promulguer des règles et des rites d'inspiration libérale n'est pas une véritable promulgation. Les conciliaires, qui sont extrêmement autoritaires dans les faits, mais qui sont libéraux en doctrine, peuvent condamner canoniquement les récalcitrants tant qu'ils voudront, ils ne feront pas pour autant acte de réelle autorité : ils sont dans la situation de quelqu'un qui déclare qu'il est interdit d'interdire, ou qui entend prôner un dogmatisme de la tolérance ; ce qui est une contradiction « in actu exercito » qui rend un tel discours proprement inintelligible.

Ce que charrie l'adhésion à la position sédévacantiste.

§ 10. Le vice de l'esprit de Vatican II, c'est, entre autres choses, qu'il rend impossible, en déplaçant la fin normale de l'enseignement magistériel, l'application du critère permettant de trancher à propos de la légitimité de l'occupant du Saint-Siège. Il se peut en fait que les papes conciliaires soient de vrais papes, même le scandaleux François. Il se peut qu'ils aient conservé la vraie foi, qu'ils ne soient pas hérétiques « pertinaces », et qu'ils aient seulement une intelligence complètement erronée de leur foi ; ils ne veulent pas nier le vrai et le bien, ils veulent faire entrer, au titre de vérité partielle et incomplète, l'erreur dans la vérité, et ils veulent faire entrer, au titre de bien incomplet, le mal dans le bien.

C'est ce que les sédévacantistes n'ont pas envisagé, ou bien ce qu'ils ont refusé de prendre en compte, qui s'obstinent, unilatéralement, à saisir dans les enseignements conciliaires autant de vrais enseignements, pour ressasser que ce sont des enseignements faux, et que leur auteur n'a pas la juridiction et l'autorité liées à la charge pontificale. Mais, afin d'établir avec certitude leur conclusion (vacance du Saint-Siège), ils sont contraints de procéder à une extension indéfinie du champ de l'infaillibilité du magistère et de maints actes relatifs à la liturgie et à la discipline.

Résultat :

Il faudrait, puisque la légitimité des papes d'avant Vatican II n'est pas remise en cause, avaliser l'esprit démocratique du

Ralliement, les manœuvres vaticanes à propos des Cristeros, la stratégie de la funeste « Action catholique » interdisant aux laïcs de faire de la politique (pour renverser la Gueuse) en les réduisant à des sous-curés au service des ecclésiastiques faisant de l'apostolat dans la société civile.

Il faudrait avaliser la « doctrine des deux glaives » de « Unam sanctam » de Boniface VIII alors que cette doctrine, qui n'est qu'une partie de la bulle, n'est nullement infaillible et reste très contestable ; la bulle n'est infaillible que dans sa dernière phrase qui ne concerne nullement une telle doctrine datée de nature canonico-politique, ainsi que le rappela Mgr Fessler chargé, par Pie IX, d'apporter aux enseignements de Vatican I relatifs à l'infaillibilité tous les éclaircissements désirables. Les parents ont sur leurs enfants une autorité qui, comme toute autorité, procède de Dieu, mais qui vient de Dieu par la nature humaine et non par l'Église ; parce que l'homme est un animal politique par nature autant qu'il est par nature un animal domestique, l'autorité politique procède de Dieu par la nature humaine et non par l'Église ; les biens surnaturels dispensés par l'Église sont cause finale du Politique mais cela ne fait pas de l'Église la cause efficiente du Politique : autant vaudrait autrement tenir pour illégitime toute autorité politique ayant été exercée antérieurement à l'avènement du Christ. L'autorité du pape sur ses ouailles est moralement directe, mais elle n'est politiquement qu'indirecte. Rendons à César ce qui est à César et au pape ce qui est au pape, étant tenu pour acquis que tout appartient à Dieu.

Il faudrait, dans l'optique des sédévacantistes, en conclure que le catholicisme est un esprit ultra-théocratique, ultra-clérical et ultra-surnaturaliste (envers du naturalisme, aussi faux que ce dernier), ce qui est une caricature de la vraie foi. Au reste, il est frappant de voir combien les sédévacantistes font souvent le grand écart : ils passent de la position sédévacantiste à la position moderniste, brutalement ; « le pape a toujours raison », donc il faudrait tenir pour article de foi tout ce qu'il raconte, ou bien il faudrait en déduire qu'il n'est pas pape aussitôt qu'il se trompe, fût-ce sur un point secondaire de doctrine et de gouvernement.

Et que le sédévacantisme conditionne une conception ultra-cléricale et franchement théocratique de la vie politique interdit logiquement — soit dit en passant — qu'un sectateur de ce point de vue sur l'Église puisse jamais nourrir une quelconque forme de sympathie pour quelque forme de fascisme que ce soit ; est-il seulement besoin de souligner que le fascisme et, de manière générale, tous les organicismes, sont anti-théocratiques ? Ceux qui conjuguent fascisme et sédévacantisme dans leur tête ne relient pas des concepts mais des mots réduits à du « flatus vocis », et ils manifestent, pour cette raison, la nature affective, sentimentale, romantique et irrationnelle de leurs engagements religieux et politiques : on est « extrême » et « radical » à n'importe quel prix, pour se donner une contenance d'opposant héroïque et implacable, en faisant litière de toute cohérence. Cela dit, on doit reconnaître qu'en général les ténors du sédévacantisme ne se veulent pas fascistes.

En vérité, le magistère n'est infaillible (confer *Satis cognitum* de Léon XIII) que s'il propose à croire quelque chose qui relève de la foi et des mœurs *et qui se présente comme fondé sur la révélation orale ou écrite* ; ce qui n'est aucunement vérifié par Vatican II et le magistère qui lui a succédé ; et un tel constat vaut même pour « Dignitatis humanae », qui prétend certes que la liberté de conscience a ses racines (« radices habet ») dans la Révélation, mais qui, deux lignes plus loin, déclare le contraire : « (…) cette doctrine de la liberté <i. e. le droit de l'homme à la liberté religieuse fondé sur la dignité de la personne> a ses racines dans la Révélation divine, ce qui, pour les chrétiens, est un titre de plus à lui être saintement fidèles. En effet, **bien que la révélation n'affirme pas explicitement le droit à l'immunité de toute contrainte extérieure dans le domaine religieux**, elle découvre dans toute son ampleur la dignité de la personne humaine, elle montre en quel respect le Christ a tenu la liberté de l'homme dans l'accomplissement de son devoir de croire à la parole de Dieu, et elle nous enseigne de quel esprit doivent se pénétrer dans leur action les disciples d'un tel Maître ». Soit : le christianisme a promu la dignité de la personne humaine parce que cette dernière est « imago Dei » (thèse vraie) ; or cette dignité enveloppe l'exigence du droit à la liberté religieuse (thèse fausse, parce que ce qui ne répond pas aux normes objectives du vrai et du bien n'a aucun droit à l'existence, mais peut être au mieux toléré pour des raisons de prudence) ; donc le christianisme promeut la liberté religieuse (conclusion évidemment fausse), bien que ce droit au non-empêchement de pratiquer n'importe quelle religion (alors que, en vérité, toutes sont fausses excepté le catholicisme) ne figure pas dans le donné révélé. Il est clair que la mineure du syllogisme est fausse, qui cependant ne prétend pas être fondée sur la Révélation. Le raisonnement est sophistique, mais il ne prend pas directement le contre-pied d'une vérité révélée.

Il y a eu, il y a encore probablement des sédévacantistes honnêtes, savants et de bonne volonté. Mais, à notre connaissance, ils ne sont pas, semble-t-il, la majorité. Ce qui suit se contente d'user, pour se faire comprendre d'eux, d'une franchise non édulcorée par de charitables euphémismes, puisque les insolences imbéciles qu'ils ont cru bon de proférer contre votre serviteur révélèrent clairement que toute délicatesse exercée à leur endroit serait interprétée par eux comme un manque d'assurance et de détermination. Dans tous les milieux — politiques ou religieux — qui font se regrouper des personnes injustement bannies par l'iniquité d'une majorité détentrice de la force et des honneurs, naissent inévitablement des aigreurs, des révoltes, des pulsions violentes d'indignation qui se manifestent par des paroles non toujours mesurées, par des actions qu'inspire le désespoir, et cela est humain, quasiment inévitable ; il y a beaucoup de caractériels à la droite de la Droite. On est cependant en droit d'attendre, à l'intérieur de ces mêmes milieux, une certaine solidarité, quelque réelles que soient les différences les opposant, entre les individus ayant en commun de subir le despotisme du même ennemi. Le problème est qu'il n'en est rien, et que ceux qui y ont acquis une position d'influence, quelque faible, modeste et précaire qu'elle soit, réservent leurs flèches et leur animosité fielleuse pour ceux qui sont proches d'eux sans consentir à leur être soumis inconditionnellement ; cela prouve que le souci de vérité et le désir de victoire de leurs idées supposées valoir pour elles-mêmes ne les anime pas autant que le désir d'être les premiers, ramenant à eux le combat qu'ils disent mener, faisant de ce dernier l'instrument de la gloire que la société se refuse à leur distribuer. Les caractères psychologiques qui suivent ont une portée qui dépasse la sphère des adeptes du sédévacantisme, mais ils leur conviennent à eux tout particulièrement.

Considéré du point de vue de l'argumentaire qu'il se donne aujourd'hui, le sédévacantisme, par le poids de juridisme, de cléricalisme et d'esprit théocratique dont il est grevé, est une voie de garage qui affaiblit le combat de la Tradition, qui obscurcit les esprits sous des tonnes de citations mal digérées (on se croit théologien parce que l'on sait lire), qui rassemble les monoïdéistes de tout poil à l'esprit étroit et vindicatif, querelleur, secoué par une agressivité verbeuse de femelles médisantes, patrocinant avec force postillons, grimaces et gestes d'intimidation ; il est aujourd'hui l'égout collecteur de tous les bras cassés sociaux de la Tradition, de tous les ratés en mal de reconnaissance intellectuelle et sociale, de tous les révoltés et frustrés dans leurs prétentions professionnelles ou ecclésiastiques déçues, de tous les mécontents rageurs et contestataires incapables d'obéir et de rester à leur modeste place, qui trouvent en cette posture pseudo-intransigeante le prétexte à faire parler d'eux, à se pousser du col en ergotant sans fin, à sécréter leur bile venimeuse de manière compulsive et à la cracher en la mêlant à de l'eau bénite. Le sédévacantisme est la caution pieuse de leur ressentiment, le prétexte par lequel maints médiocres et obscurs donnent libre cours à leurs pulsions avides de mordre et de tancer en faisant les importants austères. Il est aussi le refuge de celles et ceux qui n'ont pas été capables de faire leur devoir et de tenir leur rang dans les institutions traditionalistes non sectaires dont la discipline leur était un poids intolérable, et qui en appelèrent à une prétendue exigence de rigueur doctrinale pour prendre la tangente, tels des déserteurs voulant se faire passer pour des héros (de la foi) ; ce qui est une manière de s'innocenter de sa trahison doublée du souci de se venger de sa propre lâcheté en faisant payer à ceux que l'on trahit la hideur de sa propre trahison ; ce dernier point explique vraiment beaucoup de cas de « conversion » au sédévacantisme.

Les sédévacantistes en sont aujourd'hui à embrasser une position conclaviste. Ainsi auront-ils « leur » « pape », un illuminé de plus qui rejoindra en trente ans les poubelles de l'Histoire.

Dès le début de la vie de l'Église, les membres du clergé de Rome chargés d'élire l'évêque de Rome — c'est-à-dire le pape —, portaient le nom de cardinal. On doit disposer de cette juridiction ordinaire que confère le cardinalat pour avoir le pouvoir d'élire, et cette juridiction suppose l'existence jusqu'à la fin des temps de la hiérarchie ecclésiastique ; s'il n'y a plus ni papes ni cardinaux, l'Église se voit privée de la possibilité de se donner un pape, or c'est le pape qui donne à l'Église sa hiérarchie, ainsi son unité, et par là son être même. S'l'on est sédévacantiste en acte, c'en est fait, semble-t-il, de l'indéfectibilité de l'Église.

Chaque fois qu'elle s'est voulue être plus qu'une opinion, l'entreprise sédévacantiste, en dehors de son rôle providentiel d'aiguillon enjoignant aux lefebvristes de préciser leurs positions et d'affiner leur argumentation, n'a jamais rien fait d'autre que d'affaiblir la Tradition catholique en suscitant le doute et la zizanie, en éloignant les fidèles des sacrements dispensés par la FSSPX, en leur faisant parfois perdre la foi, ou bien en les rejetant par réaction désespérée vers les plages minées du modernisme au nom d'une fausse conception de l'obéissance. Il est remarquable de constater qu'un sédévacantiste aura toujours pour un conciliaire plus de compréhension et d'indulgence que pour un non conciliaire non sédévacantiste auquel il réserve toutes ses piques empoisonnées ; tout se passe comme s'ils voulaient se venger sur les hommes libres de leur pathologie d'obéissance servile inconditionnelle en exhibant une raideur intégriste pour celer leur faiblesse psychologique infantilisante. Le sédévacantisme en acte a été réfuté depuis longtemps, mais ses sectateurs s'obstinent à relancer indéfiniment le débat par refus d'avoir tort, et ils le relancent en s'efforçant à imposer, par coup de force rhétorique, leurs prémisses, qui tiennent essentiellement dans le refus de distinguer entre vrai magistère et magistère vrai.

Difficultés des positions sédévacantistes.

§ **11.** Le sédévacantisme en acte est une voie de garage, pour deux raisons. D'abord, il se trompe sur les intentions des auteurs de Vatican II ; ces derniers n'entendent pas changer le dogme catholique, ils aspirent à édulcorer la formulation des dogmes et règles disciplinaires afin de favoriser l'unité au nom de ce qu'ils croient être la charité, et au détriment de la vérité. C'est là une chose déjà fort coupable, pour la raison que Vatican II en vient à changer le contenu objectif des dogmes à force de prétendre en renouveler la formulation, de sorte que ses ambiguïtés deviennent des hérésies si les formules de ses rédacteurs sont prises dans leur sens obvie, cependant que, afin de ne pas trahir de manière absolument certaine la vérité catholique, ils se débrouillent pour rendre possible, par ces ambiguïtés mêmes savamment calculées, une lecture de leurs productions qui peut être conforme à la Tradition, moyennant évidemment une jonglerie périlleuse et beaucoup de sueur de méninges. Cette entreprise est fort coupable, tout autant, parce qu'elle peut — mais la chose est invérifiable — favoriser les initiatives véritablement sataniques, quant à elles, d'infiltration du clergé par des hérétiques, des infidèles ou des athées poursuivant le dessein de détruire la foi en changeant les dogmes. Se trompant sur le diagnostic à établir concernant l'espèce d'erreur en laquelle sont tombés les rédacteurs du concile Vatican II, les sédévacantistes se fourvoient dans de fausses solutions qui ne résolvent en apparence un problème qu'en suscitant d'autres problèmes complètement insolubles.

Ensuite, comme conséquence de la première erreur, les sédévacantistes veulent oublier que les portes de l'enfer ne prévaudront pas contre l'Église qui, comme institution dotée de ses structures propres, subsistera jusqu'à la fin des temps ; il y aura, jusqu'à la fin, sinon un pape, au moins une possibilité canonique d'élire un pape ; or si le Saint-Siège est vacant depuis soixante ans, il n'y a plus ni cardinaux ni évêques ni même prêtres dans l'Église conciliaire ; ce qui enjoint aux sédévacantistes d'annoncer la fin des temps pour demain, ou bien de se tourner vers le conclavisme, qui par nature relève de l'hérésie conciliariste. On dira que le sédéprivationnisme inventé par le Père Guérard des Lauriers et soutenu un temps par l'abbé Bernard Lucien (pour qui l'occupant du Saint-Siège n'est plus pape « formaliter » depuis le 7 décembre 1965, date de promulgation de la déclaration *Dignitatis humanae*) échappe à ces conclusions irrecevables et rend compossibles l'affirmation de la vacance et le maintien de la visibilité de l'Église (c'est-à-dire de l'accident propre de son apostolicité). Mais la distinction entre matière et forme (pape « materialiter » ou « formaliter ») convoquée pour fonder ce point de vue, et destinée à sauver la visibilité et l'indéfectibilité de l'Église, est inadéquate : on peut bien dire que cet informe bloc de marbre a la puissance de devenir statue, on peut même affirmer qu'il est la statue en puissance, mais on ne saurait déclarer qu'il est la statue « materialiter », au sens où « être quelque chose 'materialiter' » ajouterait une détermination objective au fait de ne l'être qu'en puissance passive (ce que l'on dit du bloc de marbre) ; telle matière n'est dite matière *de cette statue*, ainsi n'est dite « statue materialiter », que si elle est habitée par la forme de la statue (être statue « materialiter », c'est *être* la statue considérée dans et méthodologiquement réduite à sa dimension matérielle, ce que l'on ne saurait dire du bloc de marbre) :

« Respondeo dicendum quod caro humana est assumptibilis a Verbo secundum ordinem quem habet ad animam rationalem sicut ad propriam formam. Hunc autem ordinem non habet antequam anima rationalis ei adveniat, quia simul dum aliqua materia fit propria alicujus formae, recipit illam formam" (saint Thomas, *Somme théologique*, IIIᵃ qu. 6 a. 4 Resp.) : la chair humaine (du Christ) peut être assumée par le Verbe selon l'ordre qu'elle a à l'âme rationnelle considérée comme sa forme propre. **Mais la matière n'entretient pas un tel ordre à son âme avant que**

l'âme ne lui advienne, parce que c'est en tant que et en même temps qu'elle reçoit sa forme qu'une certaine matière devient la matière propre d'une certaine forme ».

Être pape seulement « materialiter », sans l'être « formaliter », signifie tout simplement n'être pas pape, ne l'être aucunement. Le sédéprivationnisme conduit objectivement au sédévacantisme complet.

Il est aussi, ces précisions apportées, permis de dire à présent quelques mots relativement au principe premier qui soutient la thèse dite de Cassiciacum. L'abbé Lucien rappelle avec clarté (opus cité) le fondement de la doctrine du Corps mystique : selon la sainte Écriture (*Jean* I, 18), le Fils qui est dans le sein du Père demeure dans le Père tout en étant envoyé du Père. Semblablement, l'Église, envoyée par le Christ et participant aux fonctions du Christ, demeure dans le Christ, de sorte que NSJC est avec Son Église jusqu'à la fin du monde. Parce que NSJC est docteur, roi et prêtre, l'Église a trois fonctions : enseigner, gouverner, mener les âmes au salut. Dès lors, il existe une présence agissante du Christ, dans la forme d'un « être (du Christ) avec » l'Autorité, et cet « être avec » est constitutif de la nature propre de l'autorité dans l'Église. L'intention habituelle de procurer le bien commun est le fondement formel de l'autorité dans la Cité politique naturelle ; il est la condition sine qua non de l'autorité surnaturelle, exercée par le pape, dans l'Église. Et ce qui rend possible une telle intention habituelle n'est autre que l'« être avec » ci-dessus évoqué. Si NSJC gouverne Son Corps mystique par Son vicaire terrestre (*Mystici corporis*), si de plus le Christ et Son vicaire ne forment qu'une seule tête (*Unam Sanctam*) ; si l'Église est nommée « Christ » par saint Paul, alors l'Autorité exercée dans l'Église doit avoir et manifester l'intention habituelle d'agir en vue du bien commun. Dès lors, nous dit-on, s'il y a absence d'intention habituelle de procurer le bien commun de l'Église, c'est qu'il y a perte de l'« être avec » et, concomitamment, perte de l'Autorité, ainsi de la juridiction, et avec elle de la papauté en acte.

Or les occupants du Saint-Siège ont, nous explique-t-on, manifestement renoncé, avec et depuis Vatican II, à procurer le bien commun de l'Église puisqu'ils ont favorisé l'hérésie et contredit explicitement l'enseignement traditionnel, dépôt de la foi et trésor (ainsi bien commun) de l'Église ; donc ils ont perdu l'autorité. Répondons.

D'abord, dire que le Christ et Son vicaire ne forment qu'une seule tête n'est pas dire que le pape serait une nouvelle réincarnation du Verbe. Toute autorité procède du Christ, aussi bien l'autorité qui s'exerce dans l'Église que l'autorité qui s'exerce dans l'ordre naturel (jusques aux lois qui régissent l'univers physique) parce que le Christ est Dieu, et que Dieu est créateur ; mais le pape n'est pas créateur et n'a pas autorité sur l'ordre naturel du monde, et c'est pourquoi l'autorité des pères de famille et des chefs d'État ne procède pas du pape ; de plus, le pape est vicaire du Christ, il ne fait qu'une seule tête avec le Christ en ce sens qu'il est le remplaçant ou le tenant lieu du Christ dont il demeure entitativement et fonctionnellement distinct, pour exercer une autorité réduite pour lui à ce qui concerne la vie de l'Église, et elle seule ; et le remplaçant n'est pas doté de l'infaillibilité absolue de Celui qu'il remplace.

En effet, toute la question est de savoir si cet « être avec », à savoir cette présence agissante du Christ dans Son Église dont Il est la tête et dont le pape est le vicaire, le tenant-lieu de la Tête, est une présence qui garantit en toutes circonstances l'infaillibilité de l'enseignement et de l'agir de ce vicaire. A prendre la chose dans la rigueur des termes qui l'expriment, il faudrait en conclure que le pape est infaillible dans tous ses enseignements et d'une parfaite rectitude dans tous ses actes de gouvernement, n'étant dans l'hypothèse, si l'on peut ainsi parler, que le masque terrestre ou le bras, directement agi par Dieu, de NSJC. Force est de se souvenir du cas d'Honorius Ier, pape mort en 638, qui subit l'anathème au concile de Constantinople III dans une décision confirmée par le pape Léon II. Il y a là, sinon hérésie d'un pape, à tout le moins manque de zèle, sous la pression d'un esprit trop conciliant, dans le combat contre l'hérésie, ce qui signifie que l'intention habituelle d'œuvrer pour le bien commun de l'Église peut être présente, et avec elle l'Autorité, nonobstant la position d'actes erronés. Pour ceux qui l'excluent — et tels sont bien les défenseurs zélés de la thèse de Cassiciacum — ce sont le pape Léon II et les Pères du sixième concile œcuménique qui sont dans l'erreur puisque la papolâtrie de nos sédéprivationnistes exclut qu'Honorius ait dévié de la voie droite ; mais confesser cela revient à se contredire « in actu exercito » puisque Léon II n'est pas moins pape qu'Honorius, quand sa condamnation d'Honorius serait supposée injuste. Des remarques analogues pourraient être tenues (confer les propos de Mgr Schneider recueillis par Michel Matt en septembre 2023 sur le site de l'abbé Pagès : *Islam et vérité*) à propos du pape Libère qui, au IVème siècle, signa une formule ambiguë pendant la crise arienne et ne fit rien contre l'excommunication de saint Athanase ; on peut évoquer aussi Jean XXII qui au XIVème siècle répandit une hérésie dans son magistère ordinaire et ses homélies en enseignant que les saints n'accéderaient à la vision béatifique qu'avec le Jugement dernier : un seul cardinal résista (le futur Benoît XII), mais maints laïcs surent résister. On peut toujours rappeler la formule de *Pastor Aeternus* (Vatican I) selon laquelle « le siège suprême est toujours demeuré pur de toute erreur » ; si elle doit être tenue pour vraie en même temps que doit être tenue pour vraie celle de Léon II, on est mis en demeure de reconnaître un sens restrictif à la déclaration de Vatican I : le siège de Pierre n'a jamais enseigné l'hérésie chaque fois qu'il s'est prononcé en engageant son infaillibilité, et c'est une chose dont personne ne disconviendra ; mais cela ne garantit nullement qu'il aurait exercé l'intention habituelle de procurer le bien commun de l'Église sans jamais commettre aucune erreur. En retour, les errances des occupants conciliaires du Saint-Siège peuvent procéder, si tombe le dernier argument recevable des sédévacantistes (à savoir l'erreur de *Dignitatis humanae*), d'une fausse intelligence de leur foi, laquelle n'est pas de soi exclusive d'un souci non éclairé de procurer le bien commun de l'Église ; et un tel souci, certes fort malheureux et dommageable, peut être de nature apostolique, comme nous l'avons suggéré ici plus haut.

Vérité captive du sédévacantisme.

§ **12.** Ce qui complique les choses encore plus, c'est que le sédévacantisme en acte, que nous tenons pour faux et funeste s'il prétend être plus qu'une hypothèse, contient une vérité captive. Nous écrivons « s'il prétend être plus qu'une hypothèse », pour bien signifier que, en tant qu'hypothèse, nous le considérons comme une idée pertinente, même si cette réponse, autant que les autres, souffre de difficultés dont la solution demeure problématique et même fort obscure : la crise de l'Église, effroyable, proprement inouïe, peut être expliquée de diverses façons, et personne ne saurait aujourd'hui en dégager toutes les causes et en expliquer tous les ressorts ; la situation dans laquelle se trouve aujourd'hui l'Église correspond en effet à un état de maladie que ce que l'Église nous a enseigné sur elle-même nous présentait comme quasiment impossible. Il se peut qu'un jour l'Église restituée à elle-même en vienne à déclarer antipapes tous les occupants du Saint-Siège ayant trempé dans le déroulement et l'application de Vatican II. Mais l'Église peut se tirer de cette crise en utilisant — qu'on pense aux modalités de résolution du Grand Schisme lors du concile de Constance, en contradiction avec toutes les règles de droit ayant cours dans l'Église — d'autres moyens que le recours à ce type de diagnostic. A nos yeux, il n'est aucune position, sur ce sujet, qui puisse emporter inconditionnellement l'adhésion, pas plus celle à laquelle nous nous rangeons que les autres, parce que toutes sont porteuses, en même temps que d'une certaine lumière sur la crise, de difficultés pour lesquelles elles n'ont pas de solutions convaincantes à tous égards. Ce qui nous paraît donc erroné, c'est la prétention des sédévacantistes à tenir leur position pour une certitude et non pour une opinion qui, en tant que telle, doit selon nous être retenue au même titre que les autres, même si, jusqu'en son statut d'opinion, elle n'emporte pas notre adhésion, parce qu'il est des opinions plus probables que d'autres.

Venons-en à cette vérité captive dont nous avons annoncé l'exposition, à cette vérité dont la méconnaissance (intentionnelle ?), chez les responsables de la FSSPX, a fait que cette dernière est aujourd'hui agitée par des turbulences « ralliéristes ».

Celui qui conteste le magistère moderniste s'appuie sur son intelligence éclairée par la foi, sur son adhésion à l'enseignement bimillénaire de deux cent soixante papes, contre celui des six papes du concile. Mais on ne voit pas que l'intelligence éclairée par la foi puisse se faire juge du magistère puisque, aussi bien, c'est le magistère qui se présente comme norme prochaine de la foi (confer *Humani generis*), qui s'offre à être reçu comme norme prochaine de la foi même quand il n'est pas doté des notes de l'infaillibilité ; et il est de foi de croire que le magistère est norme prochaine de la foi. Si le magistère (conciliaire) déclare qu'il n'y a pas d'opposition entre son contenu et le magistère passé (et c'est bien ce que déclare Vatican II), le jugement porté sur la compatibilité entre magistère actuel et magistère passé fait lui-même partie du magistère présent, et le croyant doit adhérer à ce dernier, à peine de faire de sa raison la norme de ce qui est en droit la norme de sa propre rectitude. Les sédévacantistes tombent ipso facto dans une pétition de principe : ils doivent juger le magistère moderne pour en déduire qu'il est hérétique et que son auteur ne peut avoir l'autorité, cependant qu'ils doivent tenir pour vacant le siège de Pierre pour être autorisés à juger le magistère.

Or cette pétition de principe est opérée aussi, à un autre niveau, par ceux qui ne sont pas sédévacantistes mais qui n'obéissent pas aux prescriptions de Vatican II (FSSPX et « Fidélité »), et qui déclarent que le magistère de Vatican II n'est pas un vrai magistère ; ils ont raison de le déclarer, mais les auteurs d'un tel magistère entendent pourtant se faire obéir et faire accepter leur enseignement comme un vrai magistère, de sorte que ceux qui désobéissent font eux aussi, à leur manière, de leur raison éclairée par la foi la norme de rectitude de ce qui se présente comme un magistère (en jugeant — selon une sentence matériellement exacte — que le magistère moderne n'est pas un vrai magistère, ils usent de leur intelligence éclairée par la foi pour juger de ce qui se présente à eux comme un vrai magistère, ainsi comme la norme prochaine de la foi) ; ils commettent la même pétition de principe que les sédévacantistes, en se fondant sur l'autorité de l'injonction suivante de saint Paul (Galates I 8-9) : « Mais quand nous-mêmes, quand un ange venu du ciel vous annoncerait un autre Évangile que celui que nous vous avons annoncé, qu'il soit anathème ! Nous l'avons dit précédemment, et je le répète à cette heure, si quelqu'un vous annonce un autre Évangile que celui que vous avez reçu, qu'il soit anathème ! ».

La solution selon nous consiste en la réponse suivante : « les contraires s'identifient dans l'être en puissance, deux jugements contraires s'identifient dans la suspension du jugement ; je ne sais pas si l'occupant du Saint-Siège actuel est pape ou non, je suspends mon jugement mais je tiens pour possible (et non certain) que cet occupant ne soit pas pape (ou soit très mauvais pape mais pape) ; cela me suffit pour être autorisé à juger le magistère et à affirmer son incompatibilité avec l'enseignement traditionnel, sans pour autant tomber dans la pétition de principe ci-dessus évoquée; cela me suffit d'abord pour observer que c'est un faux magistère ».

C'est au reste au nom de cette hypothèse de vacance, mais prise seulement comme hypothèse, qui doit être publiquement prononcée — ce qui, au passage, préserve le fidèle et le prêtre de toute velléité de ralliement aussi longtemps que Vatican II n'est pas abrogé —, qu'il est possible de convoquer le principe de l'épikie en sacrant des évêques sans l'aval du Saint-Siège et sans tomber dans le schisme : puisqu'il se peut qu'il n'y ait pas d'autorité, il est légitime d'agir conformément aux besoins de cette situation qui veut qu'on agisse selon ce qu'il conviendrait de faire si effectivement il y en avait une.

Il nous paraît plus exact et plus honnête de déclarer ce qui vient d'être dit que de s'obstiner à croire et à faire croire que ces sacres d'évêques refusant Vatican II, quoique condamnés par l'autorité romaine, seraient voulus et agréés par cette même autorité dans l'arrière-fond de la conscience de son chef.

D'aucuns, mitrés ou non, ont cru bon de nous rétorquer d'un air au vrai assez fat, et sur un ton sans appel, en exhibant le texte de saint Paul, que notre raisonnement ne valait pas pipette, qui relevait d'une mentalité fidéiste mettant l'autorité au-dessus de la vérité. Il nous paraît au passage assez incongru et même franchement risible de nous attribuer des tendances fidéistes, parce que nous lestons notre thomisme d'une dose non dissimulée de rationalisme, nous contentant d'ailleurs, en cela, de souscrire aux invitations de Pie XII faisant (*Humani generis*) du *principe de raison suffisante*, avec les principes de causalité et de finalité, un principe « inébranlable » de la connaissance humaine.

Nous faisons humblement observer à nos détracteurs pieux que la certitude n'est pas la vérité, même si elles vont ensemble de manière obligée puisque la certitude, modalité de l'assentiment, est l'attachement ferme à la vérité reconnue comme telle. Qu'ils consentent donc à prendre en considération ce qui suit.

Il est certain que, pour obéir à saint Paul, ainsi à Dieu, il est nécessaire de désobéir aux auteurs d'enseignements modernistes ; il est aussi nécessaire, pour obéir à Pie XII, d'obéir aux autorités légitimes dans l'Église. La simple raison suffit pour établir sans conteste que l'enseignement de Vatican II est moderniste. Si l'on ne remet pas en cause la légitimité de l'autorité des auteurs de Vatican II, on est bien tiraillé entre deux devoirs aussi exigeants l'un que l'autre pour une conscience catholique : un pape dont les responsables de la « Fidélité » ne remettent pas — au moins officiellement — la légitimité en cause nous enjoint de lui obéir même quand il n'engage pas son infaillibilité en nous rappelant que le magistère est règle prochaine de la foi et que, à ce titre, ce qui est présenté comme vrai par le magistère doit être tenu pour vrai ; néanmoins l'Apôtre nous invite à désobéir à toute autorité, quelle qu'elle soit, qui trahirait son enseignement.

Contre les objections des sceptiques et des partisans de l'idéalisme subjectif, on doit rappeler que l'évidence est le dernier critère de la certitude et, comme propriété de l'objet, elle est nécessairement objective, de sorte que tout ce qui est évident appelle de soi la certitude exprimée dans un jugement qui devra être tenu pour vrai. Il est, de plus, évident que plusieurs formules contenues dans Vatican II sont modernistes. Mais, s'il est parfaitement exact que toute vraie évidence est une évidence vraie, il existe néanmoins de fausses évidences ; elles peuvent certes être dissipées par la réflexion — « cognoscit intellectus veritatem quod supra seipsum reflectitur », dit saint Thomas (*de Veritate* I 9) —, mais seulement si l'intelligibilité de l'objet à connaître est proportionnée aux pouvoirs naturels de la raison, ce qui peut n'être pas le cas en ce qui concerne le contenu d'un magistère ecclésiastique, parce que ce dernier porte sur des matières qui toujours, plus ou moins, sont liées à des vérités révélées. C'est pourquoi le fidèle est tenu, quand il s'agit de matières liées, directement ou non, au domaine de la foi (et des mœurs), de faire accompagner et mesurer son jugement propre, quelque évident que soit pour lui ce dont il juge, par la garantie de l'autorité de l'Église. Autrement n'importe qui, à tout bout de champ, pourrait en appeler à l'invitation de saint Paul pour contester telle ou telle donnée du magistère. C'est même cette démarche qui a toujours été empruntée par les hérétiques et schismatiques : se séparer de l'Église de Rome en prétendant qu'elle trahissait le message évangélique. Or l'Église, d'une certaine façon, c'est le pape.

En rappelant cela, il nous semble que nous sommes tout simplement fidèles à la déclaration suivante de Pie XII (*Humani generis*), rappelant au reste l'enseignement de Vatican I :

« On ne peut s'étonner, il est vrai, que mésententes en ces domaines et éloignement de la vérité aient toujours sévi, en dehors du bercail du Christ. En effet, si, en principe du moins, la raison humaine est, par sa propre force et à sa seule lumière naturelle, apte à parvenir à la connaissance vraie et certaine d'un Dieu unique et personnel, qui par sa Providence protège et gouverne le monde, et à l'intuition aussi de la loi naturelle inscrite par Dieu en nos âmes, nombreux, pourtant, sont les obstacles qui empêchent cette même raison d'user de sa force native efficacement et avec fruits. Et de fait, les vérités qui concernent Dieu et qui ont rapport aux relations qui existent entre Dieu et les hommes ne transcendent-elles pas absolument l'ordre du sensible ? Et, passées dans le domaine de la vie pratique qu'elles doivent informer, ne commandent-elles pas le don de soi et l'abnégation ? Or, l'intelligence humaine, dans la recherche de si hautes vérités, souffre d'une grave difficulté en raison d'abord de l'impulsion des sens et de l'imagination et en raison aussi des passions vicieuses nées du péché originel. Voilà comment les hommes en sont venus à se pénétrer si facilement eux-mêmes de ce principe que, dans ce domaine, est faux ou pour le moins douteux tout ce qu'ils ne veulent pas être vrai.

C'est pourquoi il faut tenir <nous soulignons> *que la révélation divine est moralement nécessaire pour que tout ce qui n'est pas, de soi, inaccessible à la raison en matière de foi et de mœurs, puisse être, dans l'état actuel du genre humain, connu de tous promptement, avec une certitude ferme et sans mélange d'erreur* ».

Si la Révélation est moralement nécessaire pour garantir la valeur des conclusions de la raison portant sur la foi et les mœurs même dans les domaines qui sont en droit naturellement accessibles à la raison, a fortiori l'autorité de l'Église, gardienne du dogme, est-elle requise pour garantir la valeur d'un jugement portant sur la cohérence de l'enseignement magistériel.

Force est donc, dans le moment où la raison constate invinciblement une contradiction entre deux propositions dotées chacune, au moins en apparence, d'une égale autorité, de remettre en cause, mais seulement sur le mode hypothétique, l'autorité de l'une des deux. **Qu'on nous comprenne bien. Nous ne doutons en aucune façon de la valeur du jugement de simple raison consistant à constater que Vatican II pris dans son sens obvie est en contradiction avec tout le magistère antérieur. Si nous évoquons l'hypothèse de la vacance, c'est** seulement pour prévenir l'objection qui consisterait à nous déclarer que notre jugement doit être soumis à la norme du magistère. **Le magistère nous impose en effet de faire ratifier notre jugement par lui, quand bien même, à propos de ce qui est contenu dans un tel magistère, la certitude rationnelle de ce jugement est acquise ; dès lors, on doit remettre en cause — précisément parce que la certitude de notre jugement est acquise — l'autorité attachée à un tel magistère, si l'on entend se passer d'une telle ratification que, bien évidemment, des modernistes seraient incapables de nous consentir puisque, au lieu de confesser que leur magistère s'oppose à celui de toujours, ils prétendent qu'il y aurait continuité entre leur enseignement et celui de toujours**. Faire ratifier, dans les matières liées à la foi et aux mœurs, la vérité par l'autorité, n'est pas mettre l'autorité au-dessus de la vérité ; la preuve en est que c'est au nom de la vérité que nous remettons en cause l'autorité.

En d'autres termes, nous n'avons nul besoin de quelque autorité que ce soit pour accéder à la certitude au sujet de l'incompatibilité entre l'enseignement traditionnel de l'Église et le concile Vatican II. Mais nous savons que dans les matières qui touchent à la foi et aux mœurs l'Église demande que soient ratifiées par son autorité même les vérités qui peuvent être appréhendées par la simple raison. Or la question d'une compatibilité entre magistère passé et magistère présent, accessible à la raison, s'est vu offrir une réponse par le magistère moderne (et moderniste) et, de ce fait, faisant elle-même partie du magistère, elle est une question soumise à l'autorité de ce magistère, ainsi une question dont la réponse de simple raison appelle une ratification par l'autorité, cependant qu'il est impossible de faire ratifier ou invalider par le magistère de l'Église actuelle le jugement certain auquel nous parvenons par notre simple raison, précisément parce que son jugement, sur cette question, nous paraît erroné : on ne voit pas que les auteurs d'un magistère erroné puissent ratifier magistériellement un jugement de simple raison dénonçant leur erreur, comme on ne voit pas qu'il soit possible sans contradiction d'accepter la condamnation, par ceux dont on dénonce l'erreur, du jugement par lequel on la dénonce. Par conséquent, afin de ne pas nous soustraire à la règle de ratification par le magistère d'un jugement de simple raison, nous sommes en demeure de remettre en cause — mais sans trancher — l'authenticité du magistère actuel et, avec elle, la légitimité du dépositaire de l'autorité. Si le magistère est bien norme prochaine de la foi, c'est lui — qu'on nous pardonne cette lapalissade — qui est norme de la foi, non la simple raison, fût-elle éclairée par la foi. La foi a plus d'autorité que la raison et elle est plus certaine que les données de la raison ; si le magistère est norme prochaine de la foi, il a plus d'autorité que la raison. L'autorité du magistère étant plus grande que l'autorité de l'intelligence de la foi, elle est plus grande que celle du « sensus fidei » des fidèles, lequel n'est pas doté du « munus docendi », mais est seulement consulté, ponctuellement, par l'autorité qui entend, peu avant la promulgation d'un dogme, s'assurer que ce qu'elle va enseigner a toujours été cru. Et puisque le jugement du magistère porté sur l'homogénéité du magistère passé et du magistère présent fait partie du magistère, alors la raison doit normalement s'incliner devant l'affirmation du magistère selon laquelle il n'y a pas de contradiction entre Vatican I et Vatican II. Et si la raison a — ce qui bien entendu est le cas — des raisons de ne pas s'incliner, elle ne peut remettre le magistère en cause qu'en remettant en cause l'autorité du magistère, ce qui revient à nier qu'il s'agisse d'un vrai magistère, et cela même revient à douter — à douter sans trancher — de la réalité de l'autorité qui le promulgue. On notera que nous n'entendons nullement signifier, à la manière des sédévacantistes, que ce qui est règle prochaine de la foi ne peut pas ne pas être infaillible, ou que, l'assistance du Saint-Esprit étant promise à l'auteur du magistère, supposer qu'un magistère puisse errer reviendrait à prétendre que l'Esprit-Saint est menteur : que le pape jouisse de l'assistance du Saint-Esprit ne signifie pas que le Saint-Esprit parlerait dans toutes les paroles du pape ; cette infaillibilité n'est assurée que moyennant les modalités bien déterminées, elles-mêmes définies par le magistère, d'infaillibilité du magistère.

La raison inavouée du refus de notre position sur cette question est triple. D'une part « on » a peur d'être pris pour un sédévacantiste, alors que la « Fidélité » a été fondée pour définir une voie étroite entre ralliement et sédévacantisme. D'autre part « on » entend se ménager une possibilité d'arrangement canonique discret avec cette Rome objectivement apostate qui ne craint pas de corrompre la vérité par souci d'efficacité apostolique ; et l'on sait que remettre en cause, même sur le mode hypothétique, la légitimité des occupants modernistes du Saint-Siège, exclut tout arrangement et toute négociation. Il y a une troisième raison plus élémentaire, qui compte beaucoup pour ceux qui se veulent dépositaires de l'héritage lefebvriste et qui tiennent jalousement à le sauver de l'emprise de la néo-Fraternité SSPX qui le trahit, c'est que jamais Mgr Lefebvre n'a évoqué cette position qui est nôtre. Mais ce n'est pas là une raison suffisante pour la repousser sans examen. Une quatrième raison pourrait être évoquée mais qui est encore moins avouable, à savoir que la gent ecclésiastique n'aime pas que la piétaille laïque ose avoir, sur la crise de l'Église, un avis qu'elle n'aurait pas reçu de l'autorité des clercs.

La « Fidélité » sans le secours de la vérité captive du sédévacantisme.

§ **13.** Si l'on méconnaît cette vérité captive (nécessité de faire l'hypothèse de la vacance, non exclusive de l'hypothèse opposée), on est condamné à subir les mouvements d'un balancier opérant entre la séduction ralliériste et la séduction sédévacantiste. Et c'est bien ce qui se produit aujourd'hui — nous nous dispenserons de livrer ici des noms — dans le milieu dit de la « Fidélité » qui, pourtant conçue pour résister aux sirènes ralléristes trop écoutées par la néo-Fraternité Saint-Pie-X, ressemble de plus en plus à une pétaudière dont les membres finiront, si ses dissensions intestines se poursuivent, par rejoindre pour les uns la néo-Fraternité ralliériste, pour les autres l'un des gourous de la secte sédévacantiste.

Et c'est bien en contraignant les fidèles à être piégés par un tel dilemme que les modernistes entendent en finir avec la Tradition catholique. Les sédévacantistes n'inquiètent pas les modernistes qui savent cette position intenable ; la néo-Fraternité SSPX les inquiète de moins en moins puisque le processus de sa dissolution dans l'Église conciliaire est déjà, semble-t-il, assez bien engagé. Il ne reste que la position de la « Fidélité » pour les inquiéter vraiment, position à laquelle se rendront maints ecclésiastiques et fidèles demeurés dans la FSSPX quand viendra un temps où la trahison de l'héritage de Mgr Lefebvre sera devenue évidente à tous ; et c'est à ce moment que la « Fidélité » deviendra dangereuse pour les ténors du modernisme. Quand nous évoquons la néo-Fraternité ralliériste, la formule ne relève pas de la pure rhétorique ; Mgr Schneider (opus cité) rappelle que la FSSPX actuelle « est en partie approuvée par le Saint-Siège, grâce aux concessions que le Saint-Père leur <aux responsables> a accordées ». Qui croira que cette approbation fut accordée sans contrepartie ? De plus, le seul fait de reconnaître la validité de cette approbation romaine revient à exclure que l'occupant du Saint-Siège soit privé de l'autorité, et l'on se place par là, volens nolens, dans la droite logique de la FSP et des cercles ex-« Ecclesia Dei ».

Les déclarations récentes de Mgr Viganò, expressives de positions servilement adoptées par Monseigneur Williamson pourtant longtemps hostile au sédévacantisme, ne laissent pas de plonger l'observateur de bon sens dans une perplexité certaine. Mgr Viganò laissa longtemps entendre que son sédévacantisme ne concernait que François considéré comme usurpateur du trône de Benoît XVI. Il semble plutôt que Mgr Viganò en soit désormais venu à embrasser le sédévacantisme élargi à tous les occupants du Saint-Siège depuis Jean XXIII inclus. Cela dit, on l'a vu, nos compères ne se disent ni ne se veulent sédévacantistes ; ils repoussent ce qualificatif en enseignant que, si certes le trône de Pierre est vacant depuis 1958, on ne saurait le déclarer publiquement parce que nous ne jouissons d'aucune solution humaine pour résoudre ce problème, le rétablissement de l'ordre ne pouvant venir que du Ciel par des moyens inconcevables et inopérables par les hommes.

Il nous semble que déclarer le trône de Pierre vacant depuis 1958, c'est être sédévacantiste en acte. Et nous venons de développer succinctement notre pensée sur cette question. Aussi ne pouvons-nous que regretter que la « Fidélité » soit objectivement trahie par celui qui l'avait fondée ; la chose, au reste, n'est pas étonnante quand on sait le caractère peu équilibré, tristement fantaisiste de ce grand échalas mitré, intellectuellement fragile, obstiné dans ses dilections irrationnelles de nature « apparitionniste » ; ce vieux lion trémulant s'est révélé celer une âme d'adolescent fantasque bercé par des émois de midinette. Si ce que nous avons appelé plus haut « vérité captive », dédaigneusement repoussé par notre évêque anglais par ailleurs sentimentalement et obstinément attaché, par caprice sénile, à mille coquecigrues (Maria Valtorta, Garabandal, Barthélémy Holzhäuser, pérennité de l'élection des Juifs après la crucifixion, etc.) avait été adopté plus tôt, il est peu probable que Mgr Williamson se fût jamais laissé séduire par le sédévacantisme. Cette destruction d'une voie se mettant à distance tant du « ralliérisme » que du sédévacantisme — autant de positions selon nous difficilement tenables — est une victoire supplémentaire de la Subversion. Mgr Williamson a eu le mérite d'ouvrir une telle voie ; il n'avait pas — nous nous contentons ici, et chaque fois que nous l'évoquons, de dire tout haut ce que tout le monde, dans son entourage proche ou moins proche, pense tout bas — la carrure requise pour diriger ceux qu'il entendait mener sur cette voie ; il ne peut, par ses initiatives actuelles, que contribuer à la faire capoter ; pour lui-même et pour nous, il serait bon qu'il se fît oublier sans retour. Votre serviteur se souvient de l'époque ou Mgr Williamson lui reprochait, en prenant connaissance, fort agacé, de notre position sur la question de l'autorité, d'être sédévacantiste… Les choses ont bien changé pour lui ; elles n'ont pas changé pour nous. Il est des circonstances où dire les choses crûment devient inévitable. Les abus d'autorité des clercs — dont leur manie de nous imposer les lubies de leurs dévotions personnelles — ont des conséquences pénibles, voire parfois tragiques, dont il faut espérer, pour leur salut, qu'ils ne les mesurent pas.

Notons encore que l'argument est fallacieux, qui consiste à dire que, aussi longtemps que la vacance du Saint-Siège n'est pas établie avec certitude, on devrait prudentiellement reconnaître la légitimité du pape régnant : le tenir pour légitime, exclure la voie moyenne, c'est adopter une position de rallié ; si le pape est tenu pour pape, il faut lui obéir puisque, aussi bien, désobéir suppose de critiquer le magistère ; or critiquer le magistère en faisant de son intelligence éclairée par la foi la norme de rectitude du magistère n'est recevable que si le magistère est désigné comme un faux magistère (qui entend pourtant s'imposer au titre de vrai magistère), ce qui présuppose la formulation publique d'un doute sur la juridiction de l'auteur d'un tel magistère. La grande majorité des prêtres de la FSSPX et des maisons amies, mais aussi de la « Fidélité », adopte sans le dire notre position : au fond d'eux-mêmes, ils savent qu'ils ne savent pas si les papes conciliaires ont été ou sont effectivement papes ; certains d'entre eux vont jusqu'à être « non una cum », en secret bien sûr. Notre position ne diffère de la leur que sur un point : les raisons de cette expectative, et le fait même de cette dernière, doivent être publiquement rendus publics afin que l'attitude générale de nécessaire désobéissance, embrassée légitimement par eux, soit cohérente.

Si l'indéfectibilité de l'Église suppose — comme nous l'avons rappelé plus haut dans notre § 10 — la juridiction ordinaire habilitant les cardinaux à élire le pape, il semble que l'hypothèse sédévacantiste soit elle-même dénuée de toute pertinence ; c'est alors que l'on pourrait nous reprocher de sombrer dans une contradiction en repoussant le sédévacantisme en acte au nom de la nécessité de cette juridiction, tout en tenant pour nécessaire l'hypothèse de la vacance afin justifier une nécessaire désobéissance au modernisme. Répondons à cette objection.

On peut toujours tenir pour possible, il est vrai, que la Providence parvienne à garantir la pérennité de l'Église par des moyens extraordinaires, voire miraculeux, hors de toute règle canonique, comme lors du concile de Constance où l'on vit des cardinaux nommés par des antipapes élire validement un vrai pape selon le principe « Ecclesia supplet ». Nous avons connu selon cette perspective un ecclésiastique furieusement sédévacantiste amateur de « théologie-fiction » qui tenait pour acquis que l'Église serait refondée par Enoch et Elie.

Au vrai, on ne saurait se fonder sur la possibilité du recours à de tels procédés pour légitimer la position sédévacantiste. En effet, on peut certes rêver, imaginer que les cardinaux actuels ou futurs, nommés par des antipapes, finiront par élire un vrai pape, comme à Constance et selon les mêmes expédients. Faire la simple hypothèse du sédévacantisme oblige — nous le concédons — à tenir pour possible une solution de ce type. Cependant, du fait qu'il ne s'agit que d'une hypothèse (à côté de celle du « mauvais pape mais pape ») formulée dans le seul but de prévenir une objection contre la nécessaire décision de désobéir à de mauvais pasteurs (ce qui contraint de juger leur magistère qui pourtant, en droit, est norme prochaine de la foi et de l'intelligence éclairée par la foi), il ne s'agit pas là — à la différence de la situation des sédévacantistes en acte — d'une position qui provoquerait la Providence en lui enjoignant de réaliser un quasi-miracle.

§ **14.** Il est une autre vérité captive dont il faut ici parler ; c'est celle qui concerne ce socle de la stratégie conciliaire qu'est le brandissement du « sensus fidei » infaillible du « peuple de Dieu ». Si cette dernière notion était une nouveauté, une invention, un expédient au service du modernisme, il serait aisé d'en appeler à l'hérésie du pape et des évêques ayant usé et abusé d'une telle notion, et ainsi de déclarer que l'occupant du Saint-Siège, ayant perdu la foi, n'est plus catholique et a perdu ipso facto sa juridiction dès lors qu'on ne saurait demeurer la tête d'un corps auquel on n'appartient plus. Et il est vrai que le concept de

« sensus fidei » ne se trouve ni dans les Ecritures ni dans l'enseignement formel de l'Église avant Vatican II. Mais le problème est que chaque fois, dans l'histoire de l'Église, qu'un pape s'apprêta à définir un dogme, il commença par s'interroger sur le fait suivant : une telle vérité a-t-elle été embrassée par le passé ? Si ce que l'Église se propose de définir mérite de l'être dogmatiquement, c'est qu'il appartient à la Tradition (dont les Écritures ne sont, pour le catholique, que la partie conservée dans une forme écrite), et que, s'il appartient à la Tradition, il procède de l'enseignement des Apôtres et ne peut pas ne pas avoir laissé quelque trace dans la mémoire collective au moins de certains croyants du passé et du présent. On a ainsi toujours reconnu que l'Église, considérée comme tout, ou Corps mystique, est infaillible, et que ses membres ont une onction qui les enseigne. Le « consensus fidelium » fut toujours tenu pour un indice probant chaque fois qu'il s'est agi de déterminer si une doctrine ou une pratique particulière procédait de la foi apostolique ; saint Vincent de Lérins (mort en 445) faisait même, dans son *Commonitorium*, de ce consensus un critère d'orthodoxie : « quod ubique, quod semper, quod ab omnibus creditum est ». Si le « consensus fidelium » n'est pas ce que les conciliaires nomment le « sensus fidei », il reste que l'infaillibilité de l'Église prise comme Corps n'est pas complètement étrangère à cet « instinct de la foi » (« sensus fidei ») supposé habiter les simples croyants au cours des âges. De sorte que les modernistes peuvent exciper de la méthode utilisée par les papes définissant un dogme, pour interpréter cette méthode dans un sens et selon des modalités démocratiques, en édulcorant la distinction réelle entre « Ecclesia docens » et « Ecclesia discens ».

Là encore, il n'y a pas, stricto sensu, création de nouveautés incompatibles avec l'enseignement bimillénaire de l'Église ; les conciliaires jouent sur le fait de l'action réciproque entre Église enseignante et Église enseignée : l'Église enseignante s'enquiert auprès du peuple des fidèles, et dans la considération de sa propre histoire passée, du fait que ce qu'elle se propose de définir dogmatiquement a bien un fondement apostolique, et sous ce rapport elle reçoit plus qu'elle ne donne ; pourtant, c'est elle qui, maîtresse de la définition des dogmes, communique son savoir au peuple des fidèles, auxquels elle l'impose. Mais les théologiens conciliaires, tout affairés à faire digérer par l'Église l'esprit libéral et démocratique de notre temps, ont insisté de manière unilatérale sur le premier aspect, sans toutefois condamner ou trahir explicitement le second. Là encore, il est impossible de prendre les conciliaires en flagrant délit d'hérésie. Au vrai, on peut se demander si les théologiens conciliaires se sont effectivement ouverts aux « valeurs » de la modernité pour obéir au « sensus fidei » de la masse des croyants ; peut-être — c'est là un procès d'intention, mais il n'est pas gratuit quand on sait leurs méthodes pour « noyer le poisson » — ont-ils eu recours à ce thème ambigu du « sensus fidei » pour entreprendre le processus d'intégration à la doctrine catholique des « valeurs » de la modernité, valeurs en dernier ressort — mais de manière non avouée — voulues pour elles-mêmes.

On peut aussi se demander, sous ce rapport, si toute l'entreprise mortifère de Vatican II n'était pas en puissance dans les tournants pris par les papes depuis Léon XIII jusqu'à Pie XII, avec les décisions du Ralliement et du lancement de l'Action catholique. Par ces mesures, de tels papes, probablement bien intentionnés, selon une misérable ruse inspirée par l'esprit de revanche — et afin d'apaiser le ressentiment qu'avait induit en eux la perte récente des États pontificaux —, entendaient se subordonner la praxis démocratique propre à la vie — dont ils étaient les contemporains — de cette Cité politique malade de 89, afin de faire se retourner une telle praxis contre elle-même pour promouvoir l'esprit dogmatique et fort peu démocratique des impératifs de la vraie foi. Ils ne sont parvenus dans les faits qu'à introduire la démocratie dans l'Église, pour son plus grand malheur. Si une telle interrogation, qui se veut dénuée d'insolente provocation, est pertinente, on est en demeure d'en conclure ceci : se soustraire à l'esprit de Vatican II revient logiquement non pas à revenir à l'avant immédiat de Vatican II, mais à cet avant purgé des tendances mauvaises dont il était déjà gravide. Toute contre-révolution féconde est révolutionnaire, qui doit révolutionner le modèle de l'avant de la révolution afin d'exténuer en lui les ferments objectivement révolutionnaires qui l'envenimaient sans qu'il ne le sût.

Pendant longtemps, les papes ont été théocrates, estimant que le Politique devait se réduire à un instrument de la religion, et considérant que leur possession d'États pontificaux les autorisait à jouer le rôle d'arbitres des différends entre les trônes, et même celui de leurs suzerains. Puis vinrent les troubles révolutionnaires inspirés par une bourgeoisie avide de richesses et de pouvoir bien décidée à mettre la main sur les biens de la noblesse et de l'Église. Les décideurs du Vatican — le pape et ses proches conseillers — ont alors choisi de recouvrer leur pouvoir théocratique en épousant la logique de la démocratie érigée sur les ruines des trônes défunts qu'ils avaient en fait bien peu soutenus — par ressentiment à l'égard des anciennes puissances politiques non assez serviles à leurs yeux — pendant la tourmente révolutionnaire. Il en est résulté non une promotion de l'apostolat catholique, mais une déchristianisation tragique des sociétés occidentales. Selon un tour d'esprit analogue à celui qui avait animé l'entreprise du Ralliement, les décideurs du Vatican, après la guerre de 1939-1945, ont choisi la stratégie de Vatican II pour étendre leur pouvoir : d'une part se rendre solidaire des revendications marxistes ou marxisantes d'un Tiers-Monde excédé par sa condition de colonisé, d'autre part et concomitamment épouser les fausses religions pour les ramener au bercail catholique. Ce qui produisit des effets destructeurs analogues à ceux qu'avait engendrés le Ralliement. Dans les deux cas (Ralliement et Vatican II), on a voulu court-circuiter l'ordre naturel — en l'occurrence les exigences immanentes de l'ordre politique — pour promouvoir les bienfaits du surnaturel. Et, ce faisant, on a corrompu les deux ordres.

Réponse à quelques objections.

§ **15.1.** Achevons cette mise au point en faisant mémoire des objections intéressantes qui nous furent courtoisement opposées.

Il nous a été fait observer que nos explications — qui sont dans le sillage, pour l'essentiel, des positions tant de la FSSPX que de la « Fidélité » — relevaient de l'hypothèse invérifiable (on ne saurait pas ce que les occupants du Saint-Siège ont dans la tête, ce qu'ils visent en produisant leurs textes douteux ou hérétiques, on leur impute des buts qui les innocentent), et qu'il ne s'agissait que d'explications a posteriori destinées à justifier une praxis, fondée sur un choix délibéré de désobéir, qui aurait précédé l'argumentation théorique censée justifier une telle désobéissance.

Ce qui nous vient spontanément à l'esprit pour répondre est ceci :

La crise de l'Église est inouïe, on est face à une situation tragique et incompréhensible, qui n'a pas de précédent. Les catholiques fidèles se sont aperçus qu'ils ne pouvaient continuer d'obéir aux autorités romaines s'ils entendaient demeurer catholiques, tout en constatant qu'ils étaient incapables d'expliquer cette situation : on ne peut sans difficulté doctrinale contester l'enseignement — même non garanti par les notes d'infaillibilité — d'un pape puisque cet enseignement doit être tenu pour la règle prochaine de la foi ; et il est éminemment problématique de déclarer qu'il n'est pas pape puisque l'on doit supposer qu'il ne l'est pas pour s'autoriser à juger son enseignement, par suite à déclarer la vacance et même à chercher à l'établir. Au reste, il est de foi de croire que l'Église durera jusqu'à la fin des temps, c'est-à-dire l'Église considérée comme société parfaite, comme institution hiérarchisée ; la visibilité de l'Église est un accident propre de son apostolicité, laquelle est une note qui la définit ; on ne saurait donc suggérer qu'elle pourrait se contenter pour la fin des temps de subsister dans une forme domestique, hors de toute structure. Or le sédévacantisme complet exclut qu'elle subsiste jusqu'à la fin des temps puisqu'il tient pour certain qu'il n'y a plus ni pape, ni évêques valides, et qu'il n'y aura bientôt plus de prêtres. Mais, tout autant, on ne peut lire Vatican II à la lumière de la Tradition, à peine de se torturer les méninges en forçant le sens des mots ; cela est toujours possible et c'est ce à quoi s'emploient les fidèles de la Fraternité Saint-Pierre, mais il est évident qu'ils confèrent aux formules justement incriminées une signification artificielle qui contredit leur sens obvie. Alors tous ces catholiques désobéissent sans être capables d'identifier clairement de manière indubitable les raisons de la crise qu'ils subissent ; ce n'est pas là quelque chose d'injuste et/ou d'illégitime. On doit tout de même convenir qu'il était difficile de déduire, dès les années soixante, quelle était l'unique explication à proposer pour rendre raison de la crise en cours. D'aucuns ont plus tard évoqué, pour fonder leur désobéissance, le survivantisme (Paul VI serait emprisonné dans les caves du Vatican et on lui aurait substitué un sosie). Mais enfin la chose ne venait pas spontanément à l'esprit, pour le moins, et personne n'est jamais parvenu à établir expérimentalement le bien-fondé de cette thèse. Pourtant il fallait bien vivre, se munir d'une explication provisoire à la manière dont Descartes s'était doté d'une morale provisoire avant d'achever sa métaphysique, afin de conjurer les effets dévastateurs du doute pourtant requis par sa recherche de la vérité, bien que la morale soit en droit fondée par la métaphysique. La FSSPX a donc élaboré diverses réponses au cours de son histoire, elle en a récusé certaines, elle a tâtonné ; mais qui n'a pas tâtonné en ce domaine ? On était bien obligé d'élaborer une explication a posteriori destinée à justifier une conduite pratique ; et c'est bien ce que tout le monde a fait, les lefebvristes et les autres. C'est si vrai que les sédévacantistes sont incapables de se mettre d'accord entre eux, s'anathématisent, se rectifient, et que bon nombre d'anciens sédévacantistes sont brutalement devenus conciliaires. Nous ne voyons dès lors aucune malhonnêteté dans le fait de tenir un discours imparfait au début, quand on est pris dans la tourmente de la crise de l'Église, et d'élaborer, avec le temps, à mesure que la signification de la révolution ecclésiale se déployait, un argumentaire de moins en moins imprécis, de plus en plus fondé et sélectif. Les lefebvristes n'ont pas modifié a posteriori une « doctrine » pour la faire coller avec leur comportement pratique, ils ont proposé dans l'urgence une explication de la crise, qui s'est révélée révisable. Notre critique est lui-même passé du lefebvrisme au sédévacantisme, et du sédévacantisme au « survivantisme » ; il a donc tâtonné lui aussi, et personne aujourd'hui ne peut, parmi les traditionalistes, prétendre avoir la clé d'explication définitive de la crise de l'Église. Il se peut que le « survivantisme » soit la vraie réponse, nous ne savons ; elle nous paraît peu probable, mais nous n'excluons aucune réponse a priori, pas plus la réponse sédévacantiste que les autres.

Nous excluons le sédévacantisme *en acte* aujourd'hui, parce que, en l'état actuel des connaissances, celui qui adopte cette position est contraint de procéder, pour se justifier, à une extension indéfinie de la zone d'infaillibilité de l'enseignement du pape, quand cette extension nous obligerait à adopter des positions ultra-cléricales, ultra-surnaturalistes et ultra-théocratiques, c'est-à-dire en leur fond non catholiques. Notre foi catholique nous enjoint de ne pas obéir à des modernistes qui corrompent la foi, mais aussi de justifier notre désobéissance puisque cette même foi nous enjoint normalement d'obéir ; or, pour justifier notre désobéissance par une argumentation à tous égards indubitable, il nous faudrait connaître le dessous des cartes (que s'est-il vraiment passé ? De quels moyens l'Église dispose-t-elle pour se tirer de l'ornière conciliaire ?), qui ne nous est pas accessible ; il nous faudrait trancher dogmatiquement et canoniquement la question du pape hérétique, qui demeure à ce jour indécidée. Nous sommes donc mis en demeure de tenter des explications provisoires, qui sont inspirées tant par les faits nouveaux qui surviennent que par une maturation des arguments précédents. Où est la malhonnêteté ? Nous ne prétendons pas avoir raison en exposant notre position, nous la proposons parce qu'elle nous paraît moins problématique que les autres. Nous pensons, avec cette position, éviter de glisser et dans le sédévacantisme en acte et dans le ralliement au concile, qui à terme risque de faire perdre la foi. La FSSPX l'évite moins, et la preuve en est qu'elle penche vers le ralliement, même si elle s'en défend. Et la « Fidélité » est tiraillée entre ces deux extrêmes du fait de ne pas accepter l'idée même de jugement en puissance, lequel fait s'identifier les contraires. On est contraint d'être patient quand on n'a pas toutes les données d'un problème ; on doit, pour garder patience, n'avoir pas les nerfs fragiles, et toute attitude relevant de l'expectative ne relève pas de la schizophrénie ou de la mauvaise foi.

§ **15. 2.** On a reproché à notre position d'en venir logiquement à nier l'existence du pouvoir papal d'enseigner infailliblement, et à enterrer l'existence de la règle prochaine de la foi, ce qui reviendrait à professer un sédévacantisme qui n'ose pas dire son nom.

Mais dire que le dépositaire de la règle de foi universelle peut ne pas faire usage de son pouvoir, ce n'est pas nier l'existence de ce pouvoir, et ce n'est pas déclarer que la règle prochaine de la foi aurait disparu. Le pape a la puissance active d'enseigner, il lui est possible (de manière certes peccamineuse) de n'en pas user puisque, aussi bien, une puissance active est maîtresse de son actuation. De plus, il n'est pas contradictoire d'affirmer que les papes (s'ils le sont) modernistes ont édulcoré la formulation de la vérité dogmatique afin de développer efficacement l'apostolat dans un monde déchristianisé ; le calcul était erroné, mais c'est ainsi que les prêtres conciliaires expliquent le tournant de Vatican II ; nous avons très rarement entendu des prêtres conciliaires tenir des propos explicitement hérétiques. Le magistère a cessé d'exister en acte sur certains points (les sujets qui fâchent : l'enfer, la liberté religieuse, la justification, les Juifs etc.) mais il subsiste sur tous les autres (divinité de Jésus, Incarnation, Ascension, Assomption, Immaculée Conception, transsubstantiation, etc.), et de toute façon la puissance d'enseigner peut subsister sans être nécessairement exercée. Dès lors, cette argumentation qui se veut antisédévacantiste ne se résout pas en son contraire.

Même la récente déclaration « Dignitas infinita », rédigée par le cardinal Victor Manuel Fernandez (préfet du dicastère pour la doctrine de la foi) dans le sillage de l'encyclique « Fratelli tutti » du 3 octobre 2020, quoique scandaleusement alignée sur les tendances mondialistes, féministes et même franchement communistes de notre temps, prend ce même temps à rebrousse-poil (§§ 47 à 61) en condamnant sans équivoque, l'avortement, la GPA, l'euthanasie, la théorie du genre et la pornographie ; issue de Vatican II (« Dignitatis humanae » et « Gaudium et spes »), la promotion de la dignité « infinie » ou « ontologique » de la personne humaine, sans référence aux idées de péché et de rachat (sujets qui déplaisent) mais aussi de différence réelle entre nature et grâce et d'absolue gratuité de la grâce, se veut épouser, pour des raisons d'efficacité apostolique, le grand principe consensuel de notre époque, à savoir la déclaration des droits de l'homme ; il ne s'agit pas, subjectivement, de détruire les dogmes du catholicisme. Évidemment, les théologiens conciliaires ne veulent pas s'apercevoir que l'adoption de ce principe humaniste, subjectiviste, est objectivement porteuse de la destruction du catholicisme lui-même. Se réconcilier avec l'esprit du temps pour l'amadouer afin de le christianiser, tel semble bien être le programme, dans le cadre strict de Vatican II, même des énormités récentes les plus honteuses ; or viser à se réconcilier avec le temps et entrer en dialogue avec lui, ce n'est pas enseigner avec autorité ; il ne s'agit donc pas d'un vrai magistère, et désobéir à un faux magistère n'est pas enterrer le principe du (vrai) magistère reçu telle la règle prochaine de la foi.

Réponses complémentaires.

§ 15. 3. La position théorique de l'abbé Calderòn, qui est aussi celle de la FSSPX (et des dominicains d'Avrillé) et de la « Fidélité », ne repose pas sur une interprétation invérifiable des intentions des occupants actuels de Rome : ce sont les auteurs de Vatican II qui ont signifié explicitement que leur intention première était de digérer en les rectifiant les « valeurs » humanistes de la modernité, et que pour ce faire ils entendaient entrer en dialogue avec le monde d'aujourd'hui. Par ailleurs, maints fidèles catholiques ont eu depuis plus de cinquante ans assez de contacts avec des dominicains modernistes et des jésuites conciliaires pour être confortés dans cette interprétation des intentions des auteurs de Vatican II. Le « théologien » Dumouche, sur Youtube (controverse avec Abauzit), en diffuseur servile de la ligne officielle du Vatican, ne dit pas autre chose que ce que nous évoquons ici à propos de telles intentions. Nous avons quant à nous connu beaucoup de prêtres modernistes qui avaient la foi, qui se « dépatouillaient » comme ils le pouvaient avec les textes de ce concile, et qui développaient malgré eux une fausse intelligence de leur foi. Le fidèle, en prenant ses distances à l'égard de ce qui se présente à lui tel un acte du magistère, ne prétend pas se substituer au pape (s'il l'est) ; il s'en tient à l'enseignement homogène de 260 papes sur 266. Ce n'est pas là du subjectivisme, même si c'est une position inconfortable. Il n'y a pas non plus de pétition de principe ou de raisonnement circulaire dans notre idée d'hypothèse faisant s'identifier en puissance thèse de la vacance et thèse du mauvais pape mais détenteur de la juridiction. Tout fidèle, qui est fidèle à l'enseignement de 260 papes, peut s'interroger, au point de la refuser, sur la valeur de l'enseignement du pape moderniste, en constatant l'écart entre l'enseignement bimillénaire de l'Église et celui du nouveau venu à Rome ; afin de poser un tel refus, il doit douter de la juridiction d'un tel pape, car il sait que le magistère est norme prochaine de la foi ; mais il peut se contenter d'en rester au doute sans trancher, parce qu'il sait que ce pape peut errer même en ayant la juridiction (quand son enseignement n'est pas infaillible, confer par ex. Honorius et Léon) ; le doute laisse ouvertes les deux possibilités ; la pétition de principe serait de tenir pour acquis qu'il n'a pas la juridiction afin de s'habiliter à douter de la valeur du magistère (pour ensuite, l'ayant jugé, affirmer que son auteur n'a pas la juridiction) ; mais douter de quelque chose n'est pas tenir son contradictoire pour acquis. Il n'y a donc pas « cercle ». La difficulté, redisons-le, tient au fait que tout magistère doit être reçu comme norme prochaine de la foi cependant que tout magistère n'est pas de soi et toujours infaillible (il ne doit être tenu pour tel que si, portant sur la foi et les mœurs, il annonce expressément que ce qu'il propose à croire est fondé sur la Révélation). Du fait qu'il n'est pas de soi infaillible, on est fondé à en douter quand il contredit manifestement tous les magistères antérieurs, et l'on s'appuie, pour exercer un tel doute, sur cette seule contradiction et sur le fait que l'Église, dans ce cas, n'engage pas nécessairement son infaillibilité ; on s'appuie, pour exercer ce doute, directement et exclusivement sur ce fait à double face (contradiction entre ancien et nouveau magistère, *et* infaillibilité non nécessairement engagée), sans tenir pour acquis que l'auteur d'un tel magistère n'aurait pas la juridiction ; il y aurait « cercle », répétons-le, si l'on devait, pour critiquer le magistère d'un pape, supposer que l'auteur d'un tel magistère n'a pas la juridiction, alors que c'est pour l'avoir critiqué que l'on en vient à le juger douteux en en déduisant que son auteur ne peut avoir l'autorité. Mais ce n'est pas ce qui a lieu dans le cas présent. Ce qu'il y a de problématique, c'est que l'Église invite à voir dans tout magistère une norme prochaine de la foi tout en confessant que ce magistère ne jouit pas nécessairement de l'infaillibilité ; il est en effet déroutant qu'il faille tenir pour norme prochaine de la foi quelque chose qui peut errer dans la foi ; mais c'est ainsi que l'Église s'est prononcée, et l'on ne saurait — à peine de se substituer au pape — décréter que le magistère doit être tenu pour infaillible du seul fait qu'il se présente comme norme prochaine de la foi. La difficulté n'est pas dans notre discours, elle est dans celui des hommes d'Église, et cette difficulté n'est pas une contradiction de la part des hommes d'Église ; elle est une invitation à obéir sans pinailler sans cesse ou systématiquement (des papes dont la foi est douteuse sont tout de même extrêmement rares), doublée d'une invitation implicite et prudente à tenir pour opportun, dans certaines et rares circonstances, le recours au doute.

Nous ne réduisons pas tous les actes de Rome à une interprétation fondée sur une idée philosophique induite par des délires idéalistes ; nous nous contentons de prendre au sérieux les propos des auteurs du concile qui entendent s'ouvrir à la modernité et digérer ses valeurs, et dialoguer avec le monde. Selon ces déclarations, il est clair que les papes n'entendent pas enseigner avec autorité. Un magistère authentique entend par définition enseigner avec autorité. Donc ce n'est pas un vrai magistère, même s'il s'exprime dans les formes extérieures de l'enseignement magistériel, même aussi s'il use de mesures répressives à l'encontre de ceux qui le contestent. Ce sont des libéraux, ainsi des relativistes, qui entendent imposer de manière extrêmement autoritaire et même coercitive des thèses libérales. Quand le nominaliste nie l'existence des universaux, il tombe dans une contradiction « in actu exercito » (l'acte de dire contredit ce qui est dit, et/ou la forme dans laquelle on déclare quelque chose contredit le contenu de ce qui est déclaré) puisqu'il convoque des concepts universels pour signifier que l'universel n'est que « flatus vocis », de sorte que son expression « il n'y a pas d'universel » est un vrai jugement quant à la forme grammaticale, qui se révèle être inintelligible, ainsi être un faux jugement, aussitôt qu'on entre dans la compréhension des mots. Il en est analogiquement de même pour les enseignements libéraux ; s'il est interdit d'interdire, il est interdit d'interdire d'interdire ; un magistère libéral n'est pas un vrai magistère.

Nous ne disons pas non plus que les modernistes sont bien intentionnés ou innocents. Il est coupable d'édulcorer la vérité, fût-ce pour des raisons d'apostolat. Nous disons qu'ils déforment ou cèlent la vérité dogmatique par souci d'efficacité apostolique. Il n'est pas à exclure, de manière concomitante, que certains des rédacteurs des textes du concile aient été des suppôts infiltrés de l'irréligion, qui savaient, eux, qu'ils détruisaient la religion. Mais ce n'est pas là, selon nous, l'essence de l'esprit de Vatican II.

Nous n'avons jamais nié que le critère permettant aux catholiques de discerner un vrai pape soit la reconnaissance tacite universelle. Nous croyons même l'avoir rappelé quelque part dans l'un de nos livres. Toute la question est de savoir si un pape qui perd la foi peut encore, quoique régulièrement élu, demeurer pape ; Bellarmin et Cajetan par exemple ne sont pas d'accord sur ce point. Et la question n'est toujours pas tranchée entre théologiens. Cajetan et Jean de saint Thomas pensent qu'un pape hérétique même « pertinax » peut conserver la juridiction, ainsi être pape (puisque c'est la juridiction qui fait le pape). L'auteur des présentes lignes n'est pas compétent pour trancher cette question, et il se pose autrement le problème de la crise de l'Église, tout en penchant plutôt vers la réponse de Bellarmin : si l'occupant du Saint-Siège n'a pas l'autorité (il n'est plus chef de l'Église parce que, de ce point de vue, il n'est plus dans l'Église : la tête ne saurait être séparée du corps), son magistère n'est pas un vrai magistère, et de plus c'est un magistère faux ; s'il a l'autorité, on a des raisons de penser qu'il n'en fait pas usage pour enseigner authentiquement, et la première preuve (à tout le moins l'indication allant dans ce sens) de cette affaire est qu'aucune déclaration du concile pourtant œcuménique n'a voulu s'accompagner d'anathèmes, ainsi se couler dans la forme d'un enseignement ex cathedra : ils ne voulaient manifestement pas faire usage plénier de leur autorité.

Nous ne croyons pas non plus que les papes (s'ils le sont) ayant succédé à Paul VI auraient joui moins que ce dernier de l'unanimité tacite dans la reconnaissance de l'élection. Les traditionalistes n'ont jamais constitué qu'une poignée. Et l'unanimité requise est seulement morale. On est loin des contestations qui eurent lieu pendant le Grand Schisme. Souvenons-nous au passage que Martin V fut élu sur l'acceptation du principe hérétique du conciliarisme, par des cardinaux nommés par des antipapes, et ces difficultés susceptibles d'invalider l'élection furent levées par la déclaration postérieure du « Ecclesia supplet ». Ce qui signifie que l'Église jouit de ressources extraordinaires pour résoudre ses crises, en dehors de toute résolution canonique, et imprévisibles par les observateurs extérieurs. Autant dire que bien malin serait celui qui prétendrait aujourd'hui avoir tout compris de la crise et connaître le moyen d'en sortir. On en est au recours aux hypothèses, si possible les moins farfelues.

Un jugement en puissance n'est pas, comme on nous le reproche, une « oscillation » entre deux jugements en acte, il est une suspension de jugement actuel, le maintien de la possibilité de deux jugements qui, en acte, s'excluent.

Une objection survivantiste.

§ **15. 4.** Il nous reste à aborder la thèse dite « survivantiste », qui nous fut elle aussi opposée. Il s'agit de l'idée selon laquelle toute la crise de l'Église depuis 1965 s'expliquerait par la substitution, à Paul VI tenu pour pape légitime (ses successeurs étant dès lors des antipapes), d'un sosie, et que Paul VI serait l'*actuel* pape vivant, mais caché.

Pour ce qui est des sosies de Sœur Lucie et de Paul VI, là encore c'est chose possible, l'avenir nous le dira. Nous n'excluons pas ces réponses, nous croyons fort improbable au moins celle qui est relative à Paul VI, selon laquelle un faux Paul VI se serait substitué au vrai qui demeurerait captif dans les caves du Vatican. Il se peut que nous nous trompions, mais nous ne comprenons pas que l'on puisse prétendre avoir autorité pour nous imposer des hypothèses improbables au titre de vérités indubitables. Nous trouvons peu prudent de se ranger à une explication de la crise qui exigerait, pour sortir de cette crise, que Dieu eût recours à un miracle. Cela dit, ne nous sentant pas l'autorité requise pour interdire à Dieu de faire des miracles, nous croyons que Paul VI peut en effet vivre caché, toujours vivant à 127 ans (nous sommes en 2024), et qu'il se manifestera peut-être un jour pour confondre les sceptiques et rétablir l'ordre. Mais on ne saurait se fonder sur cette hypothèse à vue d'homme bien peu probable pour expliquer la crise de l'Église et pour définir les lignes du comportement le moins mauvais qu'un chrétien doit avoir pour faire son salut en ces circonstances tragiques ; on n'a pas le droit d'interdire à Dieu de faire des miracles ; on n'a pas le droit non plus d'adopter, en récusant toutes les autres, une position signifiée dans une théorie — ainsi, au fond, une hypothèse — qui n'aurait de sens que si un miracle se produisait, parce que cela revient à exiger un miracle.

Au passage, si la reconnaissance tacite du souverain pontife est le critère objectif de la légitimité de son élection, quand par ailleurs l'unanimité morale de l'élection des successeurs de Paul VI est indubitable, nous ne voyons pas pourquoi, en dehors des raisons que nous avons avancées plus haut, il serait possible de désobéir aux occupants récents du trône de Pierre. De plus, Paul VI n'est pas moins dans l'erreur que ses successeurs puisqu'il a embrassé les erreurs et équivocités de Vatican II ; dès lors, dût-il avoir joui d'une reconnaissance tacite universelle, on est fondé à douter de sa légitimité en se souvenant que reste en suspens la question de savoir si un pape hérétique conserve sa juridiction. Pourquoi alors le « survivantisme » privilégie-t-il Paul VI ?

Examinons néanmoins l'argumentaire intéressant des tenants de cette thèse « survivantiste », parce que ce dernier est doué d'une certaine logique qui mériter attention. Nous résumons ici l'exposé de l'abbé Pierre Roy (22 juin 2019, *Canada fidèle*) récemment sacré évêque par un évêque sédévacantiste pour le moins contesté.

Les tenants de la thèse dite « survivantiste » tiennent pour acquis que l'occupant actuel du Saint-Siège est un imposteur, tout comme ses prédécesseurs *immédiats*. Selon eux, l'hypothèse du pape caché serait la seule qui fût capable de sauvegarder les dogmes catholiques et les éléments essentiels de la constitution divine de l'Église. Ils rappellent, conformément à la doctrine catholique, l'infaillibilité et l'indéfectibilité du Siège de Pierre. Il y aura des pasteurs et des docteurs jusqu'à la fin du monde (Math. 28, 20), les portes de l'enfer ne prévaudront pas contre l'Église, c'est-à-dire contre la papauté : « Ubi Petrus, ibi Ecclesia, ibi Deus ». Là ou est Pierre, là est l'Église, là est Dieu, selon la célèbre phrase attribuée à Saint Ambroise. Par ailleurs, on ne saurait imaginer que l'actuelle vacance du Saint-Siège pût s'interpréter dans les termes d'un « interregnum » qui serait seulement plus long que les précédents, parce que l'Église du Christ, guidée par l'Esprit-Saint, doit tenter par tous les moyens, et au plus vite, de donner à Pierre un vrai successeur ; ce qui n'est pas le cas depuis des décennies. De plus, la thèse sédévacantiste « dure » est contrainte de pécher contre un dogme, à savoir l'indéfectibilité de l'Église, parce que cette thèse tient la juridiction pour éteinte : il n'y a plus ni pape, ni cardinaux ni évêques, il n'est plus possible d'assurer la succession apostolique jusqu'à la fin du monde ; il serait dans la logique du sédévacantisme complet que ce dernier affirmât l'imminence de la fin du monde, mais il n'en fait rien au moins officiellement, par un reste de réalisme et de prudence, ou par peur du ridicule. Le « survivantiste » ajoutera aussi que la position « sédéprivationniste » (pape « materialiter » et non « formaliter ») est bien peu recevable : s'il faut être théologien de métier pour être à même de comprendre la situation de l'autorité dans l'Église, et pour être habilité à faire le choix pratique de la paroisse convenable, la foi des simples s'en trouve compromise, et Dieu ne le permettrait pas. Donc toute forme de sédévacantisme doit être mise de côté. Mais en même temps, selon le « survivantiste », on doit tenir pour vrai que le pape est infaillible chaque fois qu'il enseigne quelque chose sur la foi et les mœurs, quelle que soit l'espèce de magistère dont il use, et c'est un point qu'il a en commun avec le sédévacantiste ; lui et eux se fondent sur cette infaillibilité de tout magistère pour s'autoriser à refuser la position de la FSSPX et de la « Fidélité ». Aussi est-on tenté, avec de telles données survivantistes, de se rendre à l'idée que l'actuel occupant du Saint-Siège est vraiment pape, et qu'il faut lui obéir. Mais cela est impossible parce que son enseignement est manifestement hérétique. Alors ?

Alors on doit se souvenir de la parole de la Vierge Marie à la Salette : l'Église connaîtra une crise affreuse ; *« L'Église sera éclipsée, le monde sera dans la consternation »*. Lors d'une éclipse, le soleil n'a disparu qu'en apparence et non en réalité, il est toujours en soi visible mais quelque chose s'interpose entre lui et les observateurs terriens, qui le rend invisible pour eux. Selon cette analogie, un corps étranger s'interpose entre les croyants et l'Église, qui la rend invisible en apparence et non pas en réalité. Or l'Église est là où est le pape, et le pape est là où est l'Église. Donc, nous dit-on, c'est le pape qui est éclipsé, ainsi caché. Les « sédéplénistes » en sont venus, à tort, à prendre la lune, qui cache le soleil, pour le soleil lui-même ; les sédévacantistes quant à eux en sont arrivés à la conclusion pourtant irrecevable selon laquelle l'Église aurait perdu son apostolicité (qui conditionne son indéfectibilité), de sorte que le soleil serait réduit à un astre mort. Entre l'hypothèse « sédépléniste » (les papes de Vatican II sont papes et le siège de Pierre n'est pas vacant) et l'hypothèse sédévacantiste (les papes de Vatican II ne sont pas papes et le siège de Pierre est vacant), il existe une troisième possibilité : les papes de Vatican II ne sont pas papes, mais le siège de Pierre n'est pas vacant parce qu'il existe un vrai pape qui est caché. Il en est ainsi du pape Paul VI comme il en fut du premier pape :

Dans les « Actes des Apôtres » (12, 1-17) est rapporté l'épisode de la libération de saint Pierre par un ange, alors qu'il avait été enfermé en prison par Hérode. Quand il eut compris qu'il avait été délivré de la main d'Hérode et de tout ce qu'attendait le peuple juif, il frappa à la porte de la maison de Marie, la mère de Jean surnommé Marc, où une foule était en prière. Quand la servante Rhodé vint lui ouvrir, elle fut si réjouie qu'elle se précipita à l'intérieur de la maison pour annoncer la bonne nouvelle : Pierre est présent. Et la réponse de la foule à Rhodé fut : « tu es folle » ; tout le monde crut d'abord que c'était non pas Pierre mais un ange.

Et tous les gens sérieux considèrent aujourd'hui que la position « survivantiste » est celle des fous, tout comme la servante Rhodé qui fut tenue pour folle. Lorsque la Sainte Vierge déclara à Fatima que le pape aurait beaucoup à souffrir, c'est du pape emprisonné qu'elle parlait. Nous sommes à la fin des temps, et selon l'enseignement de saint Matthieu (XXIV 24) les ruses du diable pourraient tromper jusqu'aux élus eux-mêmes si Dieu n'abrégeait ces temps apocalyptiques. Et des solutions miraculeuses pour de tels temps ne semblent pas disproportionnées.

Voilà donc ce que pensent les « survivantistes ».

Si l'on accepte leurs prémisses, leur conclusion nous paraît logiquement recevable. Mais nous constatons qu'ils tiennent pour acquis que le magistère ordinaire serait par soi infaillible, ce que précisément nous contestons, en disant pourquoi. Les « survivantistes » sont des sédévacantistes qui, sans renoncer à leurs prémisses, entendent se soustraire aux conséquences irrecevables de ces dernières. On ne doit pas pour autant dénoncer dans leur engagement une entreprise de mauvaise foi ou un goût immodéré pour ces choses invraisemblables inspirées par une dilection pour le merveilleux. La crise de l'Église est si effarante, si déstabilisatrice, si imprévisible, qu'aucune hypothèse ne doit être exclue pour l'expliquer, et cette position dite « survivantiste » a sa logique que nous tenions à souligner, qui s'efforce à dénoncer les difficultés des autres positions : l'indéfectibilité de l'Église mise à mal par le sédévacantisme, la lucidité théologique étouffée chez les « sédéplénistes », les difficultés philosophiques du « sédéprivationnisme », et même les équivoques de la FSSPX et de la « Résistance » (certains y tiennent…) relativement à leur manière cavalière de négliger la vocation du magistère à être reçu comme norme prochaine de la foi.

Mais ce « survivantisme » n'échappe pas selon nous aux autres difficultés inhérentes à la position sédévacantiste, en particulier à son surnaturalisme théocratique. Et ce travers suffit à nos yeux à susciter une solide réticence. Cela dit, nous n'excluons nullement que l'Église soit éclipsée, mais votre serviteur serait plutôt disposé à croire que le modernisme lové dans l'Église, qui est un mal, a — comme tout mal — raison de privation ; qui dit privation dit défaut d'être, coefficient de non-être relatif affectant l'être plein d'une réalité manquant de ce qu'elle requiert par essence pour être pleinement elle-même. Or une privation peut se manifester par une apparence de surcroît de réalité, telle la prolifération anarchique de cellules, lesquelles, malades, peuvent en venir à recouvrir, par leur abondance métastatique même, ce qui reste de sain dans le corps où elles sévissent. L'idée d'éclipse n'implique pas de manière nécessaire celle de la vacance du Saint-Siège ou celle de la survivance d'un pape emprisonné.

Conclusion générale.

§ **1.** Chez les catholiques traditionalistes, on se déchire entre sédévacantistes, sédéprivationnistes, ralliés de type « Ecclesia Dei », lefebvristes fellaysiens (partisans d'accommodements avec la Rome moderniste), lefebvristes intransigeants (réaction williamsonienne), et survivantistes. Tous, en dépit de ce qui les oppose, ont en commun de raisonner comme suit :

« L'occupant du Saint-Siège doit être tenu ou pour pape ou pour antipape ». Pour les uns, s'il est tenu pour pape il faut lui obéir, et donc : si l'on décide de ne pas lui obéir, on doit le tenir pour antipape. Pour les autres, il peut être tenu pour pape, et néanmoins dispensé de lui obéir inconditionnellement.

Mais les uns et les autres ont en commun d'exclure que l'on puisse se dispenser de se prononcer sur l'actualité de la validité de l'élection de l'occupant du Saint-Siège. Être « non una cum » doit, pour eux tous, signifier « être sédévacantiste », et « n'être pas sédévacantiste » doit signifier pour eux « être una cum ».

§ **2.** Il a été soutenu ici, au contraire, que la seule attitude logique induite par la situation de l'Église en crise depuis Vatican II était la suivante : on doit désobéir aux modernistes mais on ne doit pas se prononcer sur l'actualité de la juridiction de l'occupant du Saint-Siège, et l'on ne doit pas le faire parce que l'on ne peut pas le faire.

§ **3.** Il est remarquable de constater que ces mêmes catholiques traditionalistes, qui tous affirment haut et fort qu'ils ne sont pas personnalistes, ont en politique, en dépit de leurs dissensions religieuses aiguës, au moins un point commun que voici :

Si le bien commun a raison de fin pour la science et l'art politiques, enseignent-ils, ce ne peut être qu'en un sens restreint ; dès lors, en effet, que la fin ultime de l'homme est le salut individuel, ce qui a raison de fin temporelle (tel le bien commun politique) ne peut avoir que raison de moyen au regard de la fin éternelle. Aussi, quand on déclare, n'étant pas personnaliste, que le bien commun de la Cité a raison de fin, c'est au sens suivant : l'homme est moralement tenu de se sacrifier pour la survie de la Cité terrestre, c'est-à-dire de sacrifier pour elle sa vie temporelle, parce que la Cité terrestre, moyen par lequel chacun trouve les conditions d'exercice d'une vie vertueuse préparant au salut éternel, conditionne le salut de maintes personnes, et que le salut éternel de tous vaut mieux que le salut éternel d'un seul. Aussi le bien privé temporel de chacun est-il pour le bien commun temporel de tous, mais il reste que la Cité est pour l'homme, et non que l'homme serait pour la Cité. Soit : le bien commun temporel n'a pas raison de fin en vertu de son excellence intrinsèque, ce qui revient à dire que, considéré en lui-même, il a raison exclusivement de moyen, par là d'instrument.

§ **4.** Il a été soutenu ici au contraire que le bien commun politique a raison de fin pour la personne humaine, en vertu de sa bonté intrinsèque et sans référence immédiate au salut. Et c'est à condition de lui reconnaître une bonté intrinsèque qu'il peut susciter le dévouement et mériter que l'on meure pour le sauver. Si l'on dénie au bien commun cette valeur, alors, quand sa réalisation est compromise, on tend spontanément à changer d'instrument, et l'on se reporte sur les bienfaits de la famille, cellule chargée dès lors, de manière vicariante, de remplir les fonctions de l'État ; à moins qu'on ne se mette à en appeler aux vertus substitutives de la paroisse ou de telle ou telle association privée, ou à celles de l'enracinement régional. On oublie, ce faisant, que c'est dans l'État que s'enracine à la fois la raison d'être et la condition de possibilité de la pérennité des autres formations communautaires.

§ **5. 1.** Ce qu'il y a de commun à ces deux réponses relatives à la crise de l'Église (ou bien pape, ou bien antipape) et au statut du bien commun (ou bien fin ou bien moyen), et que nous avons toutes deux contestées, c'est l'impuissance de leurs défenseurs à dépasser le raisonnement de type « ou bien (…) ou bien ». Au reste, ils s'en targuent, dans la mesure où ils y voient l'expression achevée du principe de contradiction, principe premier de la pensée rationnelle. Notre conception du principe de contradiction fait au contraire sa place à la notion d'être en puissance, en lequel les contraires et les contradictoires s'identifient ; c'est même ce qui définit l'être en puissance, qui consiste à être sur le mode du n'être pas. Les Mégariques, critiqués par Aristote, absolutisaient le principe de contradiction et soutenaient qu'il n'y a de puissance que là où il y a de l'acte et que, quand l'être en acte disparaît, l'être en puissance disparaît aussi ; il n'y a selon eux de la puissance de voir que là où il y a de la vision en acte, et lorsqu'il n'y a plus de vision en acte, il n'y a pas non plus de puissance de voir. Il en résultait que, pour les Mégariques, l'homme qui dort devient aveugle puisqu'il ne voit plus en acte ; ce qui ne l'empêche pas de se remettre à voir quand il s'éveille, nonobstant la perte supposée de la puissance de voir. Et cela est évidemment incohérent. De plus, cette négation de l'être en puissance se révèle solidaire de la négation des futurs contingents, et elle se résout ultimement en parménidisme. Mais ce n'est pas le lieu de l'établir avec rigueur. Proposons seulement ceci pour mémoire :

§ 5. 2. A la croisée de deux chemins, le pèlerin est en puissance à droite et en puissance à gauche, il n'a pas encore choisi, il ne s'est pas encore engagé ; la droite et la gauche s'excluent en acte mais s'identifient dans leur être en puissance. Dès lors, nier l'être en puissance, cela revient à dire que, bien qu'il ne le sache pas encore, le pèlerin, qui est au centre, est déjà à droite (ou à gauche), et que le futur est actuel et donc est déjà présent (il n'y a pas véritablement de futur, tout est coexistant), de telle sorte que le mouvement d'aller à droite plutôt qu'à gauche (ou à gauche plutôt qu'à droite) se révélera illusoire, conformément aux enseignements de Zénon d'Elée.

Mais la raison et l'expérience nous prescrivent d'admettre l'existence réelle de l'être en puissance, ainsi de dépasser la logique restrictive du « ou bien (…) ou bien ». On notera en passant que cette identité négative des contraires définitionnelle de l'être en puissance est l'envers de leur identité positive résultant de ce que, dans le premier article, nous avons ici nommé, selon un vocabulaire hégélien, « conversion des extrêmes à leur identité concrète », laquelle est solidaire du concept de négatif non peccamineux, qui suscite la même aversion, dans les milieux bien-pensants, que celle de l'être en puissance compris comme identité des contradictoires ; les Idées divines s'identifient dans la simplicité de l'essence divine sans perdre en elle leur pouvoir différenciant, et, de manière universelle, l'identité concrète ou réelle est toujours identité de l'identité et de la différence, victoire sur la différence assumée, ainsi conservée en tant que niée : tout ce qu'il peut y avoir de perfection dans le monde, exposé à l'état dispersé, préexiste en Dieu à l'état d'unité, et la conversion à leur identité concrète des différences est aussi ce en quoi elles s'enracinent. Retenons donc que le principe de contradiction, principe suprême de la pensée rationnelle, devient irrationnel, par là se contredit, quand il s'absolutise unilatéralement, refusant l'existence de l'être en puissance pour se dispenser, dans cette occurrence, d'être suspendu. Le principe suprême de la pensée de l'être n'est tel que s'il est exercé selon la forme d'une victoire sur la possibilité de sa propre suspension, corrélative de l'existence de l'être en puissance dont l'être en acte est, par définition, la négation victorieuse et sa conservation sur le mode de la puissance active.

§ **6.** Pour illustrer les conséquences de ce dépassement du réductionniste « ou bien (…) ou bien », nous évoquerons, en guise de conclusion, la thèse, si répandue chez les catholiques, du bien commun politique supposé réductible à un moyen, et n'avoir d'autre valeur que celle d'un moyen. « S'il n'est pas fin ultime, dit-on, il est moyen, et en retour, s'il a raison de fin en vertu de sa valeur intrinsèque, il est fin ultime, et la Cité s'en trouve déifiée, ce qui est une idolâtrie ; donc la Cité doit absolument rester un moyen et être considérée à ce titre ».

Notre réponse est la suivante, déjà évoquée plus haut (§ 12.5 de la première partie) :

De même que le libre arbitre humain est cause totale quoique non totalement de ses actes (Dieu et l'homme sont deux causes totales, mais Dieu seul est cause totale *et* totalement de toute chose : *Somme théologique*, Iª qu. 83 a. 1, même des actes libres de l'homme), de même la personne est tout entière et non totalement ordonnée à la Cité, tout entière et totalement ordonnée à Dieu ; le bien commun immanent terrestre, ou bien commun politique, et le Bien commun transcendant céleste, extrinsèque à l'univers, doivent être pensés tels les objets de deux moments d'un même désir principiel, ainsi tels les deux degrés d'actuation d'un même appétit fondamental, et de telle sorte que le degré supérieur assume en le dépassant le degré inférieur. A cette condition, l'homme n'est pas déchiré entre deux fins supposées entretenir une ruineuse relation de rivalité, laquelle compromet tant le respect de l'ordre naturel que celui de l'ordre surnaturel. Ce qui peut être étayé comme suit.

§ **7.** La nature d'une chose est sa fin (Aristote, *Politique* I), donc la fin d'une chose est sa nature. Or cette nature est mieux actualisée (ses potentialités sont mieux déployées) dans un tout communautaire (considéré avec les personnes qu'il unit, ce qui le rend irréductible à un être de raison) que dans une personne seule. Donc la fin de cette chose qu'est l'homme individuel est la communauté politique dont le bien propre est nommé bien commun, lequel a raison de cause finale pour les personnes qui reconnaissent en lui le meilleur de leur bien particulier : « bonum totius diligit quidem pars secundum quod est sibi conveniens, non autem ita quod bonum totius ad se referat, sed potius ita quod seipsam refert in bonum totius » (*Somme théologique*, IIª IIªᵉ qu. 26 a. 3 ad 2 : la partie aime assurément le bien du tout en tant que cela lui convient, mais non pas qu'elle rapporte à elle le bien du tout, et bien plutôt en tant qu'elle se rapporte à lui). Cela revient à dire que par nature l'individu est invité à s'accomplir en s'excédant en tant qu'individu, à viser le déploiement exhaustif de cette nature dont il n'est que l'individuation, et qui le finalise et donc se le subordonne. Que l'âme humaine soit immortelle n'invalide pas cette loi métaphysique selon laquelle l'individu est pour l'espèce et la partie pour le tout ; cette nature individuée qu'est l'individu humain, ainsi la personne, a vocation à subsister éternellement, ou encore il est définitionnel de la nature humaine, en tant qu'espèce, de subsister non seulement dans la succession des individus (ce qui a lieu pour les vivants inférieurs) mais dans et comme ces individus voulus dans leur individualité même ; pour autant, l'individu humain n'est pas humain pour être un individu, il n'est pas gratifié d'une nature humaine pour être une personne ; il est une personne pour être doué de nature humaine ; il reste un individu après la mort du corps pour que son essence humaine subsiste, c'est-à-dire doué d'une individualité au service de son humanité.

Par ailleurs, la vie surnaturelle est au-delà de la nature humaine, étant gratuite et consistant à vivre de la vie même de Dieu. Pourtant cette vie de grâce est telle qu'il est contre nature de la refuser quand elle s'offre (*Somme théologique*, II[a] II[ae] qu. 10 a. 1). Si la nature d'un être est sa fin, quand la surnature impose à l'homme une autre fin que sa fin naturelle, on est sommé de se demander à quelles conditions cette injonction de s'ordonner à une telle fin n'est pas contre nature.

Et la réponse est double.

§ 8. D'abord, la surnature assume les perfections de la nature humaine, et de toute nature, en les dépassant. La nature humaine préexiste en Dieu sur le mode d'Idée divine en laquelle le béatifié reconnaît sa nature ; il reconnaît dans le Tout-autre de lui-même ce qui est pourtant plus lui-même qu'il ne l'est lui-même. S'appuyant sur Denys l'Aréopagite, le Docteur commun ne cesse de rappeler que d'une part tout ce qui existe à l'état fini et dispersé dans le monde créé préexiste en Dieu à l'état d'unité parfaite et sur un mode infini ; que d'autre part tout ce qui est créé et donc fini tend naturellement à faire retour, autant qu'il est en lui, à ce dont il procède. Si l'origine première d'un être a pour lui raison de fin dernière, c'est parce que ce qu'un tel être a de plus intime et de plus précieux lui préexiste dans sa Cause. Le créé ne s'appartient pas, il est congénitalement à distance de lui-même et comme étranger à lui-même, et il ne se réconcilie avec lui-même qu'en tendant à se reposer dans son Origine. Si ce qui est autre que lui est en même temps plus lui-même que lui-même, plus intime à lui-même qu'il ne l'est à lui-même, alors il ne se trouve qu'en tendant à vivre de la vie même de cet autre.

D'autre part il est dans la nature de cette nature humaine — qui est, chaque fois qu'elle s'incarne, tout entière en chaque homme sans y être totalement — d'inviter l'homme à s'excéder. Ce qui peut être établi comme suit.

§ **9.1.** Il existe une convenance naturelle de la nature à l'égard de la grâce, au point que refuser la grâce est trahir la nature. Et si l'ordre naturel s'accomplit ultimement en s'excédant dans et par la grâce, c'est qu'il est dans sa vocation de s'affirmer en renonçant à soi, de s'appartenir en se donnant ; en effet, si ce qui se donne, ainsi s'aliène, consiste dans l'acte de se donner, alors, en s'aliénant, il pose et confirme son être, par là s'acquiert et se possède ; et réciproquement, ce qui a pour particularité de se gagner en renonçant à soi est ce qui consiste, dans l'infrastructure de son essence, à se donner ou à s'excéder ; si donc la grâce parfait la nature en la faisant s'excéder, c'est qu'il est dans l'essence de cette nature de s'excéder dans elle-même. La grâce présuppose la nature qu'elle soigne, par là qu'elle la restitue à elle-même, dans l'acte de la surélever. Donc il est bien dans la nature de cette nature, considérée en elle-même, de coïncider avec elle-même moyennant l'acte de s'excéder, et cela jusque dans son ordre propre, indépendamment du don gratuit de la grâce, qui aurait pu sans injustice n'être pas dispensé. Et la manière dont l'homme naturel, et selon des exigences strictement naturelles, s'accomplit en s'excédant, c'est précisément sa vocation politique qui l'invite à discerner dans le bien commun politique ou immanent une fin pour la personne elle-même. L'homme est sommé dans la vie politique de s'accomplir dans et par l'acte de s'excéder : l'individu ou la personne se fait, comme individu, l'adéquate réalisation de sa nature en se sacrifiant pour la réalisation communautaire de cette nature. Ce faisant, il apprend à s'accomplir ultimement, sur le mode religieux, de la manière suivante : l'homme en tant qu'être naturel se fait, comme personne, l'adéquate individuation de sa nature en s'ouvrant à la vie surnaturelle qui, le déformant (il vit de la vie de Dieu) sans le déifier (il reste homme sans devenir Dieu), le fait s'excéder sans se trahir ou perdre, mais bien plutôt en se trouvant. Pour que l'invitation surnaturelle faite à l'homme d'excéder sa nature ne soit pas une trahison de cette nature, il faut que cette même nature ait déjà, dans son ordre propre, vocation à s'excéder ; il faut qu'elle ait la configuration d'un être voué à se réconcilier avec soi moyennant l'acte d'aller au-delà de soi pour que, quand la grâce lui enjoint d'aller au-delà de soi, il n'en demeure pas moins éminemment soi-même ; pour que ce qui enjoint à un être d'aller au-delà de soi ne soit pas une violation de cet être, il faut qu'il soit dans son être même l'acte de s'excéder car alors, invité par la grâce à s'excéder, il ne fait que ratifier la loi immanente de son être naturel que la surnature confirme par là en la transfigurant. L'individuation de cette nature, qui constitue une personne, a vocation à s'excéder en tant qu'individu en direction de sa nature déployée exhaustivement, ainsi collectivement ou politiquement.

§ 9. 2. Le Père Edouard-Henri Weber (o. c. ici en § 16. 1. 5) a montré (pp. 494-495) que « les emprunts substantiels à Aristote auxquels saint Thomas procède pour constituer sa philosophie (…) demeurent tous subordonnés à la doctrine principalement inspirée par Denys de la forme intelligible humaine comme principe noétique participant à la sagesse créatrice ». L'aristotélisme de saint Thomas, en particulier dans sa doctrine de la connaissance, est lui-même subordonné à la doctrine proclienne ou néo-platonicienne de la forme intelligible (abstraite par l'intellect agent) issue de l'objet mondain connu, mais forme considérée en tant que participant à l'Idée divine. En effet, les Idée divines « descendent » (sans cesser d'être transcendantes, évidemment) et viennent s'adapter, nous enseigne cet auteur, au sujet récepteur humain en s'y subdivisant, en s'y « diffractant par condescendance » ; ce que saint Thomas affirme de la manière suivante : « Sicut enim omnes rationes rerum intelligibiles primo existunt in Deo, et ab eo derivantur in alios intellectus, ut actu intelligant; sic etiam derivantur in creaturas ut subsistant » (*Somme Théologique*, Iᵃ qu. 105 a. 3 : de même que les raisons intelligibles des choses préexistent en Dieu et dérivent de lui dans les autres intellects pour qu'ils intelligent en acte, de même ces raisons dérivent de Dieu vers les créatures pour les faire subsister).

Le Père Weber a donc rappelé que l'Idée divine est comme descendue dans la pensée humaine pour y exercer une causalité anagogique transcendante qui reconduit l'intellect créé à son Principe. Soit : la réalité créée, connue et voulue dans son être propre, est, au titre d'Idée divine créatrice réalisée, instrument de la Cause première illuminatrice ; en d'autres termes, la forme du réel, abstraite du phantasme par l'intellect agent, par là désindividualisée et reçue par l'intellect possible, fait mémoire, en cet état d'universalité, de l'Idée divine dont elle dérive médiatement, mais tout autant elle instaure et révèle dans l'intellect possible un appétit pour sa Cause (son Idée archétypale), appétit exprimé dans la prolation immanente d'un verbe (verbum mentis, dictio verbi, species expressa, ou conceptus) ; tout acte humain d'intellection des choses est porteur d'un appétit implicite pour la connaissance du Modèle de ces choses, parce que la forme des choses devenue principe de leur intellection est en quelque façon la présence, en l'intellect, de l'archétype divin de ces mêmes choses ; la forme est, en tant que restituée à son universalité potentiellement riche de toutes ses différences individuantes, l'Idée même, mais privée, en tant que créature, de cette puissance divine qui en fait, en Dieu seul, une Idée *créatrice*. Et c'est cette immanence, dédivinisée mais réelle, de l'Idée à la chose dont elle est l'Idée, qui fait que, quand l'intellect reçoit la forme abstraite et la saisit en vérité, alors « quod aliquid per certitudinem sciatur, est ex lumine rationis divinitus interius indito, quo in nobis loquitur Deus » (*de Veritate*, qu. 11, 1, 2 : si une chose est sue avec certitude, cela vient de la lumière de la raison, mise au-dedans de nous par Dieu et par laquelle Dieu parle en nous) : il est clair que, du côté du sujet, la lumière de l'intellect agent est une dérivation de la lumière divine ; en retour, du côté de l'objet, la forme est elle aussi dérivée de la même lumière qui atteste sa présence causale en ce qui dérive d'elle. Le savant dominicain a ainsi établi que l'Aquinate « souscrit sans réserve » à la revendication bonaventurienne (et d'abord augustinienne) « d'un critère transcendant de la vérité, à savoir l'Idée divine », ou encore que la forme intelligible par quoi le réel est connu est issue du Bien suprême *en passant, nous est-il expliqué, « par le relais des* **fins intermédiaires***, les réalités créées ».*

Ce schéma circulaire explicatif rappelle que tout ce qui procède fait retour à ce dont il procède, parce que ce dont il procède, d'une certaine façon, se veut en ce qui en procède. Si l'on retient ce schéma en l'appliquant à la réalité politique, on obtient que le bien commun politique est issu du souverain Bien souverainement commun, à savoir Dieu, et que ce bien politique ramène à Lui, mais qu'il y ramène à titre de *fin* intermédiaire, ainsi donc comme ce à quoi l'homme se destine tout entier (sans quoi il n'aurait pas raison de fin) mais non totalement (ainsi comme fin intermédiaire).

§ **10.** Ce qui, dès le stade de l'existence strictement naturelle, est doté d'une forme dont la causalité immanente s'exerce selon la configuration réflexive d'une négation de négation, c'est-à-dire comme le résultat d'une victoire sur son moindre-être, c'est ce qui, sans être la raison suffisante de sa réflexion, s'excède en direction de moins que soi-même pour se faire advenir par retour à soi ; et la grâce lui fait exercer le même processus mais en le menant à son Idée. Si l'on veut que l'invitation surnaturelle, faite à l'homme, d'aller au-delà de sa nature, ne soit pas contre nature, il faut qu'il soit, si l'on peut dire, dans la nature de cette nature d'aller au-delà de soi de telle sorte que cet aller au-delà de soi soit encore un aller dans et vers soi-même ; et cela n'est acquis que si la forme de l'« exitus-reditus » exprimant le mouvement de la créature par rapport à Dieu est déjà la forme structurelle interne de la créature même.

Dans cette perspective, le Politique n'est pas un simple instrument de la morale. Il est un moment obligé, non substituable et incontournable, du processus, ultimement religieux quant à sa forme, à raison duquel la créature raisonnable fait retour à Dieu, en l'occurrence, en régime post-lapsaire de créature déchue et rachetée, en épousant les dons gracieux qui l'appellent. C'est pourquoi le Politique s'achève — aux deux sens du terme — en religion ; la pulsation, en l'homme, de l'appétit politique, se sublime en appétit religieux. Le Politique est cette dimension naturelle de l'homme en laquelle s'anticipe et se préfigure, de manière obligée, sa dimension religieuse. Il est définitionnel de la vertu naturelle de religion (elle-même transfigurée par la grâce en contexte de religion révélée) de se préfigurer dans l'organicité politique de la vie humaine terrestre ; et parce que le bien promu par la religion a raison de fin, le bien promu par le Politique, ou bien commun immanent, a lui aussi raison de fin ; il est fin du tout de l'homme sans que le désir de cet homme soit totalement apaisé en cette fin ; il est cette fin ultime considérée dans un moment subordonné du processus de son avènement complet, et en ce sens il y a déjà quelque chose de religieux dans le service naturel de la Cité. Il y a au moins quelque chose de sacré dans le Politique et dans les biens qu'il promeut, tels l'ordre étatique, la piété filiale à l'égard de la patrie qui, comme terre des pères, est aussi la nation.

Le Juif est celui pour qui la réalité ecclésiale et la réalité ethnico-nationale sont une seule et même chose, qui absolutise à sa manière la nation en indifférenciant politique et religion ; ce faisant, il est solidaire du païen qui lui aussi fait de la vie nationale l'horizon dernier de ses aspirations. Un certain nationalisme d'inspiration maurrassienne ne fut pas toujours exempt de cette tendance à sacraliser la nation française au point de réduire le catholicisme à une simple dimension de l'identité française. Il existe, entre l'erreur judéo-païenne qui déifie la nation, et l'erreur surnaturaliste qui la réduit à un vulgaire instrument, un juste milieu que le fascisme catholique s'efforce à respecter, qui fait du Politique un moment obligé d'éclosion de la conscience religieuse.

§ **11.** Pour cette raison, court-circuiter, par réflexe craintif et bien-pensant, les exigences du Politique au nom des réquisits de la Religion, est ruineux pour les intérêts non seulement du Politique mais encore de la Religion. La crainte désordonnée du mal précipite la venue de ce dernier aussi sûrement que le consentement délibéré au mal, et l'enfer est pavé de bonnes intentions :

La vraie doctrine du bien commun, soutenue par l'Aquinate, nous enseigne — rappelons-le pour la nième fois — que le bien est d'autant meilleur que plus commun, et qu'il est aimable à raison de sa communauté même, en ce sens qu'il est diffusif de soi et que sa communicabilité est de la raison de sa perfection ; mais une telle conception du bien commun exige qu'il soit de ces biens qu'on aime en se rapportant à eux, et non en les rapportant à soi, parce qu'un bien commun que l'on rapporte à soi est un bien qui, comme commun, est le bien de plusieurs, lesquels, le rapportant chacun à soi, exigeraient qu'un tel bien fût divisible afin que chacun en disposât d'une partie ; un tel bien est matériellement et non formellement commun ; un bien que l'on rapporte à soi est un bien qu'on aime en se voulant du bien et non en lui voulant du bien, c'est un bien que l'on consomme et non un bien que l'on sert, de sorte que, s'il est le bien de plusieurs, c'est en étant divisé entre eux ; un bien spirituel — telle la possession de la vérité, inspirée par un amour désintéressé — peut être tout entier en chacun sans subir de division, mais c'est un bien auquel on se rapporte. Or ce qui est divisible est matériel, d'autant plus divisible que plus matériel, et d'autant moins bon que plus matériel, ce qui contrevient à la définition du bien commun tenu pour d'autant meilleur que plus participable ou communicable. Par conséquent le vrai bien commun est aimé pour lui-même, ce qui revient à dire qu'on l'aime en se faisant son serviteur, et qu'il a raison de fin ; or, *s'il a raison de fin, il n'est pas moyen, il n'est pas réductible à un instrument.* Le personnalisme de Maritain, qui subordonnait l'individu au bien commun en retour subordonné à la personne, fut magistralement réfuté par Charles de Koninck mais ce dernier, se refusant à faire d'un tel bien une similitude participée du Souverain Bien, c'est-à-dire un moment obligé dans le processus d'actuation du désir naturel de Dieu, se vit contraint de distinguer dans l'homme une formalité de citoyen terrestre et une formalité de citoyen céleste, faisant du bien commun politique la fin du citoyen terrestre mais le moyen du citoyen céleste, ce qui subrepticement réintroduisait la fâcheuse distinction entre individu et personne qu'il avait voulu conjurer. Il résulte de ce constat que toute doctrine politique réduisant, par crainte du supposé danger étatiste, le bien commun politique au statut de moyen du salut, se confond en dernier ressort avec la doctrine libérale et individualiste — mais saupoudrée de vertu chrétienne — de l'intérêt général, et qu'elle est personnaliste, qu'on le veuille ou non.

§ **12.** De ce fait — horresco referens —, une mentalité honteuse inchoativement personnaliste sévit dans les rangs de la Tradition catholique, parce que cette dernière se contente de transmettre ce dont elle est l'héritière, sans se soucier de la présence, en ce qu'elle reçoit, de ce qui la corrompait ; le passé est lourd du présent ; si le présent est mauvais, le passé l'était en puissance, et l'esprit conservateur, qui est réactionnaire, qui répugne aux nouveautés, ne voit pas que ce qu'il hait en elles est un aspect inavoué de lui-même ; tout son être de « réactionnaire » est de réagir contre ce qu'il voulait ignorer de lui-même, au point que l'on peut se demander s'il est encore doué d'une consistance positive propre.

Cette mentalité personnaliste est solidaire de l'esprit démocrate-chrétien qui continue, dans l'élément catholique traditionaliste, de fleurir vénéneusement depuis le Ralliement, et qu'aucun responsable ensoutané ou mitré de ce courant réactionnaire — et complice objectif du progressisme en tant même qu'il est unilatéralement réactionnaire — ne semble capable de dénoncer. Les responsables de la Tradition catholique sont incapables de dénoncer cet esprit d'une part parce qu'ils ne comprennent pas, hermétiques à tout mode de penser dialectique, que l'on puisse être solidaire du progressisme par esprit réactionnaire ; ils ne le dénoncent pas, tout autant, parce qu'ils sentent d'instinct que cette dénonciation, remettant en cause le postulat erroné d'une réduction de la politique à un instrument de la morale, leur interdirait de nourrir des aspirations théocratiques.

C'est là peut-être qu'il convient de chercher la raison dernière de ses dissensions internes :

Le bien politique n'est pas, « primo et per se », l'instrument du bien moral vertueux et du salut individuel. On ne donne pas sa peau pour un instrument ; à peine fait-on l'effort de le réparer quand il est se révèle défectueux, on le jette et l'on en change ; et ce pour quoi on est incapable de donner sa peau est immanquablement perdu. Le défaitisme consubstantiel à cette exténuation de l'importance du Politique au profit de la morale, si propice aux démarches de compromis, induit des reculs et des échecs porteurs de déceptions elles-mêmes génératrices d'aigreurs qui disposent ceux qu'elles affligent à se défausser sur leurs compagnons d'infortune, d'où ces atmosphères détestables de zizanie et d'impuissance insupportable à elle-même : les courants traditionalistes passent leur temps à se dénigrer, s'épuisent à se mettre des bâtons dans les roues, d'où l'échec de toutes leurs tentatives de se donner un poids politique ; d'où le refus d'engager entre eux un dialogue rigoureux et loyal qui les obligerait tous à remettre leurs prémisses en cause afin de dévoiler dans sa complétude et sa clarté la vérité principielle dont chacun se veut l'expression. Un certain durcissement, récent en fait et d'origine janséniste, de la césure obligée entre nature et surnature, en est venu à faire désacraliser tout ce qui n'est pas absolument divin, à le réduire au rôle dépréciatif d'instrument, à toute distance de la sagesse médiévale : « Bonum commune est melius et *divinius* quam bonum unius » (saint Thomas, *Comment. Pol. I*, lect. 1). Plus généralement, c'est le surnaturalisme endémique qui en est venu, dans tous les domaines de l'activité humaine, à déprécier la nature au profit de la grâce, en réduisant l'ordre naturel à celui, vidé de toute consistance ontologique et de toute bonté intrinsèque, de support instrumental de la vie surnaturelle.

Il n'est pas étonnant que les restaurateurs guerriers et non timorés de l'ordre naturel, inventeurs et adeptes de l'idée fasciste polymorphe, aient hypertrophié en retour, par contrecoup compensatoire, la sacralité du Politique. Un catholique ne peut qu'en déplorer les excès mais, s'il est honnête et lucide — lucide par honnêteté, par refus du mensonge à soi, et honnête par lucidité, parce que seule l'honnêteté, contre tout machiavélisme, est payante à long terme —, il conviendra que cette tendance immanentiste à saveur néo-païenne était inspirée, quoique non éclairée, par un légitime souci de réappropriation, par l'ordre naturel, d'un bien qu'une fausse conception du surnaturel lui avait ravi. Les références intellectuelles du fidèle catholique, surtout français, forgées par les légendes historico-sentimentales du bric-à-brac « apparitionniste » et des « Gesta Dei per Francos » obsessionnellement ressassés de génération en génération, l'entretiennent dans cette méprise surnaturaliste asphyxiant la nature humaine et exténuant la portée du Politique ; elles entretiennent en lui le mirage, en lequel il se contemple, d'une belle âme innocente et pure élue par Dieu mais tourmentée par les méchants, et elles l'empêchent tant d'identifier ses vrais ennemis que de faire sa propre critique.

Puisse ce petit livre contribuer à le dessiller.

TABLE DES MATIÈRES

LE COMBAT D'AUJOURD'HUI ET L'ÉTAT DE DEMAIN.
DIFFUSION DU FASCISME CATHOLIQUE.

QUEL AVENIR POUR LA "FIDELITE"?

- *Manifeste pour le salut de la vraie Droite*, Éditions Vincent Reynouard, 2002 (en collaboration avec Vincent REYNOUARD).
- *L'Universalité du danger gnostique, vrai ou faux?*, Éditions Vincent Reynouard, 2004.
- *Réflexions sur le nationalisme : En relisant 'Doctrines du nationalisme' de Jacques Ploncard d'Assac*, Samizdat Publications, 2005/Reconquista Press, 2019 (enrichi d'une préface d'Yvan BENEDETTI).
- *Antidote : Pour une pensée libérée de la tyrannie judéo-maçonnique* (préface de Jérôme BOURBON), Reconquista Press, 2018.
- *Abécédaire mal-pensant : Manuel de combat du traditionalisme révolutionnaire*, Reconquista Press, 2019.
- *Une réponse nationaliste au mondialisme : Doctrine élémentaire du bien commun*, Reconquista Press, 2020.
- *Idées portraiturées et fantaisies quodlibétales*, Éditions Chrysalide, 2023.
- *Citations choisies et fantaisies quodlibétales*, Éditions Chrysalide, 2023.
- *Doctrine du Fascisme Catholique, en abrégé*, Éditions Chrysalide, 2023.

signés Joseph MEREL :

- *Fascisme et Monarchie : Essai de conciliation du point de vue catholique*, (préface de Claude ROUSSEAU), Éditions Vincent Reynouard, 2001/Reconquista Press, 2018.
- *Nihilisme, subjectivisme et décadence* (2 tomes), Samizdat, 2009.
- *Présentation de l'institut Charlemagne sous le patronage de l'archange saint Michel*, Éditions Dominique Martin Morin, 2016.
- *Pour une contre-révolution révolutionnaire*, Reconquista Press, 2017.
- *Désir de Dieu et organicité politique*, Reconquista Press, 2019.

• *Paganisme versus catholicisme : Le conflit non surmonté du nationalisme*, Reconquista Press, 2020.
• *Comme un agneau muet…*, Reconquista Press, 2021.
• *Pour un fascisme du jour d'après*, Éditions Chrysalide, 2022.
• *L'Essence de Dieu est-elle seulement d'exister?*, Éditions Chrysalide, 2022.
• *De l'erreur personnaliste et de la vérité qu'elle tient captive*, Éditions Chrysalide, 2024.

Collaboration aux ouvrages :

• *Serviam : La Pensée politique d'Adrien Arcand* (Anthologie), Reconquista Press, 2017. (Essai)
• MISCIATTELLI (Piero), *Le Fascisme et les Catholiques*, Reconquista Press, 2018. (Postface)

Sous le pseudonyme de STEPINAC :

• *De quelques problèmes politico-religieux contemporains*, Samizdat, 2011.
• *Du problème du rapport entre nature et grâce dans le thomisme et le néo-thomisme, et de ses enjeux politiques contemporains*, Samizdat, 2011.
• *Éléments de philosophie politique* (préface de Claude ROUSSEAU), Éditions Franques, 2013.
• *Politique et Religion, Immanence et Transcendance : Amour difficile et mariage de raison*, Reconquista Press, 2021.

———————

Réflexions sur le nationalisme : En relisant 'Doctrines du nationalisme' de Jacques Ploncard d'Assac, Samizdat Publications, 2005/Reconquista Press, 2019 (préface d'Yvan Benedetti).

Passant en revue chapitre après chapitre de nombreuses Droites historiques toutes aussi intéressantes qu'inachevées, l'auteur nous amène à considérer les fondamentaux de la philosophie politique issus de la vraie pensée appelée par lui pensée de Droite.

Les œuvres d'Edouard Drumont, de Maurice Barrès et Paul Bourget, de Charles Maurras, du Maréchal Philippe Pétain, d'Enrico Corradini, de Benito Mussolini, d'Adolf Hitler, de José Antonio Primo de Rivera, de Ramiro Ledesma Ramos et Onesomo Redondo ainsi que d'Antonio Sardinha et Antonio Salazar sont exposées et commentées avec l'œil d'un vrai penseur catholique aristotélico-thomiste.

Comme l'annonce la 4ᵉ de couverture, il sera ici question d'une assomption et d'un dépassement. Ce n'est pas qu'il faille reproduire ces actions ou mouvements passés ; il faut bien plutôt comprendre ce qu'ils ont été par rapport aux principes intangibles de la philosophie politique ; ce qu'ils ont mis en œuvre et ce qui leur manquait.

Sa lecture est aisée et son apport à la compréhension de l'histoire et des hommes est enrichissant. La doctrine est sûre et les jugements pondérés. Il peut effectivement selon le mot du préfacier devenir un livre de référence pour les nationalistes et à ce titre un livre d'avenir. Les bons principes (Bien Commun, Organicité, Totalité, Nation, etc) sont vus à travers des incarnations historiques. C'est ce qui rend ce livre attrayant et vivant.

On y trouvera en outre un chapitre sur la question juive, un autre sur l'islam et les enjeux de sa présence en France et en Europe, et un troisième sur l'Église et le nationalisme.

Politique et Religion, Immanence et Transcendance : Amour difficile et mariage de raison, **Reconquista Press, 2021.**

Ce livre est jolie petite somme de 356 pages qui, pour exposer et tenter de résoudre le problème essentiel du Politique – à savoir le rapport entre politique et religion et donc Église et État – traite progressivement de nombre de sujets aussi passionnants qu'utiles.

Pour le catholique, tout passe et seuls Dieu et sa grâce le justifient pour le salut. Alors à quoi bon un accomplissement de soi, naturel et immanent, par la culture des talents naturels, par le service des causes terrestres telles que la recherche du Bien Commun, par là tel l'établissement d'un ordre politique cohérent ?

La philosophie est ici requise. Il est question du bonheur, de la lutte pour le bonheur mais aussi du bonheur de la lutte.

Bien qu'ancrée dans la tradition aristotélico-thomiste – à laquelle il consacre d'ailleurs deux chapitres intitulés 'le thomisme en quelques paragraphes' – l'auteur utilise sans complexe le concept de réflexion ontologique pour expliquer l'union de la matière et de la forme. Ce concept, solidaire de celui de négatif non peccamineux, pose que l'être en tant qu'être a la structure d'une réflexion, ainsi d'une négation de négation.

A cette lumière sont vus la nation et le nationalisme, le mondialisme et le surnaturalisme, le subjectivisme et le fascisme – véritable antithèse du personnalisme.

Mais la philosophie est-elle encore à l'ordre du jour ? Il faut le croire, parce que l'auteur conclut que le plus urgent et le plus efficace du combat politique contemporain consiste d'abord dans un effort de nature doctrinale et spéculative, avant que de s'investir dans l'action politique.

« C'est un pavé » voilà le qualificatif qui lui est le plus souvent attribué. Ce n'est pas faux. Mais ses 660 pages constituent toute une bibliothèque.

Le lecteur s'aperçoit très vite par la consultation de l'index des thèmes, par celui des noms ou tout simplement par la Table des matières, de la richesse et de la diversité de son contenu. Formé de 88 parties (ou articles) de taille très variable allant du simple paragraphe à la vingtaine de pages, sa lecture ludique s'accommode aisément de courtes consultations comme d'études plus prolongées.

Les matières reportées au titre courant sont multiples et variées : Art, Amour, Avenir, Bonheur, Culture, Désir, Dieu, Ecrivain, Famille, Journalisme, Science, Temps, Vivant, mais aussi, Ancien Régime, Athées, Bien Commun, Canonisation, Chasteté, Droits de l'homme, Féminisme, Hitler, Justice, Mondialisme, Réussite sociale, Sédévacantisme ou Thomas d'Aquin.

Tout est soutenu par la saine philosophie et l'auteur s'en explique dès le préambule : « *Libéré depuis peu de mes obligations professionnelles, j'ai essayé ici de rédiger ce que j'aurais aimé dire à mes élèves si nous vivions dans un pays libre, sans censure intempestive. [...] L'Éducation nationale n'est pas faite pour forger les intelligences et pour apprendre quelque chose, elle est faite pour formater des citoyens du monde, des démocrates antiracistes et hédonistes pétris d'esprit judéo-maçonnique. Je fais ainsi hors d'elle, sans entraves, ce que j'ai fait en elle avec mille difficultés en luttant contre l'institution à mes risques et périls.* »

Les angles sont multiples, mêlant citations d'auteurs variés, faits historiques et commentaires. L'humour lui-même n'est pas absent, se dévoilant ici ou là – en témoigne le choix du titre de l'article *Arithmétique*.

Après ces considérations, on comprend que ses 900 grammes puissent être considérés comme légers. Ce volume contient vraiment une bibliothèque. Et une bonne bibliothèque de combat politique et culturel.

Doctrine du Fascisme Catholique, en abrégé, **Éditions Chrysalide, 2023.**

L'État fasciste catholique reconnaît à tous ses membres le même *devoir* : celui de servir le bien commun et de reconnaître en ce service ce qui constitue le sens de sa vie terrestre et sa raison d'être. Un tel service n'est pas ablatif de la recherche d'une finalité éternelle, qui transcende l'ordre politique et concerne le Salut tel qu'il est défini par le catholicisme, mais **la spécificité du fascisme catholique est de considérer que la recherche du Salut passe obligatoirement par le service du bien commun immanent ayant raison de cause finale de la vie temporelle**. Ce *devoir* doit être tenu pour la définition de la vraie liberté ; on est d'abord libre *pour* quelque chose, être libre *de* quelque chose est accidentel à l'essence de la liberté ; liberté n'est pas d'abord libération. Une telle authentique liberté est donc l'unité du sens du service ou don de soi, et de la responsabilité ou aptitude à supporter les conséquences de ses engagements. Toute autorité est un service rendu, et elle n'est légitime qu'à ce titre.

L'homme est ainsi tout entier ordonné à sa nature, quoique non totalement, et tout entier ordonné au Bien absolu, mais aussi totalement. Il en résulte que l'homme s'ordonne d'autant plus adéquatement à la recherche du Bien absolu qu'il se soumet plus radicalement aux exigences de sa nature.

Le « principe du chef » (Führer Prinzip) a vocation à être étendu à tous les niveaux de la société. Tout succès, tout échec, toute victoire, toute défaite trouvent leurs responsables identifiables, au rebours du pouvoir impersonnel et irresponsable des masses, par là dépourvu de toute autorité.

En tant qu'il se veut *catholique*, le fascisme fait siens tous les dogmes de l'Église de Rome, inconditionnellement ; mais le fascisme catholique insiste, à l'intérieur de l'Église, sur la rationalité de la religion catholique, sur les méfaits du surnaturalisme et de l'esprit théocratique qui en est le corollaire obligé, sur ceux du cléricalisme, de l'esprit démocrate-chrétien, et il dénonce sans restriction toutes les balivernes de la fausse mystique « apparitionniste » lourde de dérives sentimentales ruineuses tant pour la vraie foi que pour la puissance de l'État.

L'Essence de Dieu est-elle seulement d'exister?, **Éditions Chrysalide, 2022.**

La philosophie moderne est née dans le terreau de la Scolastique dont elle fut le prolongement et la trahison. Pour expliquer que la philosophie moderne ait nié ce dont elle se nourrissait, on peut convoquer diverses explications unilatérales : ou bien il n'y aurait eu de trahison qu'apparente et la philosophie moderne serait ce dans quoi la Scolastique aurait vocation à reconnaître sa vérité immanente ; ou bien il n'y eut de conservation que de surface et la philosophie moderne, révolutionnaire dans son principe, serait étrangère à la Scolastique qu'elle aurait supplantée.

Il est plus rationnel d'accepter l'idée selon laquelle la Scolastique fut tourmentée par des tensions internes qu'elle ne parvint pas à dépasser dans son propre élément, de telle sorte que la philosophie moderne, en se retournant contre ce dont elle procédait, ne fit qu'accomplir le destin de la Scolastique déjà en partie insurgée contre elle-même.

Ainsi en est-il du thomisme lui-même développé tantôt dans la ligne d'un réalisme de l'acte d'être, tantôt dans celle — rationaliste et essentialiste — d'un réalisme de l'essence en acte.

Ce qui est ici proposé, c'est d'abord la mise en évidence au moins de certaines des tensions intérieures au thomisme. C'est ensuite, par l'intromission d'un concept qui n'est pas thomiste mais fruit de la philosophie moderne en son acmé rationaliste, l'exposé d'une tentative de conciliation rationnelle des deux grands courants directeurs déployés dans et par l'Ecole thomiste. Parce que la philosophie moderne est fille infidèle de la Scolastique, contribuer à faire se réconcilier le thomisme avec lui-même est peut-être aussi contribuer à révéler le thomisme ainsi repensé telle la vérité de la philosophie moderne elle-même, son avenir et son accomplissement.

Joseph Mérel nous a habitués à des ouvrages où se mêlaient l'histoire, la politique et bien sûr la philosophie. Ici c'est cette dernière qui prend volontairement toute la place. Ces 300 pages exposent la métaphysique qui est à la racine de la pensée de l'auteur.

Justification de sa fidélité à la philosophie de saint Thomas au-delà des tensions intestines au thomisme, avancée certaine dans la conception de l'hylémorphisme aristotélicien, ce texte est d'une grande richesse.

©août 2024 Éditions Chrysalide
ISBN : 978-2-487104-06-8

www.ingramcontent.com/pod-product-compliance
Lightning Source LLC
LaVergne TN
LVHW050556200726
843508LV00010B/1664